FRANÇOIS LOUIS GANSHOF

WAS IST DAS LEHNSWESEN?

FRANÇOIS LOUIS GANSHOF

# WAS IST
# DAS LEHNSWESEN?

7., gegenüber der 6. unveränderte deutsche Auflage 1989

WISSENSCHAFTLICHE BUCHGESELLSCHAFT
DARMSTADT

Aus dem Französischen übersetzt von Ruth und Dieter Groh. Der vom Verfasser durchgesehenen Übersetzung wurde die dritte eigens für diesen Zweck überarbeitete und erweiterte französische Auflage, Brüssel 1957, zugrunde gelegt.

*Französische Ausgaben:* Qu'est-ce que la féodalité? 1. Auflage, Brüssel, Office de Publicité, 1944. 2., überarbeitete und erweiterte Auflage, Brüssel, Office de Publicité und Neuchâtel, La Baconnière, 1947. 3., überarbeitete und erweiterte Auflage, Brüssel, Office de Publicité, 1957. 4., überarbeitete und erweiterte Auflage, Brüssel, Presses Universitaires de Bruxelles, 1968. 5., erweiterte Auflage, Paris, Tallandier, 1982. *Englische Übersetzung:* Feudalism. Übersetzt von P. Grierson nach der zweiten französischen eigens für diesen Zweck vom Verfasser überarbeiteten und erweiterten Ausgabe, mit einem Vorwort von Sir Frank Stenton. 1. Auflage, London, New York, Toronto, Longmans, Green & Co, 1952. 2., revidierte Auflage, New York, Harper & Row (Torchbooks), 1961. 3., revidierte Auflage, London, Longmans, 1964 und New York, Harper & Row (Torchbooks), 1964. *Portugiesische Übersetzung:* Que é o Feudalismo? Übersetzt von Jorge Borges de Macedo nach der vom Verfasser revidierten dritten französischen Auflage, Lissabon, Publicações Europa-América, 1959 Colecção Saber). *Spanische Übersetzung:* El Feudalismo. Vom Verfasser revidiert und von F. Formosa übersetzt; mit einem „Apéndice" von Luis de Valdeavellano „Las instituciones feudales en Espãna", Barcelona, Ediciones Ariel, 1963. *Deutsche Übersetzung:* Was ist das Lehnswesen? Sämtliche Auflagen sind bei der Wissenschaftlichen Buchgesellschaft, Darmstadt, erschienen. 1. Auflage 1961. 2., revidierte Auflage 1967. 3., revidierte Auflage 1970. 4., revidierte Auflage 1975. 5., unveränderte Auflage 1977. 6., erweiterte Auflage 1983.

CIP-Titelaufnahme der Deutschen Bibliothek

**Ganshof, François Louis:**
Was ist das Lehnswesen? / François Louis Ganshof. [Aus d. Franz. übers. von Ruth u. Dieter Groh.] – 7., gegenüber d. 6. unveränd. dt. Aufl. – Darmstadt: Wiss. Buchges., 1989
Einheitssacht.: Qu'est-ce que la féodalité? ⟨dt.⟩
ISBN 3-534-00927-4

Bestellnummer 00927-4


Druck und Einband: Wissenschaftliche Buchgesellschaft, Darmstadt
Printed in Germany
Schrift: Linotype Garamond, 9/11

ISBN 3-534-00927-4

Dem teuren Andenken an

FRANÇOIS OLIVIER-MARTIN

Membre de l'Institut,
Professor an der Juristischen Fakultät
der Universität Paris

INHALT

# VORWORT

Die erste französische Auflage dieses Werkes erschien im Herbst 1944 in Brüssel und war in wenigen Monaten vergriffen. Anfang 1947 kam eine zweite französische Auflage in Brüssel und Neuchâtel heraus. Bei dieser Gelegenheit haben wir einige Lücken ausgefüllt, Irrtümer berichtigt und Arbeiten, die im Laufe des Zweiten Weltkrieges in den angelsächsischen Ländern veröffentlicht worden und Werke und Studien, die seit Herbst 1944 erschienen waren, berücksichtigt; ebenso trugen wir damals all jenen Beobachtungen Rechnung, die uns von Kollegen freundlicherweise mitgeteilt wurden. In den Jahren 1950–51 haben wir im Hinblick auf die sich in Vorbereitung befindende englische Ausgabe unseren Text überarbeitet. Diese Übersetzung, die wir dem Können und Wissen unseres Freundes P. Grierson, University Lecturer und Fellow of Gonville and Gaius College zu Cambridge, verdanken, erschien 1952 mit einem Vorwort von Sir Frank Stenton, Professor an der University of Reading. Im Hinblick auf eine dritte französische Ausgabe, auf eine portugiesische Übersetzung und auf eine zweite englische Ausgabe haben wir unseren Text noch einmal vervollständigt, durchgesehen und an manchen Stellen sogar stark umgearbeitet. Eine derartige Erweiterung und Überarbeitung ist auch wiederum dieser deutschen Ausgabe vorangegangen.

Unterstützt wurde unsere Arbeit an all diesen Ausgaben durch Hinweise, Ratschläge und kritische Bemerkungen vieler belgischer und ausländischer Gelehrter: Frau Dr. Cécile Seresia, den Herren Professoren J. Dhondt, E. I. Strubbe und C. Verlinden und den Herren Dozenten T. Luykx und R. Van Caenegem von der Universität Gent, Herrn Professor F. Vercauteren von der Universität Lüttich, den Herren P. Grierson und Dr. Lipstein von der Universität Cambridge, Herrn Professor T. F. T. Plucknett von der Universität London, Herrn Professor em. F. Beyerle von der Universität Freiburg im Breisgau, Herrn Dr. L. Voet, Konservator des

Museum Plantin-Moretus zu Antwerpen, Herrn Dr. J. Rubio-Lois, professor encargado de curso an der Universität Barcelona und Herrn Dr. K. F. Werner, Heidelberg. Ihnen allen, sowie den Übersetzern Frau Ruth Groh und Herrn Dr. Dieter Groh in Heidelberg, sprechen wir hiermit unseren herzlichen Dank aus.

1961 F. L. G.

*Zur zweiten deutschen Auflage*

Im Hinblick auf diese zweite deutsche Auflage haben wir unseren Text noch einmal vollständig durchgesehen und an verschiedenen Stellen verbessert. Arbeiten, die seit 1961 erschienen sind, haben wir im Text berücksichtigt; die Titel wurden in das Literaturverzeichnis eingetragen.

1966 F. L. G.

*Zur dritten deutschen Auflage*

Der Verfasser hat seinen Text vollständig durchgesehen und an einigen Stellen verbessert. Arbeiten, die seit 1966 erschienen sind, wurden – sofern das gerechtfertigt schien – berücksichtigt. Von jeder Polemik hat der Verfasser abgesehen. Die Titel neuerschienener Arbeiten wurden aufgenommen.

Auf Vorschlag des Verlages wurden die Verbesserungen und Ergänzungen nicht in den Text und das Literaturverzeichnis eingearbeitet, sondern zu einer Addenda-Liste im Anhang zusammengefaßt. G.

Der Verfasser ist am 24. Juli 1980 verstorben. Die späteren Addenda wurden von seiner Tochter, Madame Fr. Godding-Ganshof, zusammengestellt. [Anm. d. Red.]

# EINLEITUNG

Zunächst müssen wir den Gegenstand unserer Untersuchung genau bestimmen, denn das Wort Lehnswesen oder Feudalismus (frz. *féodalité*, engl. *feudalism*, niederl. *leenstelsel)* leistet Unklarheiten Vorschub. In der Französischen Revolution wurde es zusammen mit dem Wort *fanatisme* zum Schreckgespenst, und seitdem hat man es oft falsch angewandt. Wir wollen jedoch auf diesen mehr oder weniger unzutreffenden Gebrauch des Begriffs nicht eingehen, sondern hier nur die beiden Bedeutungen festhalten, die ihm von den Historikern heute zuerkannt werden. Im wesentlichen lassen sich die Analysen oder umfassenderen Definitionen, die wir in den Arbeiten über dieses Thema vorfanden, auf zwei Bedeutungen zurückführen[1].

Man kann das Lehnswesen als eine Gesellschaftsform mit folgenden Merkmalen umschreiben: stark ausgeprägte Abhängigkeitsverhältnisse zwischen den einzelnen, eine spezialisierte Kriegerkaste, äußerste Zerstückelung der Eigentumsrechte, eine aus dieser Zerstückelung hervorgegangene Hierarchie der Grundbesitzrechte, die der ebengenannten Hierarchie der persönlichen Abhängigkeitsverhältnisse entspricht; dann eine Aufspaltung der öffentlichen Gewalt, aus der in jedem Land eine Hierarchie autonomer Instanzen hervorgeht, die in eigenem Interesse jene Gewalten ausüben, die normalerweise dem Staat zugeordnet sind und oft aus dem Machtbereich des Staates einer vorangegangenen Zeit stammen.

Diese Gesellschaftsform, in der französischen Literatur manchmal auch *régime féodal* genannt, bestand in Westeuropa im 10., 11.

[1] Die Historiker der UdSSR und nicht wenige ihrer Kollegen in den Ländern jenseits des Eisernen Vorhangs verwenden den Begriff „Feudalismus" in einem Sinn, der uns sehr wenig gerechtfertigt erscheint — mögen ihre Arbeiten auch sonst recht verdienstvoll sein.

und 12. Jahrhundert, und zwar in den karolingischen Nachfolgestaaten Frankreich, Deutschland, dem Königreich Burgund, dem damaligen Italien und in den Ländern, die von diesen Staaten gewisse Einflüsse empfangen haben wie England, bestimmte christliche Königreiche Spaniens und die „lateinischen" Länder des Nahen Ostens. Es gab jedoch auch an anderen Orten und zu anderen Zeiten Gesellschaftsordnungen, bei denen sich Analogien zum mittelalterlichen Lehnswesen des Westens nachweisen lassen. So hat man in Bezug auf das alte Ägypten, Indien, das Byzantinische Reich, auf die arabische Welt, das türkische Reich, Rußland, Japan und andere Länder von einem Lehnswesen gesprochen, manchmal nach zu oberflächlichem Quellenstudium in übereilter Schlußfolgerung, in einigen Fällen – besonders im Falle Japans – jedoch mit gutem Recht[2].

Joseph Calmette und Marc Bloch zogen dem Begriff Lehnswesen den Ausdruck Feudalgesellschaft *(„Société féodale")* vor. Wenn letztere Wendung sich durchsetzen würde, bliebe das Wort Lehnswesen den geschichtlichen Gegebenheiten vorbehalten, auf die der Begriff in seiner zweiten Bedeutung zuträfe.

Denn zweitens kann man das Lehnswesen als eine Gesamtheit von Institutionen definieren, die zwischen einem Freien, genannt „Vasall" *(vassal)*, und einem anderen Freien, genannt „Herr" *(seigneur)*, Verbindlichkeiten zweifacher Art schaffen und regeln: der „Vasall" ist dem „Herrn" gegenüber zu Gehorsam und Dienst – vor allem zum Waffendienst – verpflichtet und der „Herr" dem

[2] Man lese über diesen Punkt die ausgezeichneten Ausführungen O. Hintzes, *Wesen und Verbreitung des Feudalismus*, Sitzungsberichte der Preußischen Akademie der Wissenschaften, Phil.-Hist. Klasse, Berlin 1929, Marc Blochs, *La société féodale. Les classes et le gouvernement des hommes*, Paris 1940, p. 241 ff. und die im Sammelband *Studien zum mittelalterlichen Lehnswesen*, hg. v. Th. Mayer, Lindau und Konstanz 1960, erschienenen Aufsätze. Siehe ebenfalls den Artikel „Feudalism" in Bd. VI der *Encyclopedia of Social Sciences* (Beiträge von K. Asakawa über Japan, von O. Francke über China, von A. H. Lybyer über die Welt des Islam) und für Japan F. Joüon des Longrais, *L'Est et L'Ouest*, Tokio und Paris 1958.

„Vasallen" gegenüber zur Gewährung von Schutz und Unterhalt. Meistens genügte der Herr seiner Unterhaltspflicht durch Verleihung eines Gutes, genannt „Lehen" *(fief)*. Hier wird das Lehnswesen viel enger und mehr in seiner technischen, man könnte sagen juristischen Bedeutung gefaßt, während die erstere Umschreibung mehr auf das Politische und Soziale zielt.

Die beiden Interpretationsweisen stehen übrigens untereinander in engem Zusammenhang: ob man nun Lehnswesen sagt oder „Lehnsordnung" (*régime féodal*), immer bildet das „Lehen" in dieser Gesellschaftsform, deren Definition wir soeben versucht haben, wenn nicht das Kernstück, so doch den bedeutendsten Faktor innerhalb der Hierarchie der Grundbesitzrechte, die hier gegeben ist.

Das Lehnswesen im strengen Sinn gehörte ebenfalls — und in noch viel größerem Ausmaß als das Lehnswesen in seiner weiteren Bedeutung — zur geschichtlichen Wirklichkeit der karolingischen Nachfolgestaaten und der von ihnen beeinflußten Länder. Man findet jedoch auch in anderen historischen Milieus Institutionen, die denen des mittelalterlichen Lehnswesens des Westens sehr ähnlich sind: die „Daimios", die „Bushi" oder „Samurai" Japans lassen sich durchaus mit dem Vasallen vergleichen, ebenso das ihnen zur Nutzung überlassene Land mit dem Lehen. Der arabische und türkische „Iktaa" steht ebenfalls in Analogie zum Lehen. Rußland scheint zwischen dem 13. und 16. Jahrhundert eine der Vasallität sehr ähnliche Institution gekannt zu haben. Zur selben Zeit trifft man hier das bedingte Eigentum, das seit dem 15. Jahrhundert „Pomestie" genannt wird und in seinen wesentlichen Zügen dem Lehen ähnlich ist[3].

Im folgenden wird nur vom Lehnswesen im engen technischen und juristischen Sinn des Wortes die Rede sein. Wir werden die Struktur der Gesellschaft oder des Staates nur in dem Maße in unsere Darstellung einbeziehen, als sie direkt auf die Lehnsinstitu-

[3] HINTZE a. a. O. pp. 338 ff.; BLOCH a. a. O. pp. 241—252; für Japan JOÜON DES LONGRAIS, a. a. O.; für Rußland siehe auch A. ECK, *Le moyen âge russe*, Paris 1933, pp. 195—212 u. pp. 219—224 und M. HELLMANN, *Probleme des Feudalismus in Rußland*, in *Studien* (s. Anm. 2), p. 235 ff.

tionen eingewirkt hat oder unmittelbar von ihnen beeinflußt wurde. Ohnehin würde der Versuch, innerhalb der Grenzen, die wir uns gesetzt haben, einen wenn auch summarischen Abriß der Feudalgesellschaft zu geben, ein Wagnis darstellen. Der Leser wird jedoch das Wesen dieser Gesellschaft eher erfassen können, wenn er begriffen hat, was ein Herr, ein Vasall, ein Lehen war und welche Rechtsbeziehungen zwischen ihnen bestanden.

Wir werden uns bei der Untersuchung des Lehnswesens hauptsächlich auf Frankreich, das Königreich Burgund und Deutschland konzentrieren, wo in allen wesentlichen Zügen Übereinstimmung herrscht, und dies ganz besonders in den Gebieten zwischen Loire und Rhein, dem Herzen des fränkischen Staates und der Wiege des Lehnswesens. Nur in zweiter Linie werden wir die Institutionen in England berücksichtigen und nur ganz beiläufig die in Italien. Damit ist der geographische Raum unserer Studie bestimmt. Der zu untersuchende Zeitraum umfaßt hauptsächlich das 10., das 11. und das 12. Jahrhundert und erstreckt sich sogar noch auf das 13. Jahrhundert. Diese Zeit ist die klassische Zeit des Lehnswesens, die Zeit, in der dieses System von Institutionen mit echtem Leben erfüllt war. Zum Verständnis ist es jedoch notwendig, daß wir zunächst aufzeigen, wie dieses System im Rahmen des Karolingerreiches im 8. und 9. Jahrhundert entstanden ist. Die auf die klassische Zeit folgenden Jahrhunderte brauchen wir dann nur flüchtig zu behandeln.

Wir werden uns bemühen, bei der Analyse und der Beschreibung der Institutionen die Hauptzüge herauszuarbeiten. Mit ihrer Hilfe ist es dann leicht möglich, je nach besonderem Interesse die Lehnsinstitutionen einer bestimmten Zeit oder eines bestimmten Landes zu erkennen und zu verstehen. Ein verhältnismäßig großer Teil der angeführten Beispiele, die unsere Darstellung gleichzeitig zugänglicher, beweiskräftiger und farbiger gestalten sollen, stammt aus den damaligen Niederlanden: aus Flandern, das unter französischer Lehnsherrschaft stand, und aus den lothringischen Fürstentümern (Brabant, Cambrai, Geldern, Hennegau, Holland, Lüttich, Loon, Luxemburg, Namur usw.), die unter deutscher Lehnsherrschaft standen. In Westeuropa gibt es in der Tat nur wenige Gebiete, aus denen zeitgenössische Zeugnisse der Lehnsinstitutionen zwischen dem 10. und 12. Jahrhundert in solcher Anzahl und Ausführlichkeit erhalten sind, wie diese *entre deux* gelegenen Gebiete[4].

Sehr viel verdanken wir den Werken unserer Kollegen, die sich vor uns oder gleichzeitig mit uns dem Studium der Lehnsinstitutionen gewidmet haben. Bestimmte Anschauungen sind jedoch das Ergebnis eigener wissenschaftlicher Forschungen und unsere persönliche Meinung. Da wir dem gebildeten Leser mit einer klar gegliederten Darstellung ein großes Problem der Universalgeschichte zugänglich machen wollen, und zwar im Lichte der jüngsten Forschung, haben wir von einem Anmerkungsapparat abgesehen. Statt dessen bringen wir lediglich Fußnoten, die es ermöglichen, die in unserer Arbeit zitierten zeitgenössischen Quellen[5] in ihrem Zusammenhang aufzusuchen[6]. Dem Leser, der seine erworbenen Kenntnisse erweitern oder vertiefen will, steht zu diesem Zweck eine kurze Bibliographie zur Verfügung.

[4] Wir verwenden diesen Ausdruck nach L. Leclère, der ihn in *La question d'Occident*, Brüssel 1921, zum ersten Mal brachte und rechtfertigte.

[5] Um diese Texte allen Lesern verständlich zu machen, lassen wir den lateinischen Zitaten eine deutsche Übersetzung folgen.

[6] Wir verfolgen hier einen ähnlichen Gedanken wie Marc Bloch in *La société féodale. La formation des liens de dépendance*, Paris 1939, p. 8, Anm. 1.

# ERSTER TEIL

## DIE ANFÄNGE

### *Bildung von Klientelen im fränkischen Reich zur Zeit der Merowinger*

Wir dürfen annehmen, daß die Ursprünge der Lehns- und Vasalleninstitutionen im fränkischen Reich der Merowingerzeit und ganz besonders in seinen Kerngebieten, den Ländern zwischen Loire und Rhein zu suchen sind. Im 6. und 7. Jahrhundert litt der fränkische Staat sehr häufig an mangelnder Stabilität, und oft herrschten geradezu anarchische Zustände. Der Brauch, beim Tode des Königs das Land unter seine Söhne aufzuteilen, die Kriege, die sich daraus zwischen den Erben ergaben, die Kämpfe, die zwischen den aristokratischen Geschlechtern Austriens, Neustriens und Burgunds – um uns an das Kerngebiet zu halten – ausgetragen wurden, nachdem auf Grund der genannten Teilungen diese Gebilde entstanden waren: das alles wurde zu einer ständigen und stets sich erneuernden Quelle der Unsicherheit. Wie der Kampf entfesselter Wilder muten im 6. Jahrhundert das Ringen zwischen den Söhnen, den Enkeln und Urenkeln Chlodwigs und später im 7. Jahrhundert die Kämpfe an, die von Königen und Großen mit einer Rücksichtslosigkeit geführt werden, die umso hemmungsloser wird, je mehr man sich dem folgenden Jahrhundert nähert. Selbst wenn man von diesen Umständen absieht, verfügte die öffentliche Gewalt nur über sehr geringe und wenig zuverlässige Mittel, um sich durchzusetzen. Ihr Aufbau befand sich noch im Frühstadium seiner Entwicklung, und sie war unfähig, die Sicherheit der Bewohner zu gewährleisten.

Eine Lage, wie sie günstiger für die Bildung von Klientelen, vor allem von bewaffneten, nicht gedacht werden kann. Es gab viele, die Schutz und Schirm nötig hatten und irgendeinen Mächtigen darum baten. Die Kehrseite solcher Schutzgewährung ist immer irgendeine Form von Dienstleistung. Die Großen, die bei den oben angedeuteten Ereignissen ihre Hand mit im Spiele hatten oder die diese Ereignisse zur Begründung und zum Ausbau ihrer Machtstellung und ihres Reichtums auszunützen suchten, waren beinahe mit Notwendigkeit auf Männer angewiesen, die persönlich an sie gebunden waren und die sie als „Privatsoldaten" verwenden konnten. Daß Männer sich zu Knechten derer machten, von denen sie Schutz und Schirm erwarteten, kam ebenso vor, wie daß Mächtige sich eine Schutzwehr schufen, indem sie ihre Knechte bewaffneten. Dies ist jedoch noch nicht der entscheidende Punkt. Wichtig ist vielmehr, daß viele Freie sich unter Wahrung ihres Status als Freie in den Schutz und in den Dienst anderer Freier begaben. In den zeitgenössischen Quellen werden diese Leute *ingenui in obsequio*[1], abhängige Freie genannt.

An sich war das nichts Neues. Neu war allein die Häufigkeit dieser Erscheinung. Wie in anderen Teilen des *Orbis Romanus*, so haben sich auch in Gallien in spätrömischer Zeit die Großen mit privaten Schutztruppen, oft *bucellarii* genannt, umgeben. Vor allem südlich der Loire hatte sich nach den Einfällen der Germanen dieser Brauch erhalten, wie gegen Ende des 5. Jahrhunderts die Gesetze Eurichs, des Königs der Westgoten[2] bezeugen. Die Franken bedienten sich übrigens der bereits von Tacitus am Ende des ersten Jahrhunderts in einem berühmten Abschnitt der Germania (c. XIII–XIV) erwähnten Institution des *comitatus*, der Gefolgschaft: eine Gruppe freier Krieger begibt sich freiwillig in den Dienst eines Herrn, und in enger persönlicher Bindung kämpft sie mit ihm und für ihn. Die in der fränkischen Monarchie zur Zeit der Merowinger bekannten bewaffneten Klientelen schließen sich an diese beiden Überlieferungen an, ohne daß man deren Spuren jeweils genau bestimmen könnte.

Unter den *ingenui in obsequio* des 6. und 7. Jahrunderts traf man Männer von sehr verschiedener sozialer Stellung. Die Antru-

[1] Vor allem die *Lex Ribuaria* (hg. v. F. Beyerle u. R. Buchner, MG. LL. nat. Germ. III, 2) 35 (31), 1.

[2] *Codex Eurici*, 310 (*Leges Visigothorum*, hg. v. K. Zeumer, MG. LL. nat. Germ. I).

stionen oder Glieder der *trustis* – ein fränkisches mit einer lateinischen Endung versehenes Wort, das allem Anschein nach dem *comitatus*, d. h. der bewaffneten Gefolgschaft entspricht – gehörten zu jenen Freien, die sich unter den besonderen Schutz und in den persönlichen Dienst des Königs gestellt hatten. Für den Antrustio war ein dreifaches Wergeld vorgesehen. Wurde er getötet, so mußte der Täter von der Familie des Erschlagenen die Aufhebung der Fehde mit einer Summe erkaufen, die dreimal so hoch war wie die für den Totschlag eines anderen freien Mannes. Diesen besonderen Schutz verdankt der Antrustio seiner Abhängigkeit vom König. Er ist ein Elitekrieger, den man ohne Rücksicht auf seine Herkunft zu den angesehensten Elementen der Bevölkerung rechnen muß.

Nur der König und die Königin hatten Antrustionen. Neben dieser höheren Schicht gab es jedoch noch andere Freie, die ebenfalls *in obsequio regis*, d. h. in besonderer Abhängigkeit vom König standen. Auch die Mächtigen und Großen, die *optimates*, die *proceres*, wie sie in den zeitgenössischen Quellen genannt werden, verfügten über solche Gefolgsleute. Meistens wurden diese anscheinend mit dem Namen *gasindus* – wieder ein latinisiertes germanisches Wort – bezeichnet, vor allem, wenn es sich um bewaffnetes Gefolge handelte. So wurden alle genannt, die dieser Gruppe angehörten, ohne Rücksicht auf ihre soziale Stellung. Begreiflicherweise war diese im allgemeinen niedrig. So hat man diese Leute manchmal mit Namen bezeichnet, die sonst nur Unfreien gegeben wurden: wahrscheinlich mit *puer*, sicher mit *vassus*.

Das Wort *vassus* sollte sich durchsetzen. Es ist das keltische *gwas*, welches Jüngling, Diener bedeutet und sehr früh latinisiert wurde. Die Dublette *vasallus* scheint nach dem Adjektiv *gwassawl* = der, der dient, gebildet worden zu sein. Während der ganzen Merowingerzeit hat *vassus* einen Unfreien bezeichnet; das Wort wird in dieser Bedeutung bereits zu Beginn des 6. Jahrhunderts von der *Lex Salica* bestätigt und im 8. Jahrhundert bisweilen noch in diesem Sinn angewandt[3]. Seit dem 7. Jahrhundert bezeichnet es auch

[3] *Lex Salica* XXXV, 9, hg. v. K. A. Eckhardt, *Pactus Legis Salicae* II. 1, *65-Titel-Text*, Göttingen 1955, p. 236. C. Wampach, *Geschichte der Grundherrschaft Echternach* I. 2. Luxemburg 1930, Nr. 17.

sich in Abhängigkeit befindende Freie. In dieser Bedeutung ist es zuerst in der *Lex Alamannorum* und in der *Lex Baiuvariorum* belegt[4].

*Die Kommendation*

Durch welchen Rechtsakt trat ein freier Mann in das *patrocinium* eines anderen ein? Oder, um ein latinisiertes germanisches Wort zu gebrauchen, das ebenfalls sowohl die Bedeutung von Schutz wie die von Gewalt wiedergibt, durch welchen Akt stellte sich ein freier Mann unter das *mundium* oder die *mundeburdis* eines anderen, unter seine „Munt", wie man in der alten deutschen Rechtssprache sagen würde? Dieser Akt war die Kommendation oder *commendatio*. Allerdings taucht dieses abstrakte Substantiv erst in der Karolingerzeit auf, und selbst hier ziemlich spät. Dagegen gebraucht man das Verb *se commendare* im Sinne von sich unter den Schutz und die Gewalt eines anderen begeben: in dieser Bedeutung wird es manchmal schon von den antiken Autoren verwandt (Terenz, *Eunuchus,* 1039; Caesar, *De bello gallico* IV, 27, 7). Für das Gallien des 5. Jahrhunderts ist die Verwendung des Wortes durch die Gesetze des Westgotenkönigs Eurich belegt und für das 6. Jahrhundert durch die *Historia Francorum* des Gregor von Tours[5].

Über die Kommendation sind wir dank einer Formel, d. h. einer Urkunde, der alle konkreten Angaben wie etwa Namen der Parteien, Zeit- und Ortsangabe usw. fehlen, relativ gut unterrichtet. Sie stammt aus einem Formelbuch, einer Sammlung von Vorlagen, die der Abfassung von Urkunden dienen sollten. Die Sammlung, die wir meinen, ist in Tours entstanden, daher der Name *Formulae Turonenses.* Hier interessiert uns nun die Formel Nr. 43. Höchstwahrscheinlich stammt sie aus dem zweiten Viertel des 8. Jahrhunderts. Form und historischer Hintergrund dieser Urkunde

[4] *Lex Alamannorum* XXXVI, 3, hg. v. K. Lehmann (MG. LL. nat. Germ. in 4°, V, 1). *Lex Baiuvariorum* II, 14, hg. v. E. von Schwind (a. a. O. V, 2).

[5] *Codex Eurici,* 310; Greg. Tur., *Hist* IV, 46, VII, 20, hg. v. B. Krusch und W. Levison (MG. SS. rer. Merov. I²) p. 181 u. 339.

reichen jedoch offensichtlich in eine ältere Zeit zurück. Ihre große Bedeutung rechtfertigt es, daß wir sie an dieser Stelle wiedergeben und übersetzen:[6]

*Qui se in alterius potestate commendat*

*Domino magnifico illo ego enim ille. Dum et omnibus habetur percognitum, qualiter ego minime habeo, unde me pascere vel vestire debeam, ideo petii pietati vestrae, et mihi decrevit voluntas, ut me in vestrum mundoburdum tradere vel commendare deberem; quod ita et feci; eo videlicet modo ut me tam de victu quam et de vestimento, iuxta quod vobis servire et promereri potuero, adiuvare vel consolare debeas, et dum ego in capud advixero, ingenuili ordine tibi servicium vel obsequium inpendere debeam et de vestra potestate vel mundoburdo tempore vitae meae potestatem non habeam subtrahendi, nisi sub vestra potestate vel defensione diebus vitae meae debeam permanere. Unde convenit ut, si unus ex nobis de has convenentiis se emutare voluerit, solidos tantos pari suo conponat, et ipsa convenentia firma permaneat; unde convenit, ut duas epistolas uno tenore conscriptas ex hoc inter se facere vel adfirmare deberent; quod ita et fecerunt.*

„Wer sich in die Gewalt eines anderen kommendiert."

„An den großmütigen Herrn . . ., ich . . . Da es allen wohl bekannt ist, daß es mir an Nahrung und an Kleidung fehlt, habe ich mich bittend an Euer Erbarmen gewandt und habe frei beschlossen, mich in Eure Munt zu begeben oder zu kommendieren. Und das habe ich getan; es soll so sein, daß Ihr mir mit Speise und Kleidung helft und mich unterhaltet, und zwar in dem Maße, wie ich Euch dienen und mir damit Eure Hilfe verdienen kann. Bis zu meinem Tode muß ich Euch dienen und gehorchen, so wie ich es als freier Mann vermag, und zeit meines Lebens werde ich mich Eurer Gewalt oder Munt nicht entziehen können, sondern ich werde, solange ich lebe, unter Eurer Gewalt und Eurem Schutz bleiben. Und so kamen wir überein, daß der von uns beiden, der sich diesen Abmachungen entziehen wollte, seinem Vertragspartner soundsoviel Solidi zahlen muß und daß die Vereinbarung selber in Kraft bleibt.

[6] MG. *Formulae Merovingici et Karolini Aevi*, hg. v. K. Zeumer, p. 158.

Daher schien es angebracht, daß die Parteien zwei Urkunden gleichen Inhalts verfaßten und bestätigten. Und so taten sie."

Zu allererst muß man beachten, daß es sich hier nicht um eine Urkunde handelt, die als Beweisstück für eine Kommendation einer Person dienen sollte und noch weniger um eine Urkunde, deren Ausstellung, Bestätigung und Übergabe *(traditio)* die Kommendation begründet hätte. Die hier mit dem Wort *unde* eingeleitete Dispositio ist der wesentliche Teil der Urkunde, denn in ihr kommt der Wille des Verfassers zum Ausdruck. Ihr einziges Ziel ist, eine zusätzliche Verpflichtung zu schaffen, d. h. eine Pönalstipulation, die die gegenseitigen Verpflichtungen, die sich aus dem juristischen Hauptakt, der Kommendation, ergeben, durch Strafandrohung verbindlich machen soll. Von der Kommendation erfahren wir nur durch den erzählenden Teil der Urkunde, die Narratio, die der Dispositio unmittelbar als Begründung dient.

Auf Grund der Narratio sind wir in der Lage, uns über die Rechtsfolgen der Kommendation ein Bild zu machen. Es sind Verpflichtungen, die für jeden der beiden Vertragspartner entstehen. Der Kommendierte soll dem, den er seinen *dominus,* seinen Herrn nennt, dienen und ihm gehorchen – unter dem Vorbehalt, daß Dienst und Gehorsam mit seiner Eigenschaft als freier Mann zu vereinbaren sind. Der Herr soll dem Kommendierten zu Nahrung und Kleidung verhelfen, anders ausgedrückt, ihm Unterhalt und Schutz gewährleisten, was schon in den Worten *mundoburdus* und *defensio* impliziert ist. Das *iuxta quod vobis servire et promereri potuero* macht die Erfüllung der Vasallenpflichten abhängig von der Erfüllung der Pflichten durch den Herrn. Die Kommendation, wie wir sie aus der Sammlung von Tours kennen, ist also ein synallagmatischer Vertrag in der vollen Bedeutung des Wortes. Dieser Vertrag erlischt mit dem Tode des Kommendierten, und man darf vermuten, daß der Tod des Herrn dieselbe Wirkung hatte: die Kommendation war ein auf Grund der Eigenschaften des Vertragspartners, ein *intuitu personae* geschlossener Vertrag.

Auf welche Weise wurde dieser Vertrag nun geschlossen? Die Formel von Tours sagt darüber nichts aus. In der Sammlung Markulfs, die älter ist als die von Tours und wahrscheinlich in der Gegend um Paris um die Mitte des 7. Jahrhunderts zusammengestellt wurde, findet sich eine Vorlage für eine durch den König zu vollziehende Aufnahme eines Mannes in die Gruppe der Antrustionen[7]. Hier ist die Rede von einem Treueid, der – wie wir annehmen – in die Hand des Königs geleistet wurde, und zwar im vollen Sinne des Wortes unter Berührung der Hand des Königs mit der eigenen Hand. Die Antrustionen waren jedoch eine besondere Gruppe von „Schützlingen" des Königs, und so darf man aus diesem Text wohl nicht schließen, daß seit jener Zeit bei der Kommendation aller freien Männer in die Munt eines anderen Freien eine Handgebärde vollzogen und ein Treueid geleistet wurde. Möglich ist das immerhin, und was wir darüber hinaus wissen, spricht sogar dafür, daß es wahrscheinlich so war; aber Genaues wissen wir eben nicht und die Klugheit gebietet uns, unser Nichtwissen zu bekennen. Mit Gewißheit läßt sich nur sagen, daß der Vertrag mündlich und nach einem Ritual geschlossen wurde: das war zu jener Zeit allgemeiner Brauch.

Schließlich müssen wir beachten, daß der Kommendationsvertrag offensichtlich ganz allgemein gehalten ist. Es ist ein Rahmenvertrag, der auf die verschiedensten Situationen anwendbar war. In der Formel von Tours ist die Art des vom Kommendierten geforderten *servitium* nicht genau bestimmt. Er kann Diener, Hausknecht oder Kriegsmann sein oder alles zugleich. Freie Männer jeden Standes können sich kommendieren; die Narratio der Formel von Tours stellt uns einen Unglücklichen vor Augen, der nichts zu essen und nichts anzuziehen hat: offensichtlich war dies meistens – *id quod plerumque fit* –, wenn auch nicht ausschließlich der Fall.

Wenn der vom Kommendierten, sei er nun *gasindus* oder *vassus*, geschuldete Dienst sehr unterschiedlicher Art sein konnte, so hatte der Herr seinerseits die Möglichkeit, auf verschiedene Weise seiner Unterhaltspflicht gegenüber seinem freiwilligen Schützling nachzukommen.

Meistens unterhielt der Herr den Kommendierten direkt, sei es nun, daß dies in unmittelbarer Umgebung des ersteren geschah, sei es, daß er ihn in die Lage versetzte, selbst für seinen

[7] *De regis antrustione*, in *Marculfi Formulae* I, 18, Zeumer *Formulae*, p. 55.

Unterhalt zu sorgen, d. h. indem er ihm Alimente – in dem weiteren Sinn, den das Wort in der modernen Rechtssprache besitzt – gab. Anscheinend ist in der von uns kommentierten Formel Nr. 43 von Tours diese Art von Unterhalt gemeint.

### *Das Benefizium*

Darüber hinaus gab es noch andere Möglichkeiten. In einer Zeit, in der der Ackerbau *die* wirtschaftliche Tätigkeit und *die* Quelle des Reichtums war, konnte man sehr wohl auf den Gedanken kommen, dem Kommendierten zur Sicherung seines Unterhalts ein Stück Land zu überlassen. Der Herr konnte dieses Land dem Kommendierten zu vollem Eigentum *(proprietas)* schenken. Wir besitzen jedoch keinen einzigen Text, der uns für die Merowingerzeit einen solchen Fall einwandfrei belegt.

Anstatt nun an einen Kommendierten Land zu verschenken, konnte der Herr es auch an ihn verleihen.

Als Leihe (frz. *tenure)* bezeichnet man ein Stück Land, dessen Gebrauch und Nutzung der Eigentümer einer anderen Person, dem Beliehenen (frz. *tenancier*) für eine längere Zeit oder sogar auf Lebenszeit überläßt, und zwar so, daß der Beliehene über das Land eine unmittelbare und direkte Herrschaft – heute würden wir sagen, ein dingliches Recht – ausübt. Der Beliehene ist also Inhaber eines *ius in re aliena* des römischen Rechts, eines Rechts an einer fremden Sache. Im fränkischen Reich wie auch in den letzten Jahrhunderten des römischen Reiches war die Leihe sehr verbreitet. Um Leihen handelte es sich bei den Teilen großer Grundherrschaften *(villae),* oft *mansus* genannt, die nicht unmittelbar vom Herrn, sondern von *coloni,* von „Liten", von Unfreien bewirtschaftet wurden, und zwar zu deren eigenem Nutzen und unter Auferlegung bestimmter Abgaben – manchmal *census* (frz. *cens*) genannt – und der Pflicht zu Arbeitsleistungen. Diese Leihen wurden fast immer auf Lebenszeit vergeben und waren sogar häufig de facto erblich.

Meistens wurden Leihen dieser Art vergeben, die – man kann schon sagen – den Beliehenen belasteten, denn die Abgaben und die Arbeitsleistungen, die dafür verlangt wurden, waren verhältnismäßig hoch und schwer. Aber daneben gab es noch andere Leihen, die sich vor allem dadurch auszeichneten, daß sie für den Beliehenen ausgesprochen vorteilhaft waren: in solchen Fällen wurde überhaupt keine Arbeitsleistung und nur ein mäßig hoher Zins verlangt. Es kam sogar vor, daß der Beliehene nicht einmal einen Zins zu zahlen brauchte, wenn etwa der Landgeber ein besonderes Interesse daran hatte, einer bestimmten Person ohne jede Gegenleistung Land zu leihen.

Der mit diesen Leihen verbundene Vorteil rechtfertigt ihre Bezeichnung als *beneficium,* als „Wohltat", die wir häufig in den zeitgenössischen Texten finden. Die Formelsammlungen und sogar die Urkunden der Merowingerzeit liefern dafür relativ viele Beispiele.

So liest man, wie der Geber einer Leihe versichert, daß der Empfänger sie *per nostro benefitio,* d. h. „dank einer Wohltat unsrerseits" bebauen wird. Oder der Beliehene stellt die Urkunde aus und bestätigt, daß der Landgeber ihm durch Überlassen eines solchen Gutes eine Wohltat erwiesen hat, *fecistis mihi beneficium de rem vestra.* Manchmal wird es noch deutlicher gesagt, wenn etwa der Verfasser der Urkunde dem Landgeber erklärt: *locello aliquo ecclesiae vestrae ... nobis ad beneficium ... excolere permisistis,* „ihr habt uns erlaubt, ein kleines zu Eurer Kirche gehöriges Stück Land uns zum Wohle zu bebauen." Oder noch viel deutlicher: *ipsa villa ... nobis ad beneficium usufructuario ordine colendum tenere permisistis,* „ihr habt uns erlaubt, dieses Landgut uns zum Wohle zu übernehmen, um es mit den Rechten eines Nutznießers zu bewirtschaften." Man findet auch Wendungen wie: das Land soll bewirtschaftet werden *sub uso benefitio* oder *in usum beneficii ecclesie*[8], d. h. indem man Gebrauch davon macht wie von einer Wohltat. Das Benefizium *(beneficium)* kann man also definieren als Leihe, für die dem Beliehenen nur geringe oder gar keine Gegenleistungen auferlegt werden und die er dem Wohlwollen des Gebers verdankt.

[8] *Marculfi Formulae* II, 40; *Formulae Andecavenses,* 7; *Marc. Form.* II, 39, II, 5, II, 6; in Zeumer, *Formulae,* pp. 99 u. 100, 7, 98 u. 99, 77—79. In J. M. PARDESSUS, *Diplomata* II, Paris 1849, Nr. 558 eine Urkunde von 736 für die Abtei Murbach.

Aus der Merowingerzeit sind wir am besten über jene Benefizien unterrichtet, die unter Abschluß eines Prekarievertrags *(precaria)* vergeben wurden. Dieser war ein in spätrömischer Zeit entstandenes Institut des römischen Vulgärrechtes, das den Namen eines ungebräuchlich gewordenen Instituts des klassischen römischen Rechts *(precarium)* wieder aufgenommen hatte. Er übertrug dem Empfänger die Rechte des Nutznießers am abgetretenen Land. Der Vertrag entstand auf Bitte des zukünftigen Empfängers, des „Prekaristen" und durch Zustimmung des Eigentümers. Als Rechtstitel mußten zwei Urkunden ausgestellt werden, die eine auf den Eigentümer und Verleiher, die andere auf den in den Genuß der Leihe kommenden Empfänger oder „Prekaristen". Als *precaria* wurden nicht allein der Vertrag, sondern auch die Urkunden bezeichnet, besonders die, die der Beliehene für den Verleiher ausstellte, während man mit *prestaria* die vom Verleiher für den Beliehenen ausgestellte bezeichnete. Die Prekarie begründete eine Leihe, die im allgemeinen von größerem Umfang war und auf Lebenszeit gegen Zahlung eines geringen Zinses und manchmal sogar ohne Auferlegung einer Zinspflicht vergeben wurde. Landvergabungen in Prekarie wurden vor allem durch Kirchen, manchmal auch durch Könige oder große weltliche Grundherren vorgenommen; dabei handelte es sich häufig um ganze Grundherrschaften, aber auch um Teile oder um ganze Komplexe von solchen. Man mochte mit solchen Vergabungen die verschiedensten Absichten verbinden: sei es, daß man die Kultivierung wenig oder kaum bewirtschafteter Gebiete einleiten oder den „Prekaristen" veranlassen wollte, nun seinerseits dem Verleiher ein anderes Gut zu überlassen, das er gleichfalls zeitlebens in Prekarie nehmen würde, oder sei es, daß man sich des Wohlwollens eines Mächtigen versichern oder die Folgen einer erlittenen Usurpation durch Vorbehalt des Eigentumsrechtes für die Zukunft rechtlich ausgleichen wollte, usw.

Die durch einen Prekarievertrag begründete Leihe, die Prekarie – im Französischen wie im Deutschen bezeichnet man mit diesem Wort auch die durch einen Prekarievertrag entstandene Leihe an sich – ist also eine ganz besondere Form von Benefizium. Über den Vorgang bei der Vergabung von Benefizien, die nicht durch einen Prekarievertrag begründet wurden, ist nichts bekannt. Die Eigentümlichkeiten der Rechtsbräuche jener Zeit lassen uns jedoch vermuten, daß es einen Rechtsakt gab, der mündlich und nach einem Ritual symbolischer Gebärden vollzogen wurde.

Die Frage ist nun die, ob es von der Merowingerzeit an tatsächlich Herren gab, die, um ihrer Unterhaltspflicht gegenüber ihren Kommendierten, ihren *vassi* oder *gasindi*, zu genügen, an manche von ihnen Benefizien dieser Art vergaben. Dies muß der Fall gewesen sein. Wir dürfen annehmen, daß man es mit Sicherheit zumindest für das Ende des 7. Jahrhunderts behaupten kann. Wenn gegen 735/737 Eberhard, Sohn des Herzogs Adalbert vom Elsaß, in einer für die Abtei Murbach im Elsaß ausgestellten Urkunde sagt, er habe ein bestimmtes Gut ... in Benefizium vergeben *(inbeneficiatum habuimus)*, und wenn er in derselben Urkunde am Ende einer Aufzählung seiner Güter alle die nennt, die er als Benefizium an seine Vasallen vergeben hat *(ad vassos nostros beneficiatum habui)*, handelt er offenbar nach einem bekannten und sogar seit langer Zeit bekannten Brauch[9]. Wir besitzen jedoch so wenig quellenmäßig belegte Beispiele dieser Rechtspraxis, daß wir nicht annehmen dürfen, daß sie vor der Mitte des 8. Jahrhunderts sehr verbreitet war.

[9] PARDESSUS, *Diplomata* II, Nr. 544, pp. 355–357. Vgl. W. LEVISON, *Kleine Beiträge zu Quellen d. fränkischen Geschichte*, Neues Archiv d. Gesellsch. f. ältere Deutsche Geschichtskunde, XXVII, 1902, pp. 373–388.

# ZWEITER TEIL

# DAS KAROLINGISCHE LEHNSWESEN

## Einleitung

Wie wir sahen, hat die fränkische Gesellschaft seit der Merowingerzeit die Vasallität in Form einer Institution gekannt, die Verbindlichkeiten schuf, welche auf Gehorsam und Dienst lauteten. Ebenfalls war ihr eine Form der Leihe auf Lebenszeit, die sehr vorteilhaft für den Beliehenen war und manchmal sogar unentgeltlich vergeben wurde – das Benefizium –, bekannt. Es gab Fälle, in denen ein Herr einem Vasallen zur Sicherung seines Unterhalts, den er ihm als Gegenleistung für seine Dienste schuldig war, ein Benefizium überließ. Hier handelte es sich jedoch um ein außergewöhnliches Zusammentreffen beider Institutionen, welches für eine allgemein geläufige Rechtspraxis zu halten durch nichts gerechtfertigt ist. Nirgendwo finden wir, daß zentrale Instanzen des fränkischen Staates – die Könige oder die Hausmeier – an ihre Vasallen oder an ihre Antrustionen Benefizien vergeben hätten. Erst im Laufe der Karolingerzeit trat eine Änderung ein: die beiden Institutionen, die bis dahin unabhängig voneinander bestanden hatten, Vasallität und Benefizium, wurden weitgehend miteinander vereinigt, so daß sie ein ganzes System von Institutionen bildeten. Es scheint uns gerechtfertigt, von nun an den Begriff „karolingisches Lehnswesen" zu verwenden. Diese Vereinigung von Benefizium und Vasallität und die Entwicklung beider Institutionen vollzogen sich übrigens nur schrittweise. Wir müssen also in unserer Darlegung zumindest zwei Perioden chronologisch unterscheiden, die Zeit der ersten Karolinger und die Zeit Karls des Großen und seiner Nachfolger.

# Erstes Kapitel

## Die feudo-vasallitischen Institutionen unter den ersten Karolingern

### *Tatsächliche Verbindung von Vasallität und Benefizium Verbreitung dieser Institutionen*

Vasallität und Benefizium traten seit der Zeit der ersten Karolinger – Hausmeier Karl Martell (716–741), Hausmeier Karlmann I. (741–747) und Pippin III., Hausmeier (741–751) und König (751–768) – gemeinsam auf, zumindest de facto.

Für das fränkische Reich stellten das Ende des 7. und die erste Hälfte des 8. Jahrhunderts eine Zeit beinahe unaufhörlicher Kämpfe dar. Bürgerkriege haben den Aufstieg Pippins II., später „von Herstal" genannt, und seines unehelichen Sohnes Karl Martell begleitet. Kriegszüge wurden gegen die Alamannen, Bayern, Aquitanier und Provençalen unternommen, die danach strebten, sich ganz oder teilweise aus dem Reichsverband zu lösen; dann galt es, äußere Feinde wie Friesen, Sachsen und Sarazenen zu bekämpfen. Für all diese Unternehmungen bedurften Pippin II. und vor allem Karl Martell einer großen Zahl von gut bewaffneten und ihnen völlig ergebenen Kriegsleuten, die sie sich dadurch verschafften, daß sie die Zahl ihrer Vasallen vervielfachten. Sie verteilten nicht nur Land an diese Leute, um ihnen den rechtmäßig zustehenden Unterhalt zu verschaffen, sondern auch um sie in die Lage zu versetzen, sich mit einer Kriegsausrüstung und den nötigen Reitpferden – das Reiterheer wird allmählich zur entscheidenden Waffe – zu versehen. Manchmal wollte man es ihnen auch ermöglichen, sich nun ihrerseits eine Schar von Kriegern zu halten. Zweifellos wurde ihnen in den meisten Fällen dieses Land zu Eigentum übertragen; es stammte zum Teil vielleicht aus dem Hausgut Pippins II. und Karls, vielleicht handelte es sich auch bei manchen Vergabungen um

Krongüter *(fiscus)*. Ganz sicher aber stammte dieses Land zum größten Teil ganz einfach aus dem Besitz der Kirchen, der Kathedralen und Klöster; denn die fränkische Kirche war erstaunlich reich an Grundbesitz, und auch in früheren Zeiten hatten die Könige des öfteren Kirchengüter zu ähnlichen Zwecken in Anspruch genommen.

Die Usurpation kirchlicher Güter durch Pippin und vor allem durch Karl Martell machte die Kirchen um eine bedeutende Einnahmequelle ärmer, und in der fränkischen Kirche, in der sich auf Grund anderer Ursachen bereits Auflösungserscheinungen zeigten, griffen nun umso mehr Zuchtlosigkeit, Nachlassen der Sittenstrenge, Regellosigkeit im Kultus, Aberglaube und heidnische Praktiken in Dogma und Liturgie und Auflösung der hierarchischen Ordnung um sich. Als die Söhne und Nachfolger Karl Martells, Karlmann I. und Pippin III., später der Kurze genannt, sich unter dem Einfluß des hl. Bonifatius um Behebung dieses für das geistliche Leben ihrer Untertanen bedrohlichen Zustandes bemühten, waren sie gezwungen, das Problem der konfiszierten Kirchengüter zu lösen.

Die Lösung dieses Problems wurde auf drei fränkischen Konzilen beschlossen, von denen das erste 743 an einem unbekannten Ort stattfand, und das zweite und dritte 744, eines in Les Estinnes im Hennegau und eines in Soissons[1]. De iure wurden alle säkularisierten Güter den Kirchen wieder zugeeignet, de facto wurde aber nur ein Teil zurückgegeben; denn die meisten befanden sich in der Hand von Kriegsleuten, und äußere Gefahren verboten es, diesen ihren Besitz wieder zu entziehen; sie hätten sich übrigens auch wenig geneigt gezeigt, sich einer solchen Maßnahme zu fügen. Man kam überein, daß der Fürst — der Hausmeier, der jedoch bald darauf König sein wird — diese Güter zurücknehmen und sie als Benefizium auf Lebenszeit an diejenigen seiner Vasallen vergeben sollte, die sie bereits besaßen. Wenn beim Tode des Vasallen der

[1] A. Boretius, *Capitularia regum Francorum* (MG. in 4°), I, 1883 Nrn. 10, 11, 12. Wir übernehmen die Daten von Th. Schieffer, *Angelsachsen und Franken*, Akad. d. Wissensch. zu Mainz, Abhandl. d. Geistes- u. Sozialwissenschaftl. Kl., 1950, Nr. 2 und *Winfrid-Bonifatius*, Freiburg i. Breisgau, pp. 208—222, 306—307.

Fürst auf Grund der politischen Umstände immer noch Kriegsleute brauchte (*si necessitas cogat,* sagt das von Karlmann I. auf dem Konzil von Les Estinnes herausgegebene Edikt), war er berechtigt, das Gut einem anderen Vasallen in Benefizium zu geben. Für den Besitz dieses Benefiziums zahlte der Vasall seinem fürstlichen Herrn keinerlei Zins: seine Gegenleistung bestand in dem Dienst, den er in seiner Eigenschaft als Vasall leisten mußte. Um das Eigentumsrecht der Kirche an diesem Land anzuerkennen, entschloß man sich, das dem Vasallen vom Fürsten in Benefizium zugeteilte Gut gleichzeitig als dem Vasallen von der Kirche aus Kirchenbesitz in Prekarie überlassen zu betrachten. Auf Grund dieser Rechtslage sollte der Besitzer der Kirche einen Zins zahlen, und ferner sollte eine Urkunde über die Prekarie ausgestellt werden. Fünfunddreißig Jahre später werden Prekarien dieser Art *precariae verbo regis* genannt, Vergabungen in Prekarie auf königlichen Befehl[2] — im Unterschied zu jenen, die die Kirchen aus anderen Gründen vornahmen.

Als wesentlich ist festzuhalten, daß im ganzen fränkischen Reich — in den Gebieten zwischen Rhein und Loire jedoch in weit höherem Maße als anderswo — die Zahl der Vasallen stark anwuchs, daß sich vor allem die Schar der Vasallen des Hausmeiers und später der Königsvasallen vergrößerte und daß es schließlich auch immer mehr Hausmeier- und Königsvasallen oder Vasallen anderer Herren gab, denen von ihren Herren Land in Form von unentgeltlichen Benefizien auf Lebenszeit überlassen wurde. Dieser Brauch sollte sich zusehends verbreiten: um die Mitte des Jahrhunderts zögert Pippin nicht, zahlreichen Kirchen von *Francia* eine *divisio,* d. h. eine Verteilung ihres Grundbesitzes[3] zur Pflicht zu machen, was sich dahingehend auswirkte, daß nur ein Teil ihres Grundeigentums tatsächlich in ihrem Besitz blieb. Den übrigen Teil — manchmal von recht bedeutendem Umfang — erhielten

[2] Kapitular v. Herstal von Karl d. Großen, a° 779, Boretius, *Capitularia,* I, Nr. 20, Art. 13.

[3] *Annales Alamannici, Guelferbytani, Nazariani,* a° 751, hg. v. G. H. Pertz, MG. SS. I, pp. 26—27: *Pippinus rex elevatus. Res eclesiarum descriptas atque divisas.*

die Vasallen des Hausmeiers oder des Königs als Benefizium auf Lebenszeit unter den obengenannten Bedingungen. Um die fränkische Kirche zu entschädigen, schuf Pippin III. den Kirchenzehnten, d. h. alle Bewohner des Reiches mußten den zehnten Teil ihrer landwirtschaftlichen Erträge an die Kirche abführen.

Die dritte Stufe dieser Entwicklung ist erreicht, als der Hausmeier und bald darauf der König nicht länger nur auf säkularisierte Kirchengüter zurückgreifen, sondern Güter aus Eigenbesitz als Benefizien auf Lebenszeit und selbstverständlich ohne geldliche Entschädigung an ihre Vasallen vergeben: damit war eine einfachere und klarere Lage geschaffen, weil die Verpflichtung, das Gut gleichzeitig in Prekarie zu haben, wegfiel.

Zu Beginn des 8. Jahrhunderts war es anscheinend reiner Zufall, wenn Benefizien an Vasallen vergeben wurden, und niemals scheinen die zentralen Instanzen des Staates solche Vergabungen vorgenommen zu haben. Als 768 Karl der Große den Thron bestieg, war eine grundlegende Änderung eingetreten. Jetzt vergab auch der König ebenso wie die Partikularherren – Herzöge, Grafen, große Grundherren oder *potentes*, Bischöfe und Äbte – in weitem Umfang Benefizien an seine Vasallen. Die Verbindung von Vasallität und Benefizium bestand lediglich de facto, ohne daß sie allgemein zwingend gewesen wäre.

## *Rangerhöhung der Vasallen*

Diese Umwandlung ging Hand in Hand mit einer anderen Erscheinung. Noch im 7. Jahrhundert war der sich kommendierende *vassus* im allgemeinen ein Mann, der wohl frei, aber von niederem sozialen Rang war. Nun haben die ersten Karolinger ansehnliche Kirchengüter, ganze Grundherrschaften und bald auch ausgedehnte Güter aus Eigenbesitz als Benefizien unter ihre Vasallen verteilt und auf diese Weise auch Männer aus anderen sozialen Schichten, eine stets wachsende Zahl von Angehörigen der oberen sozialen Ränge, der Aristokratie, in ihre Vasallität gezogen: unter anderem die Grafen, die die Vertreter der öffentlichen Gewalt waren. Der diesen Leuten zur Verfügung gestellte Grundbesitz versetzte sie übrigens in die Lage, nun ihrerseits nach demselben Verfahren Vasallen zu unterhalten. Auf diese Weise hob sich das soziale Niveau der Vasallenschaft. Die Vasallität wurde etwas Besonderes, etwas Ehrenvolles – auf jeden Fall, wenn man Vasall des Königs war und von diesem ein Benefizium erhielt. So läßt sich vielleicht das Verschwinden der Antrustionen um die Mitte des 8. Jahrhunderts erklären: da der Charakter der Vasallität sich geändert hatte, brauchten sie nicht länger auf einer Unterscheidung ihres Standes von dem der Kronvasallen zu bestehen.

## Zweites Kapitel

### Die feudo-vasallitischen Institutionen unter Karl dem Grossen und seinen Nachfolgern

#### *Terminologie*

Wenn wir die Institutionen des fränkischen Reiches untersuchen, fällt uns auf, daß die Vasallität immer mehr an Bedeutung gewinnt – gemeint ist hier das fränkische Reich Karls des Großen und Ludwigs des Frommen und die fränkischen Königreiche, die nach dem Tode Ludwigs des Frommen 840 durch die Zerstückelung der großen Einheit, die jenes Reich darstellte, entstanden waren: Ostfranken, aus dem Deutschland, Westfranken, aus dem Frankreich hervorging, Lothringen, das schließlich Deutschland angegliedert wurde, die Königreiche Provence und Burgund, die sich letzten Endes vereinigten, und Italien. Die königlichen oder kaiserlichen Verordnungen, die unter dem Namen „Kapitularien" *(capitularia)* bekannt sind, enthalten eine Unmenge von Bestimmungen über die Vasallen, und auch erzählende Quellen und Urkunden berichten sehr häufig über diese Leute.

Die Ausdrücke, mit denen man sie bezeichnete, haben sich einigermaßen verändert. *Gasindus,* das noch zu deutlich an die niedere Herkunft der Institution erinnerte – noch heute bezeichnet das Wort Gesinde ja die Dienerschaft – wird kaum noch verwendet. Demgegenüber war *vassus* zur geläufigen Bezeichnung geworden, obgleich das Wort sich noch nicht allerorten in gleichem Maße durchgesetzt hatte. Vielleicht weil es im Süden Galliens an einen der Unfreiheit recht ähnlichen Stand erinnerte, spricht der unter dem Namen „der Astronom" bekannte anonyme Biograph Ludwigs des Frommen von den von Karl dem Großen in Aquitanien eingesetzten Vasallen als von *alios plurimos quos vassos vulgo vocant, ex gente Francorum,* „vielen anderen, der Abstammung nach Franken, in der Umgangssprache Vasallen genannt"[1]. Dies konnte jedoch nicht verhindern, daß das Wort sich endgültig durchsetzte. Die Dublette *vasallus* breitet sich vor allem im Laufe des 9. Jahrhunderts aus: der große Papst Nikolaus I. verwendet diesen Begriff in seinem Brief von 862, in dem er den westfränkischen König Karl den Kahlen auffordert, dem später „Eisenarm" genannten Grafen Balduin, dem Stammvater des Hauses Flandern, die Entführung seiner Tochter Judith zu verzeihen: *Balduinus, vasallus vester* ... Texte fränkischen Ursprungs belegen darüber hinaus, daß es sich nicht um einen rein italienischen Sprachgebrauch handelte[2]. Seit der zweiten Hälfte des Jahrhunderts begegnet häufig die Bezeichnung *miles*, woraus sich deutlich ersehen läßt, daß die Institution immer mehr einen militärischen Charakter annimmt. In einer Urkunde des lothringischen Königs Lothar II. von 865 werden die Kronvasallen unter *de militibus* und die Grafen unter *de comitibus* als Bürgen aufgeführt[3]. Schließlich noch das Wort *homo*. Es kann jede von einem Herrn abhängige Person bezeichnen und wird oft im technischen Sinn von Vasall verwendet. Ludwig der Fromme gebraucht z. B. das Wort zweifellos in dieser Bedeutung, und zwar in einem Erlaß von 815, in dem der Kaiser vom *obsequium* spricht, welches die *nostrates homines de simili beneficio senioribus suis exhibere solent*, d. h. vom „Dienst, den die Vasallen in unserem Lande gewöhnlich ihren Herren als Entgelt für ähnliche Benefizien leisten"[4].

[1] *Vita Hludowici imperatoris*, c. 3.; hg. v. G.-H. Pertz, MG. SS. II, p. 608.

[2] *Nicolai I Papae Epistolae*, Nr. 7, hg. v. E. Perels, MG. Epp. in 4°, VI, p. 273. Dieser Ausdruck erscheint häufig in den Urkunden Karls d. Kahlen. Es genügt, auf das alphabetische Verzeichnis des *Recueil des actes de Charles II le Chauve* von G. Tessier, III, Paris 1955, p. 414, sub v°, zu verweisen.

[3] *Annales Bertiniani*, a° 865, hg. v. G. Waitz, Hannover 1883, p. 77. Vgl. auch die Analyse eines Briefes von Erzbischof Hinkmar v. Reims an Bischof Isaak v. Langres, a[is] 857—880, in FLODOARD, *Historia Remensis Ecclesiae*, III, 23, hg. v. J. Heller u. G. Waitz, MG. SS. XIII, p. 529.

[4] *Constitutio de Hispanis Prima*, c. 6, BORETIUS, Capitularia I, Nr. 132; p. 264 (= R. D'ABADAL I DE VINYALS, *Catalunya Carolingia*, II.

## *Verstärkte Ausbreitung von Vasallität und Benefizium*

Es steht außer Zweifel, daß die Zahl der Vasallen im Verhältnis zur Gesamtzahl der Freien während der ganzen zweiten Hälfte des 8. und während des 9. Jahrhunderts angestiegen ist, und zwar auf verschiedene Weise. In den fränkischen Kerngebieten zwischen Loire und Rhein machte die Verbreitung der Vasallenbindungen ständig Fortschritte. Anderswo fand die Institution unterschiedliche Verbreitung, so in bestimmten weiter entfernten Gebieten des Reiches wie in dem am rechten Ufer des Rheins und am Main gelegenen Franken, wie in Thüringen oder in jenen Randgebieten, die die ersten Karolinger oder Karl der Große selbst dem Reich angegliedert hatten, wie Aquitanien, Alamannien oder Bayern. Auch in Italien wurde die Vasallität eingeführt, wo sie sofort besondere Züge annahm, da der Status des Vasallen unter den Einfluß des Status des langobardischen *gasindus* geriet. In den neu eroberten germanischen Ländern wie Friesland und Sachsen fand die Vasallität nur geringen Eingang. Ihre Verbreitung ging wahrscheinlich in weitem Umfang mit der Verbreitung des großen Grundbesitzes und der Bewirtschaftung des Bodens im Rahmen der Grundherrschaft *(villa)* Hand in Hand. Diese Art von Grundbesitz und diese Art von Bewirtschaftung waren in der Tat mehr als alle anderen wie geschaffen für die Austeilung von Benefizien an Vasallen durch einen Herrn und – was auch vorkam – an Vasallen seiner Vasallen durch Vermittlung der letzteren, also an seine Untervasallen.

Man kann nicht genug darauf hinweisen, daß Vasallen, die Ländereien von einigem Ausmaß in Benefizium erhielten, normalerweise nun ihrerseits Vasallen in ihren Dienst nahmen – zweifellos sehr oft auf ausdrücklichen Wunsch ihres Herrn, denn dieser sah es gern, wenn sie ihm auf diese Weise mit einer recht großen Schar von Reisigen dienen konnten. In großer Zahl wurden diese Untervasallen direkt unterhalten. Es kam jedoch auch vor, daß manchen Untervasallen statt dessen ein Benefizium überlassen wurde, und zwar entweder ein Gut aus Eigenbesitz, ein Allod *(alodis, alodium)*

*Els Diplomes Carolingis a Catalunya*, II Barcelona 1952, Apèndix III). Vgl. auch ebda. I, Nr. 73, Art. 7, p. 165 (a° 811), II, Nr. 204, § III, Art. 3 und 5, p. 71 (a° 847).

oder einige kleinere Grundstücke, die ihre Herren zu diesem Zweck von dem ihnen selber überlassenen Benefizium abtrennten. Je weiter das 9. Jahrhundert fortschreitet, umso mehr wird es Brauch, daß Vasallen eines Herrn auch ihren eigenen Vasallen Benefizien überlassen.

Die außergewöhnlich weite Verbreitung der Vasallität seit der Regierungszeit Karls des Großen ist das Ergebnis verschiedener Faktoren. Zunächst einmal strebten jeder König und jeder Kaiser danach, die Zahl ihrer Vasallen zu vervielfachen – darauf werden wir noch zurückkommen –, um so ihre eigene Herrschaft zu festigen. Aus derselben Absicht heraus verpflichteten sie die Vertreter der Staatsgewalt – Grafen, Markgrafen und Herzöge – in die königliche Vasallität einzutreten: die Karolinger glaubten, sie könnten diese Träger ihrer Herrschaft dadurch fester an sich binden, daß sie sie zu ihren Vasallen machten und ihnen somit eine doppelte Treupflicht auferlegten: die Treue des Vasallen neben der, zu der sie als Graf, bzw. als Markgraf oder als Herzog verpflichtet waren. Diese Politik wurde mit Unterstützung des Herrschers ebenfalls von den hochgestellten Vertretern der königlichen Gewalt gegenüber den tieferstehenden verfolgt und von den Oberhäuptern bedeutender Kirchen – Kathedralen oder Abteien – gegenüber den höheren weltlichen Vertretern ihrer Macht. Etwa seit dem zweiten Teil der Regierungszeit Ludwigs des Frommen (830–840) ließen es sich die im allgemeinen mit politischen Ämtern versehenen Großen angelegen sein, eine große Schar von Vasallen an sich zu binden, um so ihre militärische Schlagkraft zu stärken, um sich ihre Parteinahme für die eine oder andere Seite noch teurer bezahlen zu lassen. Dazu kommt, daß in einer Epoche, in der Kriegswirren und Einfälle barbarischer Völkerschaften wie der Normannen, Sarazenen, Slaven und Ungarn kein Ende nahmen, viele Freie nicht in der Lage waren, sich und die Ihren hinreichend zu schützen. In dieser Situation kam es ihnen vor allem darauf an, ihren Status als Freie zu bewahren und nicht in der Masse der Landbevölkerung unterzugehen. Deshalb mußte ihnen der Eintritt in die Kaste der „qualifizierten" Krieger durch Aufnahme in irgendeine Vasallenschaft sozusagen als Rettung erscheinen.

Gegen Ende des 9. Jahrhunderts befindet sich die Gesellschaft zahlreicher Gebiete zweifellos in dieser Lage, zumindest in

Westfranken, welches der Autor der *Miracula Sancti Bertini* zwischen 891 und 900 anläßlich einer Normanneninvasion in die Gebiete um die Aa und den Oberlauf der Leie im Jahre 891 beschreibt. Innerhalb der oberen Schichten der Gesellschaft stellt er der überwiegenden Mehrheit jener, die vasallitisch gebunden waren und bei jeder Gelegenheit ihrem Herrn Heerfolge leisten mußten, die kleine Schar derjenigen gegenüber, die so reich an Alloden waren, daß sie es nicht nötig hatten, sich zu kommendieren und die lediglich den allgemeinen Untertanenpflichten gegenüber den Königen nachkommen mußten: *Pene nobilitas terrae ex multo iam tempore ob amorem vel dominatum carorum sibi dominorum abscesserat, nativitatis patria relicta, praeter paucos, qui ita hereditariis praediti erant patrimoniis ut non esset eis necesse subdi nisi sanctionibus publicis*[5].

## *Die Königsvasallen*

Charakteristisch für das Ende des 8. und für das 9. Jahrhundert sind nicht allein das zahlenmäßige Anwachsen und die geographische Verbreitung vasallitischer Bindungen und der Verleihung von Benefizien, sondern ebenfalls die stärkere Ausprägung eines anderen Phänomens, das wir bereits bei den ersten Karolingern angedeutet haben: der Hebung des sozialen Niveaus der Vasallenschaft.

Dieser Vorgang machte sich übrigens bei den Königsvasallen weit mehr als bei allen anderen bemerkbar. Auf Grund der Beziehungen zum König, auf Grund der Missionen, mit denen sie betraut werden, genießen die *vassi* oder *vassalli dominici*, wörtlich „die Vasallen des Herrn“, aber „des königlichen Herrn“, ein besonderes Ansehen: die Quellen bezeichnen manchmal dieses ihr Recht auf Achtung und Ansehen als *honor*[6] (das französische Wort *honneur* hatte einst den gleichen Sinn). Das Prestige jener Kronvasallen, die ein Benefizium erhielten (der *casati*, frz. chasés) war

[5] *Miracula Sancti Bertini*, c. 8, hg. v. O. Holder-Egger, MG. SS. XV, 1, p. 513.

[6] Kapitular von Herstal von 779, c. 9, Boretius, *Capitularia*, I, Nr. 20, p. 48.

noch größer als das der anderen. Diejenigen, die der König direkt in seiner Pfalz unterhielt, werden zu Beginn des 9. Jahrhunderts von einem Annalisten mit einer Spur von Verachtung *pauperiores vassos*, „die ärmeren Vasallen“ genannt[7]. Es ist übrigens wahrscheinlich, daß seit dem Ende der Regierungszeit Karls des Großen ein Königsvasall, der seine Pflichten erfüllt hatte, normalerweise darauf hoffen konnte, im gegebenen Augenblick in irgendeinem Teil des Reiches ein Benefizium zu erhalten.

Die Karolinger haben in der Tat die *vassi dominici* durch Vergabung von Benefizien in allen Teilen ihres Reiches angesiedelt. Dadurch schufen sie sich überall im Reich Kolonien, denn diese Männer besaßen jeweils das Vertrauen des Königs, der sich auf ihren Dienst und ihre Unterstützung verlassen konnte. Auch standen im Notfall die Vasallen dieser Leute zu seiner Verfügung. Pippin III. und Karl der Große haben diese Politik vor allem in den neu unterworfenen Gebieten wie Aquitanien[8], Italien und Bayern betrieben. Daß die Königsvasallen gegenüber den anderen eine Sonderstellung einnahmen, geht aus den von Karl dem Großen über die Leistung des Treueides an den König erlassenen Verfügungen hervor: ebenso wie die Bischöfe, Äbte und Grafen mußten die Königsvasallen den Eid in die Hände der *missi dominici* leisten, während die Übrigen ihn zusammen mit allen anderen Untertanen jedweden Ranges in die Hände der Grafen leisteten[9].

### *Vasallen anderer Herren*

Die Vasallen von Grafen, Bischöfen, Äbten, Äbtissinnen und Partikularherren konnten die verschiedensten sozialen Stellungen einnehmen. Unter Karl dem Großen gab es sogar – wenn auch nur

[7] *Annales Laureshamenses*, a° 802, hg. v. G.-H. Pertz, MG. SS. I, pp. 38 u. 39.

[8] Kapitular Pippins III. für Aquitanien, a° 768, c. 5 u. 9; Breviarium Aquitanicum Karls des Großen, a° 789, c. 6 u. 9, Boretius, *Capitularia*, I, Nr. 18, p. 43 u. Nr. 24, p. 65. Siehe auch z. B. oben pp. 19—20 und Anm. 1 das Zitat des Astronomen.

[9] *Capitulare missorum*, a^is^ 792—793, c. 2 und 4, Boretius, *Capitularia*, I, Nr. 25, pp. 66—67

selten – halbfreie Vasallen[10]. Die *vassi casati*, die „belehnten Vasallen" waren die angesehensten. Der Rang eines Vasallen maß sich jedoch noch an anderen Faktoren: so erfreuten sich angesehene Männer, die aus irgendeinem Grund in die Vasallität eines Mächtigeren eingetreten waren, auch weiterhin des Ansehens, das sie ihrer persönlichen Autorität oder ihrem Reichtum verdankten. Je weiter das 9. Jahrhundert fortschreitet, umso mehr Fälle dieser Art scheint es zu geben: sie haben sicherlich zur Hebung des durchschnittlichen sozialen Niveaus der Vasallenschaft beigetragen.

Dieses Phänomen erklärt ebenfalls die immer deutlicher werdende Unterscheidung zwischen dem Vasallen und dem, der den Schutz, die „Mundeburdis" eines anderen unter der Bedingung suchte und erhielt, daß er ihm Dienste leistete, die niederer waren als die eines Kriegers. Auf solche Leute wird der Begriff *vassus* nicht mehr angewendet; denn der Vasall – so bescheiden seine Herkunft und seine Stellung auch sein mögen – verfügt über ein Pferd und über Waffen, wenn auch dieses Pferd und diese Ausrüstung unter Umständen seinem Herrn gehören[11]. Von dem Augenblick an, in dem er Vasall wird, lebt er in einer völlig anderen Welt, die mit der des Hausgesindes und der Feldarbeiter nicht das geringste gemein hat.

## *Vasallenbindungen begründende Akte*

In zwei erzählenden Quellen aus der Regierungszeit Ludwigs des Frommen werden die Vasallenbindungen begründenden Rechtsakte genau beschrieben. Im Jahre 837 überläßt der Kaiser seinem jungen Sohn Karl dem Kahlen die Regierung der Gebiete zwischen Friesland und der Seine. Im Jahre 838 fügt er noch Neustrien hinzu, d. h. die Gebiete zwischen Seine und Loire. Die *Annales Bertiniani* berichten in Bezug auf das erste dieser Ereignisse: *episcopi, abbates, comites et vassalli dominici in memoratis locis*

[10] *Capitulare missorum*, als 792–793, c. 4, Boretius, *Capitularia*, I, Nr. 25, p. 67. Zur Datierung der Kapitularien verweisen wir auf die von A. Verhulst als Anhang zu unserem Werke *Was waren die Kapitularien?*, Darmstadt, 1961, veröffentlichte Tabelle.

[11] Vgl. den in Anm. 10 genannten Text.

*beneficia habentes, Karolo se commendaverunt et fidelitatem sacramento firmaverunt;* „die Bischöfe, Äbte, Grafen und Königsvasallen, die in diesen Gebieten Benefizien innehatten, kommendierten sich Karl und versicherten ihn durch einen Eid ihrer Treue". Anläßlich der Ereignisse des folgenden Jahres schreibt der Astronom: *Neustriae provintiae primores Karolo et manus dederunt et fidelitatem sacramento obstrinxerunt;* „die Großen von Neustrien reichten Karl ihre Hände und banden ihre Treue durch einen Eid an ihn"[12]. Einesteils geht aus den Wendungen *se commendaverunt* und *manus dederunt* hervor, daß es sich um einen Akt handelt, durch den man sich kommendiert und bei dem eine Handgebärde vollzogen wird, andrerseits wird ein Treueid geleistet.

### *Die Kommendation*

Der sich Kommendierende reichte dem, dessen Vasall er wurde, die Hände. Die Quellen sprechen von *in vasatico se commendare per manus,* „sich in ein Vasallitätsverhältnis durch die Hände kommendieren", *manus suas commendare,* wörtlich „seine Hände kommendieren", *in manus* oder *in manibus N. se commendare,* sich in die Hände eines N. kommendieren[13]". Aus den zuletzt zitierten Quellen geht hervor, daß auch die Hände des zukünftigen Herrn beim Vollzug des Aktes nicht unbeteiligt waren. Die genaueste Beschreibung liefert uns Ermoldus Nigellus in seinem Bericht über die Kommendation, die der Dänenkönig Harald Ludwig dem Frommen im Jahre 826 leistete:

[12] *Annales Bertiniani,* a° 837, hg. v. G. Waitz, Hannover 1883, p. 15. *Vita Hludowici Pii,* c. 59, p. 644.

[13] *Annales Regni Francorum,* Originaltext, a° 757, hg. v. F. Kurze, Hannover 1895, p. 14. Fragment eines Kapitulars hg. v. Boretius, *Capitularia,* I, Nr. 104, c. 8, p. 215. *Ann. R. Franc.,* a° 814, p. 141. Urkunde Ludwigs des Frommen, a° 815, *Recueil des historiens des Gaules et de la France,* VI, p. 472. Brief der Dhuoda, der Gemahlin des Markgrafen Bernhard von Septimanien an ihren Sohn Wilhelm, a° 843, Ende der einleitenden Sätze, E. Bondurand, *L'éducation carolingienne. Le manuel de Dhuoda,* Paris 1887, p. 54.

*Mox manibus iunctis regi se tradidit ultro . . .*
*Caesar et ipse manus manibus suscepit honestis.*

„Mit zusammengelegten Händen übergab er sich aus freien Stücken dem König ... Und der Kaiser selbst empfing diese Hände in seinen ehrwürdigen Händen." Der zukünftige Vasall gab also seine zusammengelegten Hände in die umschließenden des zukünftigen Herrn.

Wir dürfen wohl annehmen, daß ohne die *immixtio manuum*, ohne die zweifache Handgebärde keine Kommendation stattfinden konnte. Wahrscheinlich wurde die Handlung noch von einer Willenserklärung des zukünftigen Vasallen begleitet[14].

Die Kommendation war ein Rahmenvertrag, der Unterordnungsverhältnisse sehr verschiedener Art begründen konnte. Man denke nur an die Formel Nr. 43 von Tours, in der von einem sehr armen Mann die Rede war, der zweifellos seinem Herrn die niedersten Dienste leisten mußte[15]. An dieser Stelle interessiert uns jedoch ihre Verwendung zur Begründung von Vasallenbindungen.

## *Der Treueid*

In der zweiten Hälfte des 8. und im 9. Jahrhundert wird bei Eintritt in die Vasallität nicht nur Kommendation, sondern auch ein Treueid geleistet[16]. Der Inhalt dieses Treueides wurde mit dem Begriff *fidelitas* bezeichnet; man findet indessen auch *fides*, „Treue", so in folgendem Abschnitt aus der Walabiographie, in dem Paschasius Radbertus Ludwig dem Frommen 833 folgende Worte an seine abtrünnigen Söhne in den Mund legt: *Mementote . . . etiam et quod mei vasalli estis mihique cum iuramento fidem firmastis*, „Denkt auch daran, daß Ihr meine Vasallen seid und daß Ihr mir durch einen Eid Eure Treue versprochen habt"[17].

[14] *In honorem Hludowici*, IV, v. 601 und 605, hg. v. E. Dümmler, MG. Poetae II, p. 75 = hg. v. E. Faral, Paris 1932, v. 2482 und 2486, p. 188; vielleicht auch v. 603—604 = v. 2484—2485.

[15] Siehe oben pp. 5—6

[16] Siehe z. B. pp. 25—26.

[17] *Epitaphium Arsenii* II, c. 17, hg. v. E. Dümmler, Abhandlungen d. Preußischen Akademie d. Wissensch. zu Berlin, 1900, p. 85 (= *Vita Walae*, c. 17, hg. v. G. H. Pertz, MG. SS. II, p. 563).

Ein Treueid war ein durch einen Eid bekräftigtes Treuversprechen. Er erforderte nicht nur den Anruf Gottes, sondern ebenfalls die Berührung einer *res sacra*, einer Reliquie, eines Evangeliars usw.

Die Frage ist nicht unberechtigt, warum neben der Kommendation, die den Vasallen dem Herrn fast vollständig unterwarf[18], noch ein Treueid geleistet wurde. Einmal ließe sich sagen, daß der Treueid für den Herrn wahrscheinlich eine zusätzliche Sicherung darstellte und ihm die Gewißheit gab, daß der Vasall seine Pflichten wirklich erfüllen würde. Denn ein verletzter Eid war dasselbe wie ein Meineid, d. h. eine Todsünde. Was das in einer Gesellschaft bedeutet, die stark religiös gebunden war, läßt sich unschwer ermessen.

Eine andere, mit der ersteren durchaus zu vereinbarende Erklärung ließe sich von der Seite des Vasallen her finden, der ebenfalls Interesse an der Leistung eines Treueides haben konnte. Wir haben die Umwandlung, die sich seit der Mitte des 8. Jahrhunderts in der sozialen Schichtung der Vasallenschaft vollzog, bereits angedeutet[19]. Den eine Vasallenbindung eingehenden Angehörigen der Aristokratie mußte es darauf ankommen, mögliche Verwechslungen mit den Kommendierten niederer Herkunft, die zur Leistung weniger ehrenvoller Dienste bestimmt waren, zu vermeiden. Man mußte sogar unterstreichen, daß man als freier Mann dienen würde, *ingenuili ordine*. Diese Betonung der eigenen Freiheit war umso wichtiger, als die bei der Kommendation übliche Handgebärde eine Geste der Selbstübergabe war und als eine Entäußerung der Freiheit aufgefaßt werden konnte; vor allem wenn man bedenkt, daß der Name *vassus* dem Träger kein besonderes Ansehen verschaffte und daß die sich an die Vasallität anschließende Begrifflichkeit den Geruch der Unfreiheit verbreitete[20].

Die notwendige Unterscheidung konnte man auf dem Wege über den Eid bewirken. Denn wer den Eid leistete, band sich für die Zukunft, und eine gültige Bindung setzte bei dem, der sie einging, die volle Verfügungsgewalt über seine Person und folglich den Status der Freiheit voraus. Man kann sich fragen, ob die An-

[18] Siehe oben pp. 5—6.

[19] Siehe oben pp. 17—18 u. 25.

[20] Siehe oben pp. 19—20 u. unten p. 32.

gehörigen der Aristokratie hier nicht jenen Eid übernommen haben, den die Männer ihres Standes beim Eintritt in das königliche Antrustionat leisteten[21]: die Antrustionen verschwinden in dem Augenblick, in dem Leute höherer Stände in großer Zahl Vasallen des fränkischen Herrschers werden.

Dieser Gesichtspunkt findet seine Bestätigung im Kommentar zur Ordensregel des hl. Benedikt, den man Paulus Diaconus zuschreibt. Der Verfasser stellt darin dem auf Furcht vor Schlägen gründenden Gehorsam des Unfreien den Gehorsam des Vasallen gegenüber. Über diesen schreibt er: *Bassallus servit seniori suo propter fidem suam quam professus est illi servire, ut non inveniatur fallax,* „Der Vasall dient seinem Herrn auf Grund der Treue, die zu bekunden er ihm versprochen hat, auf daß er nicht als Betrüger dastehe“[22]. Die *fides,* die „Treue“, ist die unter Eid versprochene Treue: auf ihr beruht das Handeln des Vasallen als freier Mann, und sie unterscheidet ihn vom Unfreien, der geschlagen wird.

Der Treueid muß spätestens 757 zur Kommendation hinzugekommen sein. Zu diesem Zeitpunkt ist der Bayernherzog Tassilo III. in die Vasallität König Pippins III. eingetreten. Die Reichsannalen beschreiben die feierliche Handlung mit folgenden Worten: *Ibique Tassilo venit, dux Baioariorum in vasatico se commendans per manus, sacramenta iuravit multa et innumerabilia, reliquias Sanctorum manus inponens, et fidelitatem promisit regi Pippino et supradictis filiis eius domno Carolo et Carlomanno, sicut vassus recta mente et firma devotione per iustitiam, sicut vassus dominos suos esse deberet.* „Und da kam Tassilo, Herzog von Bayern, und kommendierte sich durch die Hände in die Vasallität. Er schwor zahlreiche und unzählbare Eide, legte seine Hände auf die Reliquien der Heiligen und versprach dem König Pippin und seinen bereits erwähnten Söhnen, den Herren Karl und Karlmann, die Treue so zu halten, wie sie ein Vasall seinem Herrn in Aufrichtigkeit

[21] Siehe oben pp. 2—3 u. 7.

[22] *Expositio in Regulam S. Benedicti,* im *Florilegium Casinense,* IV, im Bd. IV der *Bibliotheca Casinensis,* Kloster Monte Cassino 1880, p. 56, Sp. 2. Mit geringem Unterschied in der Formulierung findet sich derselbe Gedanke ein wenig weiter unten im selben Kommentar.

und unwandelbarer Ergebenheit halten soll"[23]. Die Akte, die die Vasallenbindungen begründen, setzen sich hier wieder zusammen aus der Kommendation durch die *immixtio manuum* und dem Treuversprechen, das unter Berührung einer *res sacra* durch einen Eid bekräftigt wird. Es scheint sogar, als ob am Ende des Abschnitts ein Fragment der Eidesformel mit eingeflossen wäre.

Vielleicht sollte man an dieser Stelle den Text eines Treueides wiedergeben, den ein Kronvasall zur Karolingerzeit geleistet hat. Er ist erhalten in einem Kapitular, in dem Karl der Große 802 den Wortlaut des Treueides an den Kaiser, den er von allen Untertanen verlangte, niedergelegt hat: *Sacramentale qualiter repromitto ego: domno Karolo piissimo imperatori, filio Pippini regis et Berthane fidelis sum, sicut homo per drictum debet esse domino suo ad suum regnum et ad suum rectum. Et illud sacramentum quod iuratum habeo custodiam et custodire volo, in quantum ego scio et intellego, ab isto die inantea, si me adiuvet Deus, qui coelum et terram creavit et ista sanctorum patrocinia:* „Durch diesen Eid verspreche ich, meinem Herrn, dem sehr frommen Kaiser Karl, Sohn des Königs Pippin und der Bertha, treu zu sein, wie von Rechts wegen ein Vasall seinem Herrn zur Erhaltung seines Reiches und zur Wahrung seines Rechtes sein soll. Und ich werde und will diesen von mir geschworenen Eid halten, so wie ich es weiß und verstehe, künftig von diesem Tage an, wenn mir Gott, der Schöpfer des Himmels und der Erde, und diese Reliquien helfen"[24].

### *Handlungsfreiheit der Parteien*

Durch die beiden Akte, mit denen wir uns soeben beschäftigt haben, durch Kommendation[25] und Treueid wurde zwischen zwei Parteien der *nexus iuris*, das Rechtsband geknüpft.

[23] *Annales Regni Francorum*, Originaltext, a° 757, p. 14.

[24] *Capitularia Missorum* von 802, in *fine*, Boretius, *Capitularia*, I, Nr. 34, p. 102.

[25] In einigen Texten bezeichnen die Begriffe *commendatio, se commendare* die Gesamtheit der Vasallitätsverhältnisse begründenden Rechtsakte. Die Verwendung dieser Begriffe als *pars pro toto* erklärt sich aus der Tatsache, daß die *immixtio manuum* für den Zeugen die augenfällig-

Wenn es auch gewiß recht oft vorkam, daß eine Person gezwungen wurde, Vasall einer anderen zu werden, so wurde doch der vasallitische Vertrag rechtlich als von beiden Parteien freiwillig geschlossen betrachtet. Karl der Kahle erinnerte noch 847 an diesen Grundsatz: *Volumus etiam ut unusquisque liber homo in nostro regno seniorem qualem voluerit, in nobis et in nostris fidelibus accipiat;* „wir wollen auch, daß sich jeder freie Mann in unserem Reich seinen Herrn nach Belieben auswählen kann, uns selbst oder einen unserer Getreuen"[26]. War jedoch der Vertrag einmal geschlossen, so konnte er nicht einseitig aufgekündigt werden, vor allem dann nicht, wenn er schon teilweise erfüllt worden war. Karl der Große hat eine begrenzte Zahl von Gründen angegeben, die einen Vasallen berechtigten, seinen Herrn zu verlassen: Angriff auf Leib und Leben, Stockschläge, Schändung oder Verführung von Frau und Tochter, Einziehung eines Eigengutes (des Vasallen), seine Erniedrigung zum Unfreien, Angriff mit erhobener Waffe und Vernachlässigung der Schutzpflicht. Dieses von Karl dem Großen aufgestellte Verbot, seinen Herrn ohne dessen Zustimmung zu verlassen, wurde von den Nachfolgern des großen Kaisers sehr oft erneuert[27]. Die Vasallenbindungen erloschen erst mit dem Tode des Herrn oder des Vasallen. Mit mehreren Herren Vasallenbindungen einzugehen – davon konnte keine Rede sein: die Erlaubnis dazu hätte den Vasallen der persönlichen, unmittelbaren und beinahe ausschließlichen Gewalt, die der Herr über ihn hatte, entzogen und somit die Institution selbst zerstört.

## *Vasallendienst*

Der Vasallendienst hat sich anscheinend immer mehr spezialisiert. Zweifellos hat man die *vassi dominici* mit politischen, gerichtlichen oder hohen Verwaltungsaufgaben betraut, zweifellos haben die

ste Handlung darstellte. Siehe z. B. *Capitulare missorum* von 792/793, c. 4, Boretius, *Capitularia,* I, Nr. 25, p. 67 und die *Vita Hludowici Pii* des Astronomen, c. 2, p. 618.

[26] Erster *Conventus* von Meersen, a° 847, III, 2, A. Boretius u. V. Krause, *Capitularia,* II, 1897, Nr. 204, p. 71.

[27] Boretius-Krause, *Capitularia,* I, Nr. 77 (a^is^ 802-803), c. 16, p. 172 u. Nr. 104, c. 8, p. 295; vgl. auch II, Nr. 204 (a° 847), § III, c. 3, p. 71.

Vasallen der Grafen ähnliche Missionen erfüllt, und gewiß erhielten sie auch ebenso wie die Vasallen der Kirchen oder der Partikularherren bestimmte Aufträge am Hofe ihres Herrn oder in der Verwaltung seiner Landgüter. Aber seit der Regierungszeit Karls des Großen wurde der Vasall hauptsächlich für Waffendienste in Anspruch genommen. Die Kapitularien weisen eine Überfülle von Verfügungen in Bezug auf Dienstleistungen dieser Art auf. Der Herr darf übrigens den Vasallen nur zum Dienst für den König zum Waffendienst aufrufen. Wir wissen jedoch, daß seit der Zeit Ludwigs des Frommen die großen Aufrührer gegen den Kaiser stets an der Spitze ihrer Vasallen marschiert sind.

Die Wendungen, mit denen die Quellen diesen Dienst der Vasallen bezeichnen, erinnern an Sklaverei oder an Knechtschaft, die immer mehr an die Stelle der ersteren tritt. Der geläufige Begriff ist in der Tat *servitium*, jedoch ist offensichtlich nichts Ehrenrühriges mit ihm verbunden. Zwar war jener Uuldarich, der sich 807 *in servitium* des Bischofs von Freising in Bayern begab, sicher ein Vasall von recht niederer Herkunft, aber gegen Ende des Jahrhunderts verwendet Regino in seiner Chronik denselben Begriff für den Eintritt des Bayernherzogs Tassilo in die Vasallität Karls des Großen im Jahre 787: *tradens se manibus ad servitium*. Es begegnet sogar – wenn auch in einem literarischen Werk – die Wendung *militiae vestrae servitutem*, „die Knechtschaft Eurer Vasallität", mit der ohne eine Spur von Geringschätzung der Dienst der Königsvasallen bezeichnet wird[28].

### *Unterordnung des Vasallen unter seinen Herrn*

Diese Terminologie, die Aufzählung einer begrenzten Anzahl von legitimen Verlassungsgründen des Vasallen gegenüber seinem Herrn, das Verbot, einem anderen Herrn Kommendation zu leisten, unterstreichen den „absoluten" Charakter der Unterordnung des Vasallen. Aus Gründen der Übersichtlichkeit bringen wir die Analyse der den Vasallitätsvertrag konstituierenden Akte in einem Kapitel

[28] T. Bitterauf, *Die Traditionen des Hochstifts Freising* I, München 1905, Nr. 257; Regino, *Chronicon*, a° 787, hg. v. F. Kurze, Hannover 1890, p. 56; Paschasius Radbertus, *Epitaphium Arsenii* II, p. 85.

über die Vasallität der klassischen Zeit. Diese Analyse wird unsere Anschauung vom „absoluten" Charakter der Unterordnung bestätigen. Man kann sagen, daß der Herr über die Person seines Vasallen eine echte Herrschaft ausübt. Bei Rechtsansprüchen gegen einen Vasallen wendet man sich mitunter an den Herrn, um zu seinem Rechte zu kommen[28a]. Einen Punkt darf man indessen nicht außer acht lassen: ganz gleich, welchen Rang der Herr besitzt, ganz gleich, wie niedrig Herkunft und Stellung des Vasallen sind, im Prinzip bleibt er ein freier Mann und genießt als solcher das wesentlichste Recht des freien Mannes: er untersteht dem öffentlichen Gericht. In manchen Augenblicken kann der Herr jedoch eine gewisse Zwangsgewalt über seine Vasallen ausüben, so etwa bei der Leistung des Waffendienstes eine Disziplinargewalt: er ist jedoch nicht ihr Richter. Alle Vasallen außer denen des Königs unterstehen dem Grafengericht, dem *mallus;* letztere, die *vassi dominici,* unterstehen dem Königsgericht, das ebenfalls ein öffentliches Gericht ist und unter den Karolingern sogar das öffentliche Gericht im vollsten Sinne des Wortes, denn dort führt der König als König den Vorsitz.

Seit der Karolingerzeit gab es so etwas wie eine „Mystik" der Vasallität, eine Welt von Gefühlen, die bei vielen Vasallen die absolute Ergebung an den Herrn, die die wesentliche Grundlage der Institution war, bewirkte. Daß der religiöse Charakter des Treueschwurs stark dazu beigetragen hat, diese Flamme zu nähren, geht aus einem Ermahnungsschreiben hervor, das die Gemahlin des Markgrafen Bernhard von Septimanien, Dhuoda, eine Frau von hoher Geburt und großer Bildung, 843 an ihren ältesten Sohn Wilhelm richtete. Sie fordert ihn zur Treue gegenüber dem Herrn auf, dem er auf Geheiß seines Vaters Kommendation geleistet hatte *(genitor tuus ... in manus domini te commendavit).* Dieser Herr ist Karl der Kahle, der König selbst, dessen Macht umstritten ist; aus dem Zusammenhang wird deutlich, daß die leidenschaftliche Ergebenheit an Karl, die die Mutter von ihrem Sohn fordert, die Ergebenheit des *vassus* an den *senior* ist. Wir geben hier einige Abschnitte dieses Textes wieder:

*Admonitio erga seniorem tuum exhibenda.*

[28a] *Cartae Senonicae,* 27 u. 30, in ZEUMER, *Formulae,* pp. 197 u. 198.

*Seniorem, quem habes K(arolum), quando Deus, ut credo, et genitor tuus B(ernardus), in tuae inchoationis iuventute florigeram vigorem tibi ad serviendum elegit, adhuc tene quod est generis ex magno utrumque nobilitatis exorto progenie, non ita serviens ut tantum placeas oculis, sed etiam sensui capax, utrumque ad corpus et animam puram et certam illi in omnibus tene utilitatis fidem... Quamobrem, fili, hortor te ut quod tenes corpore fideliter dum vivis tene et mente... Nunquam aliquando ex infidelitatis vesania improperium ex te exeat; malum non sit ortus nec in corde tuo unquam ascendens ut infidelis tuo seniori existas in ullo... Tu ergo, fili V(uillelme), ex illorum progenie ortus seniori ut praedixi tuo sis verax, vigil, utilisque atque praecipuus; et in omni negotio utilitatis regiae potestatis, in quantum tibi Deus dederit vires, intus forisque prudentius te exhibere satage. Lege vitas vel dicta sanctorum praecedentium patrum et invenies qualiter vel quomodo tuo seniori debeas servire atque fidelis adesse in omnibus. Et cum inveneris studeas jussa illius complere fideliter. Considera etiam et conspice illos qui illi fidelissime militant assidue et disce ab illis documenta servitii...*

„Ermahnung in Bezug auf Deinen Herrn.

Da Gott, wie ich glaube, und Dein Vater Bernhard Dich dazu bestimmt haben, Karl, der Dein Herr ist, in der Blüte Deiner Jugend zu dienen, halte es so, wie es Deiner von beiden Seiten hohen Geburt geziemt: diene nicht so, daß Du nur den Augen Deines Herrn wohlgefällst, sondern erhalte ihm sinnvoll in allen Dingen zu seinem Dienst eine makellose und unwandelbare Treue an Leib und Seele... Deshalb ermahne ich Dich, mein Sohn, Dein Leben lang mit Leib und Seele getreu Deine Pflicht zu tun... Daß man Dir doch nie die Narrheit der Untreue vorwerfen möge, daß doch niemals das Böse in Deinem Herzen keime, so daß Du etwa Deinem Herrn in irgendeiner Sache untreu werden könntest. Ich glaube nicht, daß ein Verrat von Deiner Seite oder von der Seite derer, die mit Dir dienen, zu befürchten ist... Du aber, mein Sohn Wilhelm, der Du aus ihrem Stamm bist, sei Deinem Herrn gegenüber, wie ich schon gesagt habe, aufrichtig und aufmerksam, sei ihm nützlich und halte Dich stets bereit, ihm zu dienen. Und immer, wenn es um die Macht des Königs geht, setze

Dich mit aller Besonnenheit, die Gott Dir gegeben hat, sowohl innerhalb als auch außerhalb seines Territoriums, für seine Sache ein. Lies die Lebensgeschichten oder die Aussprüche der heiligen Väter von einst, und Du wirst Aufschluß darüber finden, wie Du Deinem Herrn dienen und ihm in allen Dingen nützlich sein sollst. Und wenn Du Dich unterrichtet hast, mühe Dich, die Befehle Deines Herrn getreulich auszuführen. Richte Deine Augen auch auf die, die die größte Treue beweisen, indem sie ihm unablässig dienen, und lerne von ihnen, wie man dienen soll"[29].

## *Der Treubegriff*

Mit dem Treubegriff müssen wir uns näher befassen. Zu seiner Veranschaulichung steht uns ein Text zur Verfügung, in dem von der Treue der Untertanen gegenüber dem König die Rede ist. Die Auffassung von der Treue ist im wesentlichen in beiden Fällen die gleiche.

Im Frühjahr 802 forderte Karl der Große, gerade Kaiser geworden, von seinen Untertanen einen neuen Treueid. Hierfür sollten die Formeln des Eides der Königsvasallen verwendet werden[30]. In einem Kapitular, das den Entwurf eines kaiserlichen Regierungsprogramms enthält, gibt Karl eine nähere Bestimmung der Treue: er erweitert sie beträchtlich und versichert, die allgemein übliche Auffassung, d. h. das was man als wesentlichen Inhalt der Treue ansehe, sei ungenügend. Diese *communis opinio,* dieser wesentliche Inhalt, wird so definiert: ... *non ut multi usque nunc extimaverunt, tantum fidelitate domno imperatori usque in vita ipsius, et ne aliquem inimicum in suum regnum causa inimicitiae inducat, et ne alicui infidelitate illius consentiant aut retaciat*[31]; „im Gegensatz zu dem, was viele bisher geglaubt haben, handelt es sich nicht nur um eine Treue gegenüber dem kaiserlichen Herrn in Bezug auf dessen Leben" – d. h. daß man nichts gegen dieses Leben unternehmen soll – „und nicht nur um die Verpflichtung, aus Feindschaft

[29] E. Bondurand, *L'éducation carolingienne. Le manuel de Dhuoda,* Paris 1887, pp. 90–92. Siehe oben p. 26, Anm. 13.

[30] Siehe oben, p. 30 u. Anm. 24.

[31] *Capitulare missorum generale,* c. 2, Boretius, *Capitularia,* I, Nr. 33, p. 92.

gegen ihn keinen Feind in sein Reich einzulassen oder den Treubruch eines anderen nicht zu billigen oder ihn nicht zu verschweigen."

Der karolingische Treubegriff ist also im Kern negativ. Er besagt, daß man gegen den, dem man treu sein soll, nichts unternehmen darf. Hier kann man wiederum zur Bekräftigung den Paulus Diaconus zugeschriebenen Kommentar zur Regel des hl. Benedikt anführen: dieser Text bestätigt, daß der Vasall seinem Herrn auf Grund seiner Treue, seiner *fides*, dient, *ut non inveniatur fallax*[32], „um nicht als treulos zu gelten".

Der Treubegriff in seiner umfassenden Bedeutung wird indessen durch dieses im Grunde negative Element nicht erfaßt. Treue läßt sich ebenso durch eine positive Haltung beweisen, was z. B. aus manchen soeben zitierten Abschnitten aus dem Brief der Dhuoda hervorgeht.

In der Geschichte des 9. Jahrhunderts begegnen wir übrigens fortwährend Vasallen, die ihren Herrn verlassen, ihn verraten. In den meisten Fällen war der Wunsch, sich zu bereichern und neue Benefizien zu erhalten, das Motiv für ähnliche Vertragsbrüche. Unsere Untersuchung hat uns nun an einen Punkt geführt, an dem wir uns näher mit dem dinglichen Element in den Lehns- und Vasallenbindungen der Karolingerzeit auseinandersetzen müssen.

### *„Vassi casati" und „vassi non casati"*<br>*(Vasallen mit und ohne Benefizium)*

Bekanntlich entsteht dieses dingliche Element aus der auf dem Herren lastenden Verpflichtung, seinen Vasallen zu unterhalten. Unter Karl dem Großen und seinen Nachfolgern konnte dieser Unterhalt direkt gewährt werden und wurde es auch. Wir haben bereits die Königsvasallen erwähnt, die am Hofe lebten und Kleidung, Nahrung und Waffen vom König erhielten. So der Kronvasall, der *beneficium non habuerit*, „der kein Benefizium hatte", wie ihn das Kapitular von Herstal 779 bezeichnet. Auch die Partikularherren hatten *vassi non casati*, die sehr oft von niederem Stand waren. Auf diese bezieht sich zweifellos die Verfügung, die dem Vasallen

[32] Siehe oben p. 29, Anm. 22.

verbietet, seinen Herrn zu verlassen, sobald er etwas im Werte eines Solidus von ihm erhalten hat, *postquam acciperit valente solido uno*[33].

Unbestritten ist jedoch, daß sich während der ganzen zweiten Hälfte des 8. und während des ganzen 9. Jahrhunderts der Brauch, Benefizien an Vasallen zu vergeben, ständig verbreitet hat. Vasallen, die von Hause aus, durch ihr Familiengut oder ihre Ämter in der Gesellschaft einen höheren Rang besaßen, erhielten in der Regel ein Benefizium.

Sicherlich kam es im 9. Jahrhundert auch recht häufig vor, daß Kaiser und Könige ihren Vasallen Güter zu vollem Eigentum, als Allod, zuteilten: *iure proprietario* oder *ad proprium.* Manchmal gibt die Urkunde ausdrücklich an, daß es sich um eine Gegenleistung für Vasallendienst handelt, *ob devotionem servitii sui.* Es geschah sogar, daß der König Güter, die der Beschenkte bisher in Benefizium hatte, in Allod verwandelte[34].

Das sind jedoch Ausnahmen. Im allgemeinen war es üblich, daß der Herr, der seinen Vasallen „belehnen" wollte, diesem ein Benefizium gewährte.

## *Das Benefizium des Vasallen*

Die Untersuchung des Benefiziums der Karolingerzeit wird dadurch erschwert, daß der Begriff *beneficium,* der vornehmlich die Leihe des Vasallen bezeichnete, mehrdeutig war. So konnte er etwa ein an ein Kirchenamt gebundenes Recht auf Erhebung von kirchlichen Abgaben (kirchliches Benefizium) oder eine durch Prekarievertrag begründete Leihe oder eine an bestimmte Domänenangestellte, ja sogar an Leute aus dem Hausgesinde vergebene Leihe bezeichnen. Schließen wir all diese Fälle einmal aus, so verbleiben noch genug Quellen, die uns eine Vorstellung von dem vermitteln, wie das vasallitische Benefizium zur Zeit Karls des Großen und seiner Nachfolger aussah. Seine wesentlichen Züge hatten sich

[33] *Capit. Haristallense,* c. 9, Boretius, *Capitularia,* I, Nr. 20, p. 48; Kapitular von Aachen, a[is] 802–803, c. 16, ebda. Nr. 77, p. 172.

[34] Zum Beispiel: G. Tessier, *Recueil des actes de Charles II le Chauve,* I, 1943, Nr. 16 (843), 17 (843 = d'Abadal, a. a. O. II, II, *Preceptes*

seit der Mitte des 8. Jahrhunderts kaum verändert. Seine äußere Gestalt war immer noch sehr unterschiedlich: es konnte eine *villa* umfassen, d. h. ein Landgut – manchmal von der Größe eines heutigen Dorfes –, mehrere dieser Landgüter oder nur Teile von Landgütern, z. B. einige *mansus* (frz. *manses*), d. h. einige dieser Bauernleihen, die im Nordwesten Galliens durchschnittlich 10–18 Hektar groß waren. Gegen Ende der Regierungszeit Karls des Großen mußte ein Vasall, zu dessen Benefizium 12 *mansus* gehörten, als Reiter mit einer Brünne Waffendienst leisten.

Zu jener Zeit umfaßten die Benefizien der Kronvasallen zumindest etwa dreißig *mansus*, aber diese Zahl wurde oft überschritten: es gab Benefizien von fünfzig, hundert, zweihundert *mansus* und mehr. Somit war es nicht ungewöhnlich, wenn *vassi dominici* ein oder zwei bedeutende Landgüter in Benefizium hatten[35].

Übrigens bestanden die Benefizien nicht notwendig aus Landgütern oder aus Teilen von Landgütern. Wenn die karolingischen Herrscher einem Laien oder einem Weltgeistlichen eine *abbatia*, d. h. die Abtwürde eines Klosters verliehen – und sie haben von dieser Möglichkeit reichlichen Gebrauch gemacht –, so wurde dieses lukrative Amt ebenfalls häufig in Benefizium vergeben.

Kaiser und Könige haben darüber gewacht, daß die Eigentumsrechte an ihren Alloden, ihren *res proprietatis nostrae*, die sie an ihre Vasallen in Benefizium verliehen, uneingeschränkt erhalten blieben. Denn jene waren geneigt, die Güter, welche sie in Benefizium hatten, in Eigengut zu verwandeln: *auditum habemus qualiter et comites et alii homines qui nostra beneficia habere videntur conparant sibi proprietates de ipso nostro beneficio*[36]; „wir haben erfahren“, sagt Karl der Große, „daß Grafen und andere Vasallen,

*per a particulars*, Nr. XV, pp. 332–334), 69 (845), II, 1952, Nr. 275 (864), 336 (870); J. Tardif, *Monuments historiques. Cartons des Rois*, Paris 1866, Nr. 214 (879–884).

[35] *Capitulare missorum* von Diedenhofen a° 805, c. 6, Boretius, *Capitularia*, I, Nr. 44, p. 123. *Capitulare episcoporum*, von 792–793, ebda. I, Nr. 21, p. 52.

[36] *Capitulare missorum* von Nimwegen von 806, c. 6, Boretius, I, Nr. 46, p. 131.

die von uns Benefizien haben, sich auf Kosten dieser Benefizien, die uns gehören, Güter angeeignet haben". Zweifellos kamen solche unrechtmäßigen Aneignungen vor, besonders in *Francia Occidentalis* während der zweiten Hälfte des 9. Jahrhunderts, als politische Wirren ein solches Vorgehen begünstigten; zum größten Teil blieben die verliehenen Güter jedoch weiterhin als Benefizien erhalten. Für alle Benefizien, sowohl für die, die die Könige an die *vassi dominici* verliehen, als auch für die, die von Partikularherren und vor allem von kirchlichen Anstalten an ihre Vasallen vergeben wurden, gilt, daß sie durch Usurpationen gefährdet waren, daß Maßnahmen zu ihrem Schutz getroffen wurden und daß – von Ausnahmen abgesehen – ihr ursprünglicher Charakter bewahrt blieb. Am Ende des 9. Jahrhunderts hat der Vasall an seinem Benefizium immer noch lediglich die Rechte eines Nutznießers.

Was wir soeben feststellten, trifft auf die Gesamtheit der vasallitischen Benefizien zu. Diejenigen Benefizien, die die Könige ihren Vasallen aus konfisziertem Kirchengut gewährten, tragen weiterhin wie zur Zeit Pippins III. und Karlmanns I. einige besondere Züge. Diese Charakteristika haben sich jedoch leicht verschoben. Nach einer Anordnung Karls des Großen aus dem Jahre 779[37] sollte die Kirche für Eigengut, das von der *precaria verbo regis* erfaßt war, von nun an nur noch einen minimalen Anerkennungszins erhalten, als Ausgleich jedoch Anrecht auf den „Neunten" *(nona)*, d. h. auf einen zweiten Zehnten neben jenem, der, wie wir sahen, der Kirche seit der Regierung Pippins III. von jeglichem Land geschuldet wurde. Nach Karl dem Großen und vor allem nach Ludwig dem Frommen wird dieser Brauch seltener, verschwindet jedoch nicht völlig: das Eigentumsrecht an den von den Karolingern ehemals aus Kirchengut gewährten Benefizien – sofern es die Vasallen nicht an sich gerissen hatten – ging oft ganz einfach auf den König über oder fiel an die Kirchen zurück, wobei die Güter dann als kirchliches Benefizium oder Prekarie in der Hand der Vasallen blieben.

Um die Mitte des 9. Jahrhunderts begannen die Karolinger aufs neue, sich in weitem Umfang Kirchengüter anzueignen, um sie als Benefizien an ihre Vasallen auszuteilen, so vor allem in West-

[37] Kapitular von Herstal, c. 13, Boretius, *Capitularia* I, Nr. 20, p. 50.

franken, Lothringen und Burgund, seltener in Ostfranken, wo die Kirche weniger reich an Grundbesitz war. Von nun an greifen die Könige kaum noch auf die alte *precaria verbo regis* zurück, sondern gehen auf andere Weise vor. Sie verteilen z. B. ohne große Umstände Güter aus dem Grundbesitz einer Kirche oder eines Klosters als Benefizien an ihre Vasallen. Noch häufiger geschah es, daß die Könige eine Kirche oder ein Kloster mit Nachdruck aufforderten, eine bestimmte Anzahl von Kriegsleuten in ihre Vasallität aufzunehmen und ihnen Güter aus ihrem Grundbesitz als Benefizien zu verleihen; diese *milites* oder *homines ecclesiae,* diese Kirchenvasallen, mußten dem König von der kirchlichen Anstalt, in deren Abhängigkeit sie sich befanden, zur Verfügung gestellt werden, sobald er sie brauchte[38]. Gleich welches von beiden Verfahren die Könige nun anwandten: es war von nun an allgemein üblich, daß der Kirche gehöriges Land durch sie oder auf ihren Befehl als Benefizium an Vasallen vergeben wurde. Wir dürfen solche Benefizien nicht mehr als Sonderfall betrachten. In der zweiten Hälfte des 9. Jahrhunderts sind gewisse Bischöfe in *Francia* mit Abteien, die ihnen unterstanden, in derselben Weise verfahren wie der König.

Eine dem Benefizium sehr verwandte Art der Leihe ist die Leihe *per aprisionem,* wie sie im Süden Galliens und in der Spanischen Mark auftrat. Ihr Gegenstand waren ganz oder teilweise unbewohnte Gebiete, die kultiviert werden sollten. Der Kronvasall, der eine solche *aprisio* hatte, übte über das Land dieselben Rechte aus wie der Inhaber eines Benefiziums, aber diese Rechte waren erblich und erloschen erst, wenn er sich eines Treubruchs schuldig machte. Beim Tode des Königs, der die Leihe *per aprisionem* vergeben hatte, mußte sie anscheinend durch seinen Nachfolger erneuert werden. Oft hat der Besitzer *per aprisionem* das Gut später voll und ganz zu eigen erhalten[39].

[38] In dem zur Kirche von Reims gehörenden Landgut Neuilly-Saint-Front (Dep. Aisne) folgen die beiden oben angeführten Verfahren auf die *precaria verbo regis;* HINKMAR, *De villa Novilliaco,* hg. v. O. Holder-Egger, MG. SS. XV, 2, pp. 1167—1169 (ais 768—876).

[39] Zum Beispiel: MG. *Diplomata Karolinorum* I, hg. v. E. Mühlbacher, Nr. 179, p. 241 (795); *Recueil des historiens des Gaules et de la*

Die Quellen der Karolingerzeit geben uns kaum ausführlich darüber Aufschluß, wie die Übergabe des Benefiziums an den Vasallen vollzogen wurde. Das Recht der damaligen Zeit legt die Vermutung nahe, daß der Vasall erst durch eine gegenständliche Übergabe *(traditio)* des Benefiziums Rechte an demselben erwerben konnte. Diese *traditio* bestand sicherlich in der Übergabe eines das Benefizium symbolisch darstellenden Gegenstandes an den Vasallen. Als 787 der aufständische Bayernherzog Tassilo III. von Karl dem Großen gezwungen wurde, sich zu unterwerfen und seine Ansprüche auf das Herzogtum, das er in Benefizium hatte, aufzugeben, leistete er Verzicht, indem er dem König einen *baculo in cuius capite similitudo hominis erat scultum,* „einen Stab, an dessen Spitze etwas eingeschnitzt war, das so ähnlich aussah wie ein Mensch," übergab. Durch Übergabe desselben symbolischen Gegenstandes erhielt Tassilo sein Herzogtum wieder als Benefizium zurück[40]. Dieser Akt wurde wie die meisten Rechtsakte mündlich vollzogen. Nur selten wurde eine Urkunde ausgestellt, die den Parteien als Rechtstitel hätte dienen können[41].

## *Rechtliche Verbindung von Vasallität und Benefizium*

Nachdem wir das persönliche und das dingliche Element der Lehns- und Vasallenbindungen unter Karl dem Großen eingehend untersucht haben, müssen wir uns nun mit dem Problem ihrer Verbindung näher befassen: der Verbindung von Vasallität und Benefizium. Handelt es sich um eine bloße tatsächliche Verbindung, einfach um die allgemeine Verbreitung eines Brauches, der darin bestand, daß Könige und andere Herren an ihre Vasallen Benefizien vergaben? Oder haben wir es wirklich mit einer rechtlichen Verbindung zu tun?

*France,* VI, p. 472 (815); Tessier, *Recueil des actes de Charles II le Chauve,* I, Nrn. 43 (844), 94 (847), 118 (849) = d'Abadal, a. a. O. II, II, *Preceptes a particulars,* Nr. 1, 7, 17, 18, 19.

40 *Annales Guelferbytani,* a° 787, MG. SS. I, p. 43; *Annales Laurissenses minores,* a° 787, MG. SS. I, p. 119.

41 Beispiel von 876, Tessier, *Recueil des actes des Charles II le Chauve,* II, Nr. 411.

Schwerlich kann man in Frage stellen, daß es überhaupt eine Rechtsbeziehung zwischen den beiden Institutionen gab. Diese muß seit der frühen Karolingerzeit bestanden haben. Auf jeden Fall ist sie für die Zeit Karls d. Gr. und seiner Nachfolger durch Quellen belegt. Wir haben keinen Mangel an Urkunden über die Besitznahme eines Gebietes durch einen neuen König: greifen wir die von 837 heraus. Ludwig der Fromme macht seinen jüngsten Sohn Karl zum König über die Länder zwischen Friesland und der Seine. Die Bischöfe, Äbte, Grafen und Kronvasallen, *in memoratis locis beneficia habentes,* „die in besagten Gegenden Benefizien haben", *Karolo se commendaverunt et fidelitatem sacramento firmaverunt,* „kommendierten sich Karl und leisteten ihm einen Treueid". Nun noch ein Text anderer Art: ein Schreiben Einhards, des berühmten Biographen Karls des Großen. In einem Brief, der vielleicht aus dem Jahre 834 stammt, bittet er Ludwig den Deutschen, König von Bayern und Herr anderer rechtsrheinischer Gebiete, um die Bewilligung eines freistehenden Benefiziums zugunsten einer Person, deren Name uns nicht erhalten ist: *aliquam consolationem ei faciatis de beneficiis;* aber wann erst? Wenn er dem König Kommendation geleistet hat: *quando in vestras manus se commendaverit*[42]. Der Eintritt in die Vasallität ist also die notwendige Voraussetzung für die Bewilligung eines Benefiziums.

Zwischen den beiden Institutionen Vasallität und Benefizium besteht noch eine zweite Rechtsbeziehung, was unserer Ansicht nach sehr deutlich aus einem Erlaß Ludwigs des Frommen von 815 hervorgeht, der von den spanischen Flüchtlingen handelt, die in Septimanien und in der spanischen Mark aufgenommen wurden. Hierin betont der Kaiser, daß sie das Recht haben, sich den Grafen, die in den Grafschaften dieser beiden Gebiete die Regierungsgewalt ausüben, zu kommendieren; dann fügt er hinzu: *et si beneficium aliquod quisquam eorum ab eo cui se commendavit fuerit consecutus, sciat se de illo tale obsequium seniori suo exhibere debere, quale nostrates homines de simili beneficio senioribus suis exhibere*

[42] *Annales Bertiniani,* a° 837, s. o. pp. 25—26 u. Anm. 12; *Einharti Epistolae,* hg. v. K. Hampe, Nr. 34, MG. *Epistolae* V, pp. 126 u. 127.

*solent*[43], d. h. „und wenn sie von demjenigen, dem sie sich kommendiert haben, irgendein Benefizium erhalten haben, so sollen sie wissen, daß sie zu Lasten dieses Benefiziums ihrem Herrn denselben Dienst leisten müssen wie die Vasallen in unserem Land ihren Herren zu Lasten eines ähnlichen Benefiziums". Die Vasallen sind also gehalten, unter Verwendung der Einkünfte aus ihrem Benefizium ihrem Herrn den Dienst zu leisten, den sie ihm auf Grund des Kommendationsvertrages schulden.

Die Tatsache, daß die Verleihung des Benefiziums nicht nur mit dem Tode des Vasallen (Mannfall), sondern auch mit dem Tode des Herrn (Herrenfall, oder wenn der König der Herr war, Thronfall) ungültig wurde, beweist ebenfalls, daß eine Rechtsbeziehung zwischen beiden Institutionen bestanden hat; denn mit dem Erlöschen der persönlichen Bindung, der Vasallenschaft, wurde auch die (dingliche) Verleihung des Benefiziums ungültig. Nun lassen sich weder das Vorhandensein des Mannfalls noch das des Herrenfalls noch die Tatsache, daß mit ihnen die Verleihung des Benefiziums ungültig wurde, für die Zeit Karls des Großen und seiner Nachfolger anzweifeln. Hierfür gibt es eine Überfülle von Textbelegen. Der Kronvasall Johannes z. B., der von Karl dem Großen in der Grafschaft Narbonne eine Leihe durch *aprisio* – bekanntlich dem Benefizium vergleichbar – erhalten hatte, kommendierte sich sogleich nach dem Tode des Kaisers Ludwig dem Frommen, und dieser konzedierte ihm die Leihe aufs neue. 832–833 sehen wir Einhard die Bitte aussprechen, man möchte doch einen Vasall des Bischofs von Würzburg, dessen Kommendationsvertrag mit dem Tode des Bischofs Wolfger erloschen war, vorläufig im Besitz seines Benefiziums lassen. Der Vasall hatte das Recht am Benefizium verloren, aber Einhard bemühte sich darum, daß der neue Bischof nach seiner Weihe dem alten Besitzer das Benefizium aufs neue verleihe. In einem anderen Brief von 833 bittet Einhard den Adressaten, sich bei Kaiser Lothar für einen im Augenblick kranken Kronvasallen namens Fromhold zu verwenden, damit man ihn vorläufig im Besitz des Benefiziums lasse, welches ihm nacheinander von

[43] Constitutio de Hispanis Prima, c. 6, BORETIUS, *Capitularia* I. Nr. 132, p. 262 = D'ABADAL, a. a. O. II, II, Apèndix III.

Karl dem Großen und Ludwig dem Frommen verliehen worden sei; sobald er wieder bei Kräften sei, würde er kommen und sich dem neuen Kaiser kommendieren, und er könnte dann auch von ihm investiert werden: *ut permittat se habere beneficium, quod avus eius illi concessit et pater habere permisit, quo usque viribus receptis ad eius presentiam venerit ac se solemni more commendaverit.* Der aufschlußreichste Text betrifft das bretonische Kloster Redon und stammt von 868. Der Abt Conuuoion ist gestorben und Ritcant ist sein Nachfolger. Er ruft vier Vasallen, die von seinem Vorgänger Benefizien empfangen hatten, zu sich, Milo, Biduuoret und zwei Personen mit dem gleichen Namen Heluuocon: *beneficiaverat eis in fidelitate Sancti Salvatoris et abbatis.* Ritcant fordert von ihnen die Rückgabe dieser Benefizien, denn der Abt, also der Herr, habe gewechselt: *ut redderent ipsa beneficia in manu sua, quia ipse erat electus ad abbatem post Conuuoion.* Die Rückgabe erfolgt, aber sie bitten den neuen Abt, ihnen dieselben Benefizien von neuem zu verleihen, und dieser gibt ihrer Bitte statt, nachdem er die Bittsteller als Vasallen aufgenommen hat; *reddidit illis iterum ipsa beneficia . . . in fidelitate et servitio Sancti Salvatoris . . . et ut essent defensores totius abbatie . . .*[44].

Die rechtliche Verbindung von Vasallität und Benefizium war jedoch noch enger, als die vorangehenden Betrachtungen glaubhaft machen: sie lief schließlich auf eine echte gegenseitige Durchdringung hinaus. Wir dürfen vermuten, daß seit dem Ende der Regierungszeit Karls des Großen der Vasallendienst als unmittelbarer Anlaß, als Rechtsgrund im juristischen Sinn für die Verleihung des Benefiziums angesehen wurde. War dieser Dienst nicht gewährleistet oder unzureichend, so war der Rechtsgrund für die Verleihung nicht mehr gegeben, und diese wurde rückgängig gemacht. Die Einziehung des Benefiziums wurde in erster Linie die Strafe für den Fall, in dem der Vasall seinen Pflichten gar nicht oder nur mangelhaft nachkam. Dieses Prinzip liegt einem Kapitular von 802–803 zugrunde, in dem der Kaiser anordnet, daß der Kronvasall, der von einem anderen *vassus dominicus* zur Unterstützung gerufen wird und

[44] Siehe die oben p. 40, Anm. 39 zitierten Urkunden von 795 u. 815; *Einharti Epistolae*, Nr. 24, p. 122; ebda. Nr. 27, S. 123; A. de Courson, *Cartulaire de l'abbaye de Redon*, Paris 1863, Nr. 96, p. 72.

dieser Aufforderung nicht Folge leistet, sein Benefizium wegen Verletzung der Vasallentreue verliert. Derselbe Grundsatz wird in einer Urkunde von 807 angewendet, in der der Bischof von Freising bei der Verleihung eines Benefiziums an einen Vasallen mit der Einziehung dieses Benefiziums droht, sollte der Vasall nicht pünktlich seine Pflichten erfüllen[45]. Dies ist der Anfang einer langen Reihe von Texten, die das ganze 9. und die darauf folgenden Jahrhunderte nicht abreißt.

Diese enge Verbindung von Vasallität und Benefizium darf uns nicht darüber hinwegtäuschen, daß ein Vasall außer dem Benefizium, welches ihm sein Herr verliehen hatte, durchaus auch anderen Grundbesitz haben konnte, etwa eine oder mehrere Alloden – d. h. er konnte Grundeigentümer sein – oder er konnte Güter einer kirchlichen Anstalt in Prekarie haben. Wir dürfen sogar annehmen, daß dies bei Vasallen von höherem sozialen Rang sehr häufig der Fall war.

### *Rechte der Parteien am Benefizium*

Wir konnten beobachten, daß während der ganzen Karolingerzeit die Vasallität zweifellos das wesentliche Element der Lehns- und Vasallenbindungen ist und daß nur Vasallen Benefizien – im technischen Sinn des Wortes – erhalten können, daß es aber auch Vasallen ohne Benefizium gab. Das Benefizium wird jedoch einen solchen Einfluß innerhalb dieser Bindungen ausüben, daß hier in mancher Hinsicht noch vor dem Ende des 9. Jahrhunderts tiefgreifende Änderungen eintreten.

Zum Beispiel in Hinsicht auf das Recht der beiden Parteien am Benefizium. Das Eigentumsrecht des Herrn an dem Grundstück, das er in Benefizium vergibt, wird nicht in Frage gestellt; sofern er dieses Grundstück nicht selbst in Benefizium oder in Prekarie besitzt, bleibt es sein Allod: *tam ea quae nos in dominicatura habemus quam etiam ea quae vasalli nostri . . . de eodem alodo in beneficio videntur habere*, „sowohl die Ländereien, über die wir unmittelbare Herrschaft ausüben, wie auch diejenigen Teile unseres Allods, die

[45] Kapitular von Aachen, c. 20, BORETIUS, *Capitularia* I, Nr. 77, p. 172; BITTERAUF, *Traditionen des Hochstifts Freising* I, Nr. 257.

unsere Vasallen in Benefizium haben", schreibt Graf Ekkehart um 876 in Bezug auf seine Güter zu Perrecy[46]. Für den Herrn besteht keine Verpflichtung, ein vakant gewordenes Benefizium an einen anderen Vasallen zu vergeben.

Nun wird das Verfügungsrecht des Herrn über das in Benefizium vergebene Land im Laufe des 9. Jahrhunderts immer mehr eingeschränkt. Zweifellos war er niemals berechtigt, einem Vasallen, wenn dieser sich keiner Pflichtverletzung schuldig gemacht hatte, ein einmal verliehenes Benefizium wieder zu entziehen, ohne ihm eine Entschädigung vorzuschlagen. Als Ludwig der Fromme 817 durch Landvergabung an die Kirche von Tournai den Domherren die Erweiterung des Kreuzganges ermöglichen wollte, übergab er ihr u. a. *in eodem loco de fisco nostro quem Werimfredus in beneficium habet, perticas XCIX*, „neunundneunzig Ruten vom Gebiet der Krondomäne, die Werimfred in Benefizium besitzt" und gab diesem dafür zweifellos ein anderes Stück Land. Etwa fünfzig Jahre später erklärte Karl der Kahle, er könne dem Kloster Saint-Lucien zu Beauvais die Hälfte des Landgutes Luchy nicht geben. Er begründete seine Haltung damit, daß *vasallus noster quidam, nomine Sigefridus, tunc in beneficium retinebat*, „einer unserer Vasallen mit Namen Siegfried es bereits in Benefizium hält". Übrigens vergab der König nach dem Tode dieses Vasallen diesen Teil des Gutes an das Kloster. Zur selben Zeit erklärte derselbe Herrscher, daß die Kirche Saint-Urbain zu Châlons-sur-Marne bestimmte Güter erhalten solle, wenn es gelänge, mit den Kronvasallen, die sie in Benefizium hätten, einen Tausch zu vereinbaren *(per concambium)*, oder wenn sie sterben sollten[47].

All dies folgte allein aus der Tatsache, daß Benefizien auf Lebenszeit und zu dem Zweck vergeben wurden, den Vasallen in die Lage zu versetzen, seinen Pflichten nachzukommen. Ausgenommen hier-

[46] M. Prou u. A. Vidier, *Chartes de Saint-Benoît-sur-Loire*, Paris 1907, I, Nr. 26, p. 70.

[47] *Recueil des historiens des Gaules et de la France*, VI, p. 509 (817); Tessier, *Recueil des actes de Charles II le Chauve*, II, Nrn. 325 (869), 248 (862). Siehe auch die Restitutionsurkunde Ludwigs des Frommen für die Kirche von Le Mans, wo das Einverständnis des Kronvasallen, der die Güter *in beneficium* hielt, erwähnt wird, *Rec. d. hist.*, VI, p. 587 (833).

von sind offenbar die *honores,* d. h. die öffentlichen Ämter – etwa die Grafenämter – und die an diese Ämter geknüpften Dotationen, die oft den Charakter eines Benefiziums hatten. Die Verleihung öffentlicher Ämter war widerrufbar, und die an sie gebundenen Benefizien wurden mit ihnen wieder eingezogen. Diese Einziehung, selbst aus Gründen oder unter dem Vorwand der Untreue, wurde jedoch im Laufe der zweiten Hälfte des 9. Jahrhunderts zumindest in *Francia Occidentalis,* Lothringen und Burgund immer schwieriger: in Wirklichkeit wurde sie zu einer Machtfrage zwischen dem König einerseits und dem Vasallen und der Partei, zu der er hielt, andererseits.

Noch charakteristischer ist die Tatsache, daß das Verfügungsrecht des neuen Herrn beim Tode seines Vorgängers immer schwächer wird. Anscheinend hat man nie bestritten, daß mit dem Tode des Herrn der vasallitische Vertrag erlosch und damit die Verleihung des Benefiziums ungültig wurde. Weiter oben haben wir einen für diese Frage sehr aufschlußreichen Text zitiert, der auf 868 datiert ist und aus den im äußersten Westen gelegenen und am meisten von Unruhen heimgesuchten Gebieten von *Francia Occidentalis* stammt[48]. Für die Vasallen war es jedoch selbstverständlich, daß sie vom Nachfolger ihres Herrn zur Kommendation zugelassen würden und daß dieser ihnen das Benefizium, das sie von seinem Vorgänger empfangen hatten, aufs neue verleihen würde. Die wirksame Ausübung des Verfügungsrechtes wurde immer schwieriger, wenn nicht sogar unmöglich. Als z. B. Ludwig der Stammler 877 beim Tode seines Vaters Karls des Kahlen davon Gebrauch machen wollte, zwang ihn ein allgemeiner Aufstand der Großen des Reichs, darauf zu verzichten. Ebenso steht es mit den Benefizien, die die Kirchen an ihre Vasallen vergeben hatten: ein französischer Geistlicher beklagt sich unmittelbar zu Anfang des 10. Jahrhunderts darüber, daß es beim Tode eines Bischofs nicht mehr möglich sei, Benefizien einzuziehen und frei über sie zu verfügen. Neiderfüllt stellt er dagegen fest, daß die Bischöfe von *Francia Orientalis,* die Bischöfe Deutschlands, sich dieses Recht wirksam erhalten hätten[49].

[48] Siehe oben, p. 44 und Anm. 44.

[49] *Annales Bertiniani,* a° 877, p. 137, E. DÜMMLER, *Über den Dialog „De Statu Sanctae Ecclesiae“*, Sitzungsber. d. Preuß. Akad. d. Wiss., Berlin 1901, pp. 385 u. 386.

Zweifellos ergab sich diese Verminderung der Rechte des Herrn am Benefizium zugunsten des Vasallen aus der Tatsache, daß der Vasall effektiv im Besitz des Benefiziums war und den Wunsch hegte, dieses seinem Hausgut einzuverleiben. So lassen sich auch die zahlreichen Versuche der Vasallen erklären, mittels irgendwelcher Kunstgriffe das Eigentumsrecht an Gütern, die sie in Benefizium besaßen, an sich zu bringen. Seit der Zeit Karls des Großen erfahren wir immer wieder von solchen Bestrebungen.

### *Das Problem der Erblichkeit des Benefiziums*

Im Laufe des 9. Jahrhunderts hat sich noch in anderer Hinsicht in den Lehns- und Vasallenbindungen eine tiefe Umwandlung vollzogen, nämlich in Bezug auf die Erblichkeit des Benefiziums.

Der Kommendationsvertrag im strengen Sinne schloß den Begriff der Erblichkeit völlig aus: ein Herr nahm eine Person auf Grund von Eigenschaften in seine Vasallität auf, die nur diese Person, nicht aber deren Söhne besitzen konnten. Auch die Verleihung eines Benefiziums konnte keinen erblichen Charakter tragen, da ihre Voraussetzungen eben jenes auf Kommendation beruhende Verhältnis zwischen Herr und Vasall war.

Aber schon sehr früh muß es Fälle gegeben haben, in denen der Herr die Kommendation des Sohnes eines verstorbenen Vasallen empfing und ihm das im Besitz seines Vaters gewesene Benefizium verlieh. Dieser mochte übrigens schon zu Lebzeiten diese Regelung mit dem Herrn verabredet haben, und der Herr konnte dafür wiederum hoffen, daß sein Vasall ihm noch eifriger und mit noch größerer Ergebenheit dienen würde. Einige solcher Fälle, die gewiß häufig vorkamen, sind durch Quellen belegt: wir denken z. B. an die Landgüter zu Perrecy und zu Baugy im Gebiet um Autun, die seit der Zeit Karl Martells bis spät ins 9. Jahrhundert hinein als Benefizium, das vom Vater auf den Sohn überging, im Besitz der Familie der Nibelungen waren und die schließlich in Alloden verwandelt wurden. Ebenso denken wir an das bei Folembray in der Gegend um Laon gelegene Landgut der Kirche von Reims, das seit der Zeit Karls des Großen bis zu Hinkmar als Benefizium vom Vater auf den Sohn überging. Nicht weniger aufschlußreich ist es zu sehen, wie ein und dieselbe Familie von 768 bis 876 darum ringt, das Landgut Neuilly-Saint-Front am Ourcq als Benefizium entweder zu erhalten oder zu behalten, obwohl es ihr im Laufe der Ereignisse immer wieder entrissen wurde. Aus manchen Urkunden Karls des Kahlen geht hervor, daß die Verleihung eines bestimmten Benefiziums an einen bestimmten Vasallen die Bestätigung der Tatsache war, daß bereits Vater und Großvater des Vasallen dieses Benefizium besaßen und daß es vorläufig in seinem Besitz blieb, bis er Kommendation leistete und der König ihm nun seinerseits das Benefizium verlieh[50]. Es ist übrigens auch vorgekommen, daß der Herr bei Verleihung eines Benefiziums an einen Vasallen diesem versicherte, daß nach ihm sein Sohn dasselbe Benefizium erhalten solle[51]. Hinkmar, der berühmte Erzbischof von Reims, ist sehr eifrig auf die Rechte und Interessen seiner Kirche bedacht, und er weiß sehr gut, daß ein einmal in Benefizium vergebenes und lange Zeit Benefizium gewesenes Land Gefahr läuft, nie wieder in das *indominicatum* zurückzukehren, d. h. daß es sich nie wieder in jenen Teil des grundherrlichen Besitzes zurückführen läßt, der unter der unmittelbaren Herrschaft des Herrn steht. Man hat sich so sehr daran gewöhnt, Benefizien vom Vater auf den Sohn übergehen zu sehen, daß Hinkmar 868 Karl dem Kahlen gegenüber folgende Ansicht äußert: ... *episcopus ... cum de rebus Ecclesiae propter militiam beneficium donat, aut filiis patrum, qui eidem Ecclesiae profuerunt et patribus utiliter succedere poterunt ... aut talibus dare debet, qui idonei sunt reddere Caesari quae sunt Caesaris et quae sunt Dei Deo ...*; „wenn ein Bischof für Kriegsdienste Benefizien vergibt, soll er sie entweder den Söhnen von Vätern geben, die der Kirche gute Dienste geleistet haben, falls sie geeignet sind, würdige Nachfolger ihrer Väter zu werden – oder anderen, die im Stande sind, dem Kaiser zu geben, was des Kaisers

[50] L. Levillain, *Les Nibelungen historiques*, Annales du Midi, 1937, p. 346, 353–357; Hinkmar, Brief an Hinkmar v. Laon, J. P. Migne, *Patrologiae latinae cursus completus*, Bd. 126, Sp. 538; Hinkmar, *De villa Novilliaco*, s. o. Anm. 38; Tessier, *Recueil des actes de Charles II le Chauve*, Nr. 34 (844).

[51] Tessier, a. a. O. II, Nr. 411 (aº 876).

ist, und Gott, was Gottes ist"[52]. Hinkmar stellt es also als Regel hin, daß der Sohn, falls er dessen würdig ist, das Benefizium seines Vaters erhält – natürlich erst, nachdem er Vasall desselben Herrn geworden ist.

Diese Gewohnheit wurde nie durch einen Akt der Gesetzgebung in die Form einer Rechtsregel gegossen. Ihr wurde jedoch durch einen königlichen Beschluß Rechnung getragen, der vorläufigen Charakter hatte. Als Karl der Kahle sich 877 zum Italien-Feldzug entschloß, von dem er nicht zurückkehren sollte, gab er auf einer in Quierzy-sur-Oise abgehaltenen Versammlung Anweisungen für die Zeit seiner Abwesenheit, und zwar vor allem in bezug auf die Grafenämter, die durch den Tod ihres Inhabers frei werden würden: diese Ämter sollen provisorisch verwaltet werden, bis der Sohn des Verstorbenen, der entweder am Kriegszug teilnimmt oder noch sehr jung ist, *per nostram concessionem de illius honoribus honoretur*, d. h. „von uns mit den Ämtern seines Vaters bekleidet wird". Dann fügt Karl hinzu: *Similiter et de vassallis nostris faciendum est*, „dieselbe Regelung gilt für unsere Vasallen". Dies bedeutet, daß die Nachfolge des Sohnes nicht nur für das Amt, den *honor* eines Grafen gilt, sondern auch für das Benefizium eines Kronvasallen. Schließlich gibt der König noch generell die Anweisung, daß Bischöfe, Äbte, Grafen und andere Getreue – also auch seine eigenen Vasallen – ebenso *erga homines suos*, in Bezug auf ihre Vasallen handeln sollen[53]. Karl der Kahle hat also in Quierzy den Benefizien keinen erblichen Charakter zuerkannt, sondern lediglich durch seine Anweisungen quasioffiziell festgestellt, daß sie nach der herrschenden Gewohnheit erblich sind.

Der Charakter der Erblichkeit, den das Benefizium in der zweiten Hälfte des 9. Jahrhunderts annimmt, deutet weit mehr als die Einschränkungen, die das freie Verfügungsrecht des Herrn über das Benefizium erfährt, darauf hin, daß das Benefizium langsam in das Haus-

[52] *Ad Carolum Calvum regem pro Ecclesiae libertatum defensione*, in J. P. Migne, *Patrologiae latinae cursus completus*, Bd. 125, Sp. 1050.

[53] *Capitulare Carisiacense*, c. 9, Boretius-Krause, *Capitularia*, II, Nr. 281, p. 358; *Capitula excerpta in conventu Carisiacensi coram populo lecta*, c. 3, ebda. Nr. 282, p. 362.

gut des Vasallen übergleitet, zumindest aber diese Tendenz hat. Auch dies konnte sich nur aus dem Umstand ergeben, daß der Vasall, der natürlich sehr darauf bedacht war, sein Benefizium einem seiner Kinder zu hinterlassen, im tatsächlichen Besitz dieses Benefiziums war. Während der letzten beiden Drittel des 9. Jahrhunderts, die von Unruhen erfüllt waren, vermochte sich der Herr oft nur dadurch, daß er dem Vasallen Hoffnung auf Erfüllung seiner Wünsche machte, wirklich seiner Treue zu versichern.

Vor allem in Westfranken verbreitete sich der Brauch, Benefizien vom Vater auf den Sohn übergehen zu lassen, ebenso jedoch in den Königreichen Italien[54] und Burgund. Vor allem die bedeutenden vom König verliehenen Benefizien wurden praktisch erblich. In Ostfranken, das weniger stark von Unruhen heimgesucht war und wo die Macht des Königs und die Stellung der Herren gegenüber ihren Vasallen weniger geschwächt waren, fand dieser Brauch nicht die allgemeine Verbreitung wie in Westfranken.

### *Mehrfache Vasallenbindungen*

Im Laufe des 9. Jahrhunderts erfuhr noch ein dritter Aspekt der Lehns- und Vasallenbindungen eine Umformung. Die strenge Unterordnung des Vasallen unter den Herrn setzte voraus, daß es nur einen Herrn gab. Bindungen an zwei oder mehrere Herren hätten jede dieser Bindungen sinnlos gemacht. Die Gesetzgebung Karls des Großen und Ludwigs des Frommen versucht, diese Gefahr zu umgehen – vergebens. Aus dem Wunsch, sich selbst und seinen Kindern das Benefizium zu erhalten, lassen sich die – übrigens erfolgreichen – Bemühungen der Vasallen erklären, ein dauerndes Erbrecht am Benefizium zu gewinnen; und auf den Wunsch, die Zahl ihrer Benefizien zu vergrößern, lassen sich ihre Bemühungen um Zulassung mehrfacher Vasallenbindungen zurückführen. Solche Versuche wurden sicherlich schon zur Zeit Karls des Großen unternommen, hatten wahrscheinlich aber erst gegen Ende des 9. Jahrhunderts vollen Erfolg. Der älteste Beleg für diese Neuerung stammt von 895. Zu diesem Zeitpunkt beklagen sich der Probst und der Vogt

[54] Ein charakteristischer Text findet sich in den *Annales Fuldenses*, Teil III, a° 883, hg. F. Kurze, Hannover 1891, p. 100.

von Saint-Martin-de-Tours beim Grafen Beringerius von Le Mans über einen seiner Vasallen namens Patericus. Aber Beringerius erklärt sich für nicht zuständig und schickt die Kläger zu Robert, dem Bruder des Königs Odo – *quod non esset suus solummodo vasallus, quamvis ex suo beneficio aliquid haberet, sed potius vasallus Rotberti, amici sui, quia plus ab ipso beneficium tenebat*[55], „denn Patericus sei nicht nur sein Vasall, obwohl er ein Benefizium von ihm habe, sondern er sei mehr der Vasall seines Freundes Robert, da er von diesem ein größeres Benefizium habe". Offensichtlich ist also zu dieser Zeit zumindest in Westfranken die Doppelvasallität fast überall zugelassen. Kaum eine Neuerung hat den ursprünglichen Charakter der Lehns- und Vasallenbindungen so stark verändert. In Ostfranken ist sie zu diesem Zeitpunkt lange nicht so stark verbreitet wie in Westfranken.

Es wird sich herausstellen, daß sich noch ein vierter Aspekt der Lehns- und Vasallenbindungen verändert hat, und zwar das Verhältnis zwischen dem persönlichen und dem dinglichen Element. Im Jahre 815 erinnerte Ludwig der Fromme an die Regel, nach der die Vasallen alle Einkünfte aus ihren Benefizien für den Dienst verwenden sollten, den sie ihrem Herrn schuldig seien[56]. Das Wesentliche sind hier die Vasallenbindungen, die die Verpflichtung zum Dienst begründen. In Bezug auf sie hat das Benefizium nur einen einzigen Zweck: den Dienst für den Herrn möglichst effektiv zu gestalten. Als Hinkmar 868 über den Dienst schreibt, den die Vasallen einer Kirche dieser – und auf sein Eingreifen hin auch dem König – schuldig sind, erklärt er, es sei ihre Pflicht, ihn *secundum quantitatem et qualitatem beneficii*[57] zu leisten, „je nach Größe und Art des Benefiziums". Er gibt also zu, daß zwischen dem Dienst des Vasallen und der Größe des Benefiziums eine Relation besteht. Das Benefizium wird damit zum Maßstab und beinahe zur Bedingung für die Leistung des Dienstes. Eine Umwälzung der Begriffe bahnt sich an.

[55] *Gallia Christiana* XIV, hg. v. B. Hauréau, Instrumenta, Nr. 37, Sp. 53.

[56] Siehe oben, pp. 41–43, Anm. 43.

[57] *Ad Carolum Calvum regem pro Ecclesiae libertatum defensione*, in J. P. Migne, *Patrologiae latinae cursus completus*, Bd. 125, Sp. 1050.

## Drittes Kapitel

## Wirkung der Lehns- und Vasallenbindungen auf die Struktur des Staates

### *Die Stellung der Vasallität im karolingischen Staat*

Wie wir sahen, waren die Entwicklung der Vasallität und die Verleihung von Benefizien ein Ergebnis der Politik der Karolinger. Ihr Ziel war, ihre eigene Herrschaft zu festigen und die Macht des fränkischen Reiches zu stärken. Darüber hinaus gliederten sie die Lehns- und Vasallenbindungen unmittelbar in den Rahmen der staatlichen Institutionen ein. Wahrscheinlich hat bereits Pippin III. diese Politik verfolgt, vor allem aber war sie das Werk Karls des Großen und Ludwigs des Frommen.

Das fränkische Reich, das durch Karl den Großen gewaltig an Ausdehnung gewonnen hatte, war unzureichend organisiert. Der Staat war auf Grund seiner Struktur den Aufgaben, die er zu erfüllen hatte, nicht gewachsen. Karl der Große und seine Ratgeber mußten dieser Sachlage Rechnung tragen, und sie glaubten, mittels der Vasallität den Schwächen der öffentlichen Institutionen begegnen zu können. Auf den Kriegsdienst der zahlreichen Vasallen des Königs, der Bischöfe, der Äbte, der Grafen und im Notfall auch ihrer Untervasallen konnte sich der Herrscher stets verlassen, während die Massenaushebungen in Bezug auf zahlenmäßige Stärke, Bewaffnung und militärischen Wert oft zu recht enttäuschenden Ergebnissen führten. Die Bildung von Gerichten wurde dadurch erleichtert, daß man es den Vasallen des Königs und der Grafen zur Pflicht machte, den Gerichtsversammlungen beizuwohnen.

Aber von weit größerer Bedeutung ist Folgendes: um sich einer noch vollkommeneren Unterordnung von Seiten der Vertreter seiner Herrschaft zu versichern, veranlaßte Karl der Große in weitem Umfang die Grafen und andere höhergestellte Vertreter der öffentlichen Gewalt, in seine Vasallität einzutreten – eine Politik, die bereits sein Vater angewandt hatte. Unter Ludwig dem Frommen wurde dies allgemeiner Brauch, der auch in den verschiedenen Königreichen, die seit 843 aus der Reichsteilung entstanden, erhalten blieb. Auch die den höheren Vertretern der öffentlichen Gewalt unterstellten Beamten, in Westfranken z. B. die Vizegrafen, sind in die Vasallität ihrer Vorgesetzten eingetreten.

Kann man nun diese Grafen, diese Inhaber von Hofämtern und andere hochgestellte Personen, die dem König Kommendation und Treueid geleistet hatten, als echte Vasallen bezeichnen? Wäre es nicht angemessener, sie *fideles* zu nennen und die *vassi* des Königs und anderer Herren für Personen zu halten, die über weit geringere Mittel und über geringeres Sozialprestige verfügten? Wir glauben nicht, daß sich eine solche Anschauung aus den Quellen rechtfertigen läßt. Aus diesen geht hervor, daß einfache *vassi dominici* manchmal sehr reich waren, daß Inhaber höchster Ämter als *vassus* oder *vasallus* bezeichnet werden konnten und schließlich, daß *fidelis* den Oberbegriff zu *vassus* bildete[1].

## *Benefizium und „honor"*

Die Grafen oder auch die Markgrafen und Herzöge, denen mehrere Grafen unterstellt waren, erhielten oft innerhalb oder außerhalb ihres Herrschaftsbereiches vom König Benefizien. Dotiert waren ihre Ämter jedoch stets mit Landgütern, deren Erträge ihnen gehörten. Das waren die *res de comitatu*, „die an das Grafenamt gebundenen Güter". Manchmal benannte man sie auch mit dem Wort, das das Amt selbst bezeichnete: *comitatus*, d. h. „Grafenamt", oder auch *ministerium*, „öffentliches Amt", wie in dem

[1] Über sehr wohlhabende *vassi dominici* siehe oben, p. 38 u. Anm. 35. – Zur Verbreitung der Begriffe *vassus* und *vasallus*: *Epitaphium Arsenii*, II, c. 17, s. o. p. 27 u. Anm. 17; das *placitum* Ludwigs des Frommen von 838, *Gesta domni Aldrici Cenomannicae urbis episcopi*, c. 47, hg. v. R. Charles und L. Froger, Mamers 1889, pp. 147–148. – Zu *fidelis* als Oberbegriff von *vassus*, vgl. das *placitum* Karls des Kahlen von 861 bei Tessier a. a. O. II, Nr. 228. – Die Stellen aus dem *Epitaphium Arsenii* und aus dem *placitum* Ludwigs des Frommen von 838, die wir in dieser

Diplom von 817, durch das Ludwig der Fromme einen Teil des *fiscus*, des „Staatsgutes", d. h. des zur gräflichen Amtsausstattung gehörenden königlichen Landgutes an die Kathedrale von Tournai vergab[2]. Seit der Zeit Karls des Großen wurden diese *fisci* oder *villae* höchstwahrscheinlich in Form von Benefizien vergeben. Da für die Grafen und die anderen Vertreter der Staatsgewalt, die auch Vasallen des Königs waren, die Hauptanziehungskraft ihrer Ämter in den Einkünften aus den ihnen vom König gewährten Benefizien lag, mußten sie zu der Ansicht gelangen, auch das Amt selbst — der *honor*, um den technischen Begriff zu verwenden — sei ihnen als Benefizium verliehen. Diese Ansicht machte sich der Herrscher zu eigen. Vermutlich setzte der König seine Beamten durch Übergabe eines Herrschaftssymbols in ihr Amt ein, dasselbe Verfahren, durch das der Herr den Vasallen in den Besitz eines Benefiziums brachte. Auf diese Weise gewöhnte man sich an den Gedanken, daß der Begriff des Benefiziums nicht nur für die *res de comitatu*, die Ausstattungsgüter galt, sondern auch für das Amt selbst, den *honor*, für das diese Güter indessen nur eine Zugabe darstellten.

Wenn in der zweiten Hälfte des 9. Jahrhunderts die Quellen von *honores* sprechen, die einer bestimmten Person verliehen oder ihr entzogen werden, wenn uns z. B. gesagt wird, daß Karl der Kahle im Jahre 868 dem Sohn Roberts des Tapferen Odo und den Söhnen des Grafen Ramnulf von Poitiers die *honores* entzieht, die ihre Väter gehabt hatten[3], so muß man darunter ebenfalls einen vom König in Benefizium vergebenen Komplex von zunächst einem oder mehreren Grafenämtern, sodann einer oder mehrerer Würden eines

Anmerkung zitieren, dann die oben pp. 25—26 u. Anm. 12 zit. Stellen aus den *Annales Bertiniani*, a° 837, und aus dem Astronomen für 838, führen uns die höheren Vertreter der öffentlichen Gewalt vor Augen, welche Vasallen des Königs waren. Das Beispiel eines Vizegrafen, der Vasall des Grafen war, findet sich in den *Agobardi epistolae*, Nr. 10 (Brief an Matfrid), a^is ca. 818—828, hg. v. E. Dümmler, MG. *Epistolae* V, p. 201—203.

[2] Z. B. *Comitatus:* Urkunde Karls d. Kahlen (864), Tessier, a. a. O. II, Nr. 263, — *Ministerium: Recueil des historiens des Gaules et de la France*, VI, p. 509.

[3] *Annales Bertiniani*, a° 868, hg. v. Waitz, p. 91.

Laienabtes und schließlich generell Landgüter verstehen. Übrigens bezeichnet Hinkmar im letzten Teil der *Annales Bertiniani*, in dem dieser Bericht enthalten ist, gewöhnlich mit dem Begriff *honor* zugleich die Ämter und die Amtsausstattung der Grafen und der Bischöfe, ja sogar die Benefizien der Königvasallen. Dieser Sprachgebrauch setzte sich allgemein durch[4].

Die Tatsache, daß die öffentlichen Ämter immer mehr Benefizialcharakter annahmen, macht uns leicht verständlich, daß die *honores* im Laufe des 9. Jahrhunderts in zunehmendem Maße *de facto* erblich wurden. Ebenso wie die gewöhnlichen Vasallen nach Kräften zu erreichen suchten, daß nach ihrem Tode einer ihrer Söhne ihre Benefizien erhielt, haben auch die Inhaber von *honores* versucht, die an ihr Amt gebundenen Güter in ihr Hausgut zu überführen. In den Anordnungen, die Karl der Kahle 877 in Quierzy am Vorabend seines Italienfeldzuges traf, scheint die Angleichung des Benefiziums an den *honor* vollzogen[5]. Der Herrscher erläßt für die Besetzung der durch den Tod der Inhaber entstehenden Vakanzen, sowohl in Bezug auf die *comitatus,* d. h. auf die *honores* der Grafen, als auch auf die *beneficia* der Kronvasallen dieselben Bestimmungen. In beiden Fällen verfügt der König die Nachfolge des Sohnes auf den Vater und konstatiert damit den Erbcharakter des öffentlichen Amtes und des Benefiziums.

Im Verlauf der zweiten Hälfte des 9. Jahrhunderts fand diese Angleichung des *honor* an das Benefizium nicht nur in *Francia Occidentalis,* sondern auch in *Francia Orientalis* statt; die Erblichkeit der *honores* wie der *beneficia* setzte sich hier jedoch nicht in gleich starkem Maße durch.

[4] *Annales Bertiniani,* a^is^ 866, p. 81, 869, pp. 98 u. 107, 872, p. 121, 877, p. 137, 878, p. 140. Bischof Prudentius von Troyes gebraucht noch in dem von ihm verfaßten Teil der Annalen die Wendung *beneficiarii honores* (a° 839, p. 20), die einen Übergang deutlich macht. — *Tertium missaticum ad Aquitanos et Francos directum,* a° 856; *Conventus* v. Koblenz, a° 860, *Adnuntiatio Karoli, Capitula,* c. 7 u. die Schluß- *admonitio* Karls d. Kahlen in romanischer Sprache; Kapitular von Quierzy, a° 877, c. 10; Boretius-Krause, *Capitularia,* II, Nrn. 265, 242, 281, p. 285, 156 u. 158, 358.

[5] Siehe oben, p. 50 u. Anm. 53.

Im 9. Jahrhundert wurden nicht nur die weltlichen Träger der königlichen Macht vasallitisch gebunden, und nicht nur sie hatten ihre Ämter in Benefizium. Wir stellen fest, daß seit der Regierungszeit Ludwigs des Frommen Bischöfe und Äbte – die von den fränkischen Herrschern ebenfalls als Repräsentanten ihrer Herrschaft angesehen wurden – dem König Kommendation leisten mußten. Ihre Ämter, der *episcopatus* und die *abbatia*, werden dem Status der Benefizien angeglichen. Bischof Prudentius von Troyes nennt in seinen Annalen die Würden sämtlicher Inhaber von Benefizien zwischen Friesland und der Seine, die 837 vom Kaiser gezwungen wurden, dem jungen König Karl dem Kahlen Kommendation und Treueid zu leisten. Er spricht dabei in einem Zuge von *episcopi, abbates, comites et vassalli dominici*, Bischöfen, Äbten, Grafen und Kronvasallen[6]. In den durch die Reichsteilung entstehenden Königreichen ändert sich hieran nichts. In Westfranken versuchte Bischof Hinkmar von Reims wahrscheinlich, die Befreiung von der *immixtio manuum*, dem Symbol der Selbstübergabe, zu erreichen; die Notwendigkeit der Kommendation hat er jedoch anerkannt[7]. Der Treueid, den die Bischöfe leisteten, hatte einen ähnlichen Wortlaut wie der der Vasallen. Der Eid des Bischofs Hinkmar des Jungen von Laon ist uns erhalten geblieben: *Ego Hincmarus Laudunensis episcopus de hora ista inantea fidelis ero seniori meo Karolo, sicut homo per rectum seniori suo debet esse et episcopus regi suo et sic obediens quomodo homo per rectum seniori suo debet esse, et episcopus Christi secundum meum sapere et posse ad Dei voluntatem et ad regis salutem* . . ., „ich, Hinkmar, Bischof von Laon, werde von dieser Stunde an meinem Herrn Karl treu sein, so wie ein Vasall seinem Herrn und ein Bischof seinem König von rechts wegen sein soll, und ich werde ihm gehorsam sein, wie ein Vasall von rechts wegen seinem Herrn und ein Bischof Christi nach Wissen und Vermögen dem Willen Gottes und dem Wohle des Königs sein soll"[8]. An-

[6] *Annales Bertiniani*, a° 837, p. 15. S. o. pp. 25–26 u. Anm. 12.

[7] *Epistola Synodi Carisiacensis* (a° 858), c. 15, Boretius-Krause, *Capitularia* II, Nr. 297, p. 439; *Ann. Bertiniani*, a^is 869, 877, pp. 101, 105, 138.

[8] Hinkmar, *Libellus Expostulationis adversus Hincmarum Laudunensem episcopum*, c. 10, Migne, *Patrologiae latinae cursus completus*, Bd. 126, p. 575.

scheinend mußten auch in Ostfranken die Bischöfe in die Vasallität des Königs eintreten, und zwar ohne daß man ihnen die *immixtio manuum* erließ. So wird uns jedenfalls von Adalgarius, dem Bischof — Koadjutor *cum iure successionis* des heiligen Rimbert, des Erzbischofs von Hamburg-Bremen, anläßlich seiner Amtseinsetzung kurz vor 888 berichtet: . . .*per manus acceptionem hominem regis illum fieri . . . optinuit,* Rimbert „erreichte, daß Adalgarius durch Einlegen seiner Hände in die des Königs dessen Vasall wurde“[9]. Fügen wir noch hinzu, daß seit der Regierungszeit Ludwigs des Frommen und vielleicht auch schon früher die Amtseinsetzung des Bischofs durch den König unter Übergabe eines Amtssymbols, eines Bischofsstabes, *per baculum*[10], erfolgte, was ebenfalls die Angleichung der Bischofsämter an das Benefizium förderte.

Jeder Bischof und jedes Mitglied der Hofgeistlichkeit, das dem König Kommendation und Treueid leistete, nahm dieselben allgemeinen Pflichten auf sich wie die Vasallen: Treue und Dienst[11]. Diese aus der Kommendation und dem Treueid erwachsenden Pflichten der Bischöfe werden seit 859 mit einem Ausdruck bezeichnet, der sich von nun an als Zusammenfassung der vasallitischen Pflichten allmählich durchsetzt: *consilium atque auxilium*[12].

### *Der Herr stellt sich zwischen seinen Vasallen und den König*

Die von den Karolingern verfolgte Politik hat die in sie gesetzten Erwartungen nicht erfüllt. Die Verbreitung der Vasallität, ihre Eingliederung in die staatlichen Institutionen und die Verleihung von

[9] *Vita Rimberti,* c. 21, hg. v. G. Waitz (SS. rer. Germ. *Vita Anskarii,* Anhang), p. 97.

[10] *Actus pontificum Cenomannis in urbe degentium,* c. 23, hg. v. G. Busson u. A. Ledru, Le Mans 1902, p. 299; *Vita Rimberti,* c. 11, p. 90.

[11] *Libellus proclamationis adversus Wenilonem,* a° 859, c. 6 u. 13; Boretius-Krause, *Capitularia,* II, Nr. 300, pp. 451—453.

[12] Ebda. c. 9, p. 452; die Wendung begegnet ebenfalls in den *Annales Bertiniani,* a° 877, p. 138. Siehe unten, p. 91. Die älteste Belegstelle dieser Wendung findet sich im 6. Kap. des zweiten *Conventus* von Meersen, a° 851, Boretius-Krause, *Capitularia* II, Nr. 205. Im Unterschied zu den

Benefizien in weitem Umfang haben die Stellung des Königs nicht gestärkt. Gerade das Gegenteil ist der Fall.

Seit dem Ende der Regierungszeit Karls des Großen ist es deutlich geworden, daß die Bindung des Vasallen an den Herrn dank ihrer Unmittelbarkeit und ihres leicht faßlichen Charakters sehr viel stärker hervortrat als das Abhängigkeitsverhältnis zwischen Untertan und König. Im Fall der Pflichtenkollision wird der Vasall fast immer diejenigen Pflichten erfüllen, die sich aus der Treupflicht gegenüber dem Herrn, dessen „Mann" er ist, ergeben. In einer für die Verhandlung im Reichstag bestimmten Aufzeichnung von 811, in der es um Fragen des Kriegsdienstes geht, deutet der Kaiser an, daß manche seiner Untertanen die Heerfolge verweigern, indem sie sich darauf berufen, daß ihr Herr nicht dazu aufgefordert worden sei und daß sie ihn nicht verlassen könnten[13]. Als die Regierungszeit Ludwigs des Frommen das Zeitalter der Teilungen und Aufstände einleitet, kommt es noch schlimmer. Eine große Zahl von Vasallen aufständischer Herren hält sich streng an ihre Vasallenpflichten oder sucht in diesen Pflichten trügerische Vorwände, um ihre Kräfte in den Dienst dieser Leute gegen den Herrscher zu stellen. Die Einschränkung, daß der Herr den Dienst des Vasallen nicht gegen den König in Anspruch nehmen darf, mußte im Sturm der Leidenschaften und Begierden alle Geltung verlieren.

Für die Schicht, die man als die höhere Vasallenschaft bezeichnen könnte, also die Vertreter der königlichen Gewalt – Grafen, Markgrafen und Herzöge – stellte das Versprechen oder die Verleihung von Benefizien seitens der Anführer der streitenden Parteien eine so große Versuchung dar, daß sie für die Erlangung dieser Benefizien geneigt waren, nicht nur ihre Pflichten gegenüber dem Staat, sondern auch die, die ihnen aus ihrer Eigenschaft als Königsvasallen erwuchsen, zu verraten. Wir sehen hier, wie das Benefizium innerhalb der Lehns- und Vasallenbindungen als auflösendes Moment

beiden anderen zitierten Quellen handelt es sich in diesem Abschnitt nicht ausschließlich oder hauptsächlich um Geistliche, sondern um *fideles* des Königs im allgemeinen.

[13] *Capitula de rebus exercitalibus in placito tractanda,* Nr. 73, c. 8, Boretius, *Capitularia* I, p. 165.

wirkte. Aber dieses Mal verlieren sie nicht nur einiges von ihrer ursprünglichen Verbindlichkeit[14], sondern auch an Brauchbarkeit als Instrument der Herrschaftsausübung.

Noch auf andere Weise – und in weit stärkerem Maße – wurde die Stabilität des fränkischen Reiches und der aus seiner Zersplitterung hervorgehenden Staaten durch das Wirken der Lehns- und Vasallenbindungen erschüttert.

Dadurch, daß die öffentlichen Ämter in der zweiten Hälfte des 9. Jahrhunderts den Charakter von praktisch erblichen Benefizien annahmen, verlor der König – zumindest in Westfranken – weitgehend die Möglichkeit, auf die Vertreter seiner Gewalt einzuwirken.

Auch darf man sich fragen, ob die Verbreitung der Vasallenbindungen, die aus einem echten gegenseitigen Vertrag hervorgingen, nicht dazu beigetragen hat, daß in den Schichten, aus denen sich die Vertreter der königlichen Gewalt rekrutierten, d. h. in der Aristokratie, allenthalben der Gedanken aufkam, diese königliche Gewalt sei etwas Bedingtes: wenn die Untertanen dem König gegenüber Pflichten hätten, so hätte dieser dafür gegenüber seinen Untertanen – lies „den Großen“ – Pflichten, und treue Pflichterfüllung von seiten des Königs sei die Bedingung für treue Pflichterfüllung von seiten des *populus,* d. h. der Aristokratie. Seitdem Karl der Kahle 843 auf der Versammlung der Großen seines Reiches zu Coulaines gezwungen wurde, diese öffentlich-rechtliche Norm eindeutig zu formulieren[15], war diese in Westfranken eine der Grundlagen der Herrschaftsordnung. Was begreiflicherweise nicht dazu beitrug, den Staat zu stärken.

Offenbar wurde durch die Verbreitung der Vasallenbindungen letzten Endes eine sehr große Anzahl freier Männer der unmittelbaren Herrschaft des Staates entzogen. Rechtlich gesehen wurde ein freier Mann durch Eintritt in die Vasallität natürlich nicht von seinen Pflichten gegenüber dem Staat befreit, etwa vom Kriegsdienst oder von der Dingpflicht, ebenso blieb er der öffentlichen Gerichtsbarkeit

[14] Siehe oben, pp. 45–48.

[15] *Conventus in villa Colonia,* c. 3, 4 u. 5, Boretius-Krause, *Capitularia* II, Nr. 254, p. 255.

unterstellt. Aber auf all diesen Gebieten trat die Person des Herrn neben seinen Vasallen, um ihm zu helfen und ihn zu schützen, ja sie trat sogar zwischen den Staat und den Vasallen: der Vasall leistete Heerfolge unter dem Befehl seines Herrn, und vor Gericht stand ihm dieser bei oder vertrat ihn. Um den Vasallen zu erreichen, insbesondere den unbelehnten oder nur mit einem bescheidenen Benefizium versehenen, dessen Abhängigkeit vom Herrn größer war als die der anderen, mußte sich der Herrscher – zumindest in Westfranken – mehr und mehr an den Herrn wenden, damit dieser von seiner Gewalt über die Person des Vasallen Gebrauch machte. Als Karl der Kahle 853 durch ein in Servais veröffentlichtes Kapitular *missi* mit der Verfolgung von Räubern beauftragte, die im Reich Unruhe stifteten, befahl er, niemand dürfe diesen Räubern Asyl gewähren, und jeder sei gehalten, den königlichen Sendboten Beistand zu leisten. Sollte ein Untertan diesem Befehl zuwiderhandeln, so habe, *si ... alterius homo fuerit, senior cuius homo fuerit illum regi praesentet*, „wenn er irgendjemandes Vasall sei, sein Herr die Pflicht, ihn vor den König zu bringen". Der König kann sich also an den Herrn wenden, damit dieser den Schuldigen ausliefert. Dreißig Jahre später hat sich die soeben angedeutete Situation dahingehend zugespitzt, daß König Karlmann 883 in Compiegne die Bestimmung erläßt, daß jeder Herr, dessen Vasall sich zu den Räubern schlägt, diesen Vasallen dem König ausliefern muß, damit er die vom Gesetz vorgesehene Strafe empfängt. Wenn es ihm nicht gelingt, ihn auszuliefern, muß er für ihn Buße zahlen, *quod si eum adducere non potuerit pro eo secundum statuta legum emendet*[16]. Diese dem Herrn übertragene Verantwortlichkeit für den Vasallen zeigt besonders deutlich, daß die unmittelbare Herrschaft, die der Staat noch über den in eine Vasallität eingetretenen freien Mann ausübt, auf ein sehr geringes Maß zurückgeführt ist. In Westfranken sind am Ende des 9. Jahrhunderts die Vasallen der weltlichen Partikularherren sehr weitgehend „mediatisiert".

[16] *Capitulare missorum Silvacense*, c. 4, Boretius-Krause, *Capitularia* II, Nr. 260, p. 272; *Capitula Compendiis de rapina promulgata*, c. 3, ebda. Nr. 286, p. 371.

Diese auflösenden Momente der Lehns- und Vasallenbindungen haben nicht zum Zusammenbruch des Staates geführt. Nicht sie sind die Ursache jener Usurpationen, durch die seit Beginn des 10. Jahrhunderts der bedeutendste Teil der höchsten staatlichen Befugnisse langsam aus den Händen des Königs in die einer Vielzahl von Territorialfürsten in Frankreich und Italien überging. In Deutschland waren es – wenn auch in kleinerem Umfang – die Herzöge, die die Herrschaft an sich rissen. Aber die Entstehung dieser Territorialfürstentümer und – weit weniger ausgeprägt – der deutschen Herzogtümer wurde dadurch begünstigt, daß die Lehns- und Vasallenbindungen die Macht des Königs geschwächt hatten.

### *Die Rolle der Kronvasallen*

Abgesehen von den auflösenden Tendenzen gab es andere, die in entgegengesetztem Sinn wirkten. Zunächst die Einflüsse von seiten der Kronvasallen, der *vassi dominici casati*, die keine *honores*, sondern – in den verschiedenen Teilen des Reiches – Benefizien hatten. Zweifellos haben sie im 9. und zu Beginn des 10. Jahrhunderts den Königen oftmals, mit oder ohne Erfolg, im Kampf gegen die Usurpationen örtlicher Machthaber, der Herzöge, Markgrafen oder Grafen, geholfen. Im größten Teil des Reiches gelang es diesen schließlich, die Königsvasallen zu „mediatisieren". *Nam rei publicae statu iam nimis turbato regales vassos insolentia marchionum sibi subiugaverat*, sagt ein zeitgenössischer Text: „Denn auf Grund der Wirren, die im Staate herrschten, gelang es den Markgrafen in ihrer Vermessenheit, die Kronvasallen ihrer Herrschaft zu unterwerfen." Derselbe Text liefert ein interessantes Beispiel für die Auvergne. Am Ende des 9. Jahrhunderts war da ein Kronvasall mit Namen Geraldus von Aurillac – er legte sich übrigens unrechtmäßigerweise den Grafentitel zu – der seine Treupflicht nicht verletzen wollte. Trotz der Bemühungen Herzog Wilhelms des Frommen von Aquitanien weigerte er sich hartnäckig, in seine Vasallität einzutreten. Aber schließlich konnte er dem Drängen des Anderen nicht mehr wiederstehen; er gab nach, allerdings unter Wahrung der Form: nicht er selbst wurde Vasall Wilhelms, *nepotem tamen suum nomine Rainal-*

*dum eidem cum ingenti militum numero commendavit*, „sondern ließ seinen Neffen Rainald, » – der offenbar sein Erbe war – « mit einer großen Schar seiner Vasallen in die Vasallität Wilhelms eintreten“[17]. Die Mediatisierung war vollzogen. In Deutschland gehörten die Kronvasallen dort, wo sie ihre Eigenschaft als solche bewahren konnten, wahrscheinlich zu jenen Kräften, dank derer das Königtum dem Schicksal entging, zu Beginn des 10. Jahrhunderts vollständig von den Machthabern verdrängt zu werden, die sich mit dem Titel von Herzögen an die Spitze der meisten großen Gebiete wie Sachsen, Schwaben, Bayern usw. gestellt hatten.

### *Die Bedeutung der Lehns- und Vasallenbindungen als aufhaltendes Moment der Auflösung des Staates*

Noch auf andere Weise – und zwar mit entscheidend – haben sich die Lehns- und Vasallenbindungen als ein Element des Widerstandes gegen die völlige Auflösung des Staates erwiesen. Die Territorialfürsten, die im 10. Jahrhundert den größten Teil des französischen Bodens unter sich aufteilen, sind fast alle Nachfahren oder Nachfolger eines Grafen, Markgrafen oder Herzogs, Vasallen eines karolingischen Königs und Inhaber eines vom König als Benefizium verliehenen *honor*. In diesem Punkt trat keine Änderung ein: die Territorialfürsten blieben weiterhin Vasallen des Königs und hatten auch weiterhin ihre Grafschaft, ihre Markgrafschaft oder ihr Herzogtum vom König in Benefizium – bald wird man sagen „zu Lehen“.

Im 10. und 11. Jahrhundert waren die Territorialfürsten praktisch unabhängig. Sie erkannten zwar die Oberherrschaft des Königs an, aber diese bestand nur theoretisch. Nur die Tatsache, daß sie Kronvasallen waren, band sie noch, wenn auch sehr locker, an die Krone: nur ein aus dieser persönlichen Abhängigkeit resultierendes Pflichtbewußtsein konnte die Fürsten bisweilen zu gewissen Dienstleistungen gegenüber dem König ver-

[17] Hl. Odo, Abt von Cluny, *De vita S. Geraldi comitis, Auriliacensis fundatoris* I, c. 32, Migne, *Patrol. lat. curs. completus*, Bd. 133, Sp. 660 u. 661.

anlassen oder sie bestimmen, sich ihm gegenüber feindlicher Handlungen zu enthalten. Dem vasallitischen Band verdankt Frankreich, daß es nicht völlig aufgeteilt wurde.

Dieses Band hat in Deutschland eine ähnliche Rolle gespielt. Hier vermochten die Könige zu Beginn des 10. Jahrhunderts den Usurpationen von seiten der Herzöge noch einigen Widerstand entgegenzusetzen, weil sie immerhin eine bestimmte Anzahl von Grafen in ihrer Vasallität halten konnten. Und als Otto I. bei seiner Thronbesteigung im Jahre 936 sich daran machte, alle Herzöge, deren Herrschaft völlig am Rande und auf Kosten der regulären Institutionen entstanden war, unter seine Herrschaft zu bringen, erwies sich als der bequemste Weg hierzu, sie sämtlich zu Vasallen zu machen: *manus ei dantes ac fidem pollicentes operamque suam contra omnes inimicos spondentes*, „sie reichten ihm ihre Hände und versprachen ihm Treue und Hilfe gegen alle Feinde", schreibt der Chronist Widukind in bezug auf die Herzöge[18]. Wie in Frankreich, so hat auch in Deutschland die Vasallität in diesem Augenblick dazu beigetragen, die völlige Auflösung des Staates zu verhindern.

[18] *Res gestae Saxonicae*, II, c. 1, hg. v. P. Hirsch — H. E. Lohmann, Hannover 1935, p. 64.

# DRITTER TEIL

# DAS KLASSISCHE LEHNSWESEN

## Einleitung

Zwischen dem 10. und dem 13. Jahrhundert erreichte das Lehnswesen seine klassische Ausprägung. Das 10. und die erste Hälfte des 11. Jahrhunderts – Marc Bloch sprach von einem *premier age féodal* – tragen in bezug auf die Lehns- und Vasallenbindungen alle Merkmale einer Übergangszeit. Im Gegensatz zur vorangehenden Epoche haben die Vasallenbindungen in der Zeit zwischen dem 10. und dem 13. Jahrhundert zweifellos stark an Geltung verloren. Ebenfalls gilt als erwiesen, daß diese Bindungen und die Verleihung von Benefizien oder Lehen – um den von nun an geläufigen Begriff zu verwenden – im 13. Jahrhundert im gesellschaftlichen Gefüge keine so wesentliche Rolle mehr spielen wie im 10., 11. oder 12. Jahrhundert, zumindest nicht in Frankreich, England und im äußersten Westen des damaligen Deutschland, in Lothringen. In der politischen Struktur Deutschlands dagegen nahmen die feudo-vasallitischen Institutionen besonders seit den letzten Jahren des 12. und dann im 13. und 14. Jahrhundert einen äußerst wichtigen Platz ein. Trotz allem darf behauptet werden, daß das System von feudo-vasallitischen Institutionen im Laufe jener Epoche, deren zeitliche Grenzen wir zu Beginn dieser Einführung andeuteten, zur vollen Entfaltung gelangte.

In der klassischen Zeit finden sich diese Institutionen nicht mehr nur in jenen Staaten, die aus der Teilung des fränkischen Reiches hervorgegangen waren, wie Frankreich, Deutschland, das Königreich Burgund und Italien. Die Eroberung von 1066 durch den Normannenherzog brachte das Lehnswesen auch nach England. Durch die *reconquista* fand es in begrenztem Umfang auch in Spanien Eingang. Mit den Kreuzzügen gelangte es in die von den Kreuzfahrern in Syrien und Palästina gegründeten staatlichen Gebilde: in das Königreich Jerusalem und die lateinischen Fürstentümer. Als Folge des 4. Kreuzzuges entfaltete es sich im kurzlebigen lateinischen Kaiserreich Konstantinopel und in den in Griechenland entstandenen lateinischen Fürstentümern. Von Deutschland aus verbreitete es sich in den benachbarten slavischen Ländern.

Das Lehnswesen des lateinischen Ostens hat man nicht ohne Grund als „kolonial" bezeichnet. Obwohl es westlichen Ursprungs war und vor allem in seinen Anfängen dem westlichen Lehnswesen sehr nahestand, trägt es in hohem Maße eigenständige Züge. Diese besondere Ausprägung mußte es in Staaten erfahren, die von einem aus Herren und Vasallen bestehenden Heer gegründet worden waren und überdies eine Art besonders gefährdeter militärischer Grenzgebiete darstellten. Die Lehns- und Vasallenbindungen erfuhren hier eine solche Verbreitung und Systematisierung, wie man sie im Westen nie gekannt hat. Für die Untersuchung der feudovasallitischen Institutionen des Westens sind die das Lehnswesen des lateinischen Kaisertums betreffenden Quellen — insbesondere die „Assises de Jérusalem", d. h. die Gesetz- und Rechtsbücher des Königreichs Jerusalem — wenig aufschlußreich.

Abgesehen von der aus der Spanischen Mark des Karolingerreiches hervorgegangenen Grafschaft Barcelona, die bis 1258 zumindest theoretisch zu Frankreich gehörte, fällt auch das spanische Lehnswesen für unsere Betrachtung aus. Die historischen Umstände seiner Entstehung riefen Institutionen ins Leben, die sich von denen, die man im Norden der Pyrenäen findet, stark unterscheiden.

Italien ist ein Teil des Karolingerreiches. Dennoch bildeten das eigentliche Königreich Italien und die aus ihm entstandenen Territorien ihre eigenen Institutionen aus, zu deren Entwicklung das fränkische Element lediglich einen Beitrag leistete. Im Laufe der Jahrhunderte trugen noch andere Faktoren dazu bei, daß das Lehnswesen Nord- und Mittelitaliens in vielen Punkten andere Formen annahm als die, die man in den Ländern jenseits der Alpen kannte. Auch jene lombardischen Rechtsbücher aus dem 12. Jahrhundert, die den Lehns- und Vasallenbindungen gewidmet sind und den Namen *Libri Feudorum* oder *Consuetudines Feudorum* tragen, lassen sich für die Untersuchung des Lehnswesens in seinen westlichen Ausprägungen nicht verwenden. Eine noch stärkere Sonderstellung scheint das wenig bekannte Lehnswesen des Kirchenstaates einzunehmen. Im normannischen Königreich Sizilien und in den normannischen Fürstentümern Süditaliens, aus denen dieses Königreich hervorging, wurden die von den Normannen eingeführten feudo-vasallitischen Institutionen einem bereits bestehenden und sehr komplizierten Gefüge von Institutionen gleichsam aufgepfropft. Hier ist es einer starken Zentralgewalt gelungen, ein einzigartig dichtes System von Lehns- und Vasallenbindungen zu schaffen, jedoch mit Betonung der Rechte und der Vorrechte des Herrn und vor allem des Staatsoberhauptes.

In den Deutschland benachbarten slavischen Ländern haben die feudo-vasallitischen Institutionen teilweise unter dem Einfluß der bereits bei diesen Völkern bestehenden Institutionen stark eigenständige Züge angenommen.

Es bleiben Frankreich und Deutschland mit dem Königreich Burgund, das durch Personalunion an Deutschland gebunden war, aber in seiner gesellschaftlichen Entwicklung Frankreich sehr nahestand. Es bleibt auch England.

In Frankreich, im Königreich Burgund, im Westen und weniger ausgeprägt im Süden Deutschlands haben die Lehns- und Vasallenbindungen im 10. und 11. Jahrhundert eine solche Verbreitung erfahren, daß fast jeder freie Mann, der sich auf das Kriegshandwerk verstand, ein Streitroß und irgendein Gut besaß, Vasall eines Herrn war; was übrigens nicht verhinderte, daß er neben Grundstücken, die er vielleicht von seinem Herrn zu Lehen hatte, zuweilen auch Alloden besaß, also Grundeigentümer war. So war es in der Regel. Wir dürfen jedoch nicht versäumen, die Ausnahmen zu nennen oder auf die Abweichungen hinzuweisen. Die Häufigkeit vasallitischer Bindungen war je nach Gegend sehr unterschiedlich. Geringer war sie vor allem in den Ländern, in denen Großgrundbesitz in Form großer Landgüter weniger verbreitet war wie z. B. in Friesland oder auch in Sachsen. Die Aufstände in Sachsen gegen Heinrich IV. in der zweiten Hälfte des 11. Jahrhunderts richteten sich zum Teil gegen die Ausbreitung der Wirtschaftsform des Landgutes und die Feudalisierung der oberen Schichten der Gesellschaft. Vielleicht war die Situation in bestimmten

Teilen Südfrankreichs eine andere als im Norden und im Zentrum dieses Landes.

Nach England gelangte das Lehnswesen in seiner französischen Form und ganz besonders in der Ausprägung, die es in der Normandie erfahren hatte, d. h. in einem der wenigen Territorialfürstentümer, in denen es dem Herzog seit der zweiten Hälfte des 11. Jahrhunderts gelungen war, eine starke Machtstellung zu behaupten. Darüber hinaus wurde es von einem siegreichen, an der Spitze eines Heeres von Vasallen stehenden König eingeführt. Dies erklärt die starke Verbreitung der Lehns- und Vasallenbindungen, wie sie Frankreich und Deutschland in diesem Maße nicht kannten: das Allod wurde völlig abgeschafft, und alles Land wurde direkt oder indirekt vom König verliehen. Den englischen Herrschern ist es gelungen, dieses ganze Gefüge von Lehns- und Vasallenbindungen unter ihre Oberhoheit zu bringen. So entstanden bestimmte Eigentümlichkeiten, die das Lehnswesen nur in seiner englischen Form aufweist.

Die Regeln, die innerhalb der verschiedenen Länder für die Lehns- und Vasallenbindungen bestimmend waren, trugen in mehr als einer Hinsicht den Charakter regionaler oder lokaler Bräuche. Wenn wir auch diesen Besonderheiten den ihnen gebührenden Platz einräumen, so glauben wir doch, für jedes dieser Länder allgemeine Prinzipien aufstellen zu können, die die Beziehungen zwischen Vasallen und Herren und die Vergabung von Lehen regelten, mit anderen Worten, das *ius militare*[1], das *droit féodal*, das Lehnrecht[2] dieser verschiedenen Länder in seinen wesentlichen Zügen bestimmen zu können. Unserer Ansicht nach ist es sogar möglich, noch weiter zu gehen und trotz Beachtung der nationalen Besonderheiten des Lehnrechtes das herauszuschälen, was allen seinen westeuropäischen Formen gemeinsam ist.

[1] *Notitia* der Belehnung des Herzogs von Niederlothringen mit der Grafschaft Hennegau durch den Bischof von Lüttich und der Gräfin Richilde durch den Herzog, a° 1071, hg. v. L. Weiland, MG. *Constitutiones* I, Nr. 441, pp. 649 u. 650.

[2] *Codex Eberhardi Fuldensis* (Mitte d. 12. Jahrhunderts) in E. F. J. Dronke, *Traditiones et antiquitates Fuldenses*, Fulda 1844, Nr. 76, p. 154.

Während uns für die Untersuchung der Lehns- und Vasallenbindungen der Karolingerzeit die Kapitularien zur Verfügung stehen, gibt es kaum aus einer gesetzgeberischen Tätigkeit entstandene Rechtsquellen, auf die wir zur Beschreibung und Analyse des Lehnswesens in seiner klassischen Zeit zurückgreifen könnten. Außer in England gibt es vor dem 13. Jahrhundert sehr wenige solcher Quellen: mit dem für die Provence geltenden *Statut* des Grafen Wilhelm II. von Forcalquier von 1162, mit der *Assise au Comte Geoffroy* von 1185 für die Bretagne und mit der *Charte féodale* von 1200[3] für den Hennegau ist das Quellenmaterial schon fast erschöpft. So müssen wir uns mit den erzählenden Quellen und mit den Urkunden begnügen. Im 12. Jahrhundert erscheinen mit der juristischen Literatur Quellen anderer Art. Seit Beginn des Jahrhunderts treten sie in England auf, seit seinem Ende in Frankreich und am Anfang des 13. Jahrhunderts in Deutschland: die „Coutumiers" und „Rechtsbücher". Obwohl es persönlich gefärbte Werke sind und obwohl sie relativ spät auftreten, dürfen wir sie – natürlich sehr vorsichtig und kritisch – zur Untersuchung des klassischen Lehnswesens mit heranziehen.

Jedes Studium der Lehns- und Vasallenbindungen, auch wenn es weniger eingehend ist, erfordert eine genaue Analyse des persönlichen und des dinglichen Elementes, das in diesen Bindungen enthalten ist. Wir werden also ein Kapitel der Vasallität und eines dem Lehen widmen.

[3] N. Didier, *Le texte et la date du statut de Guillaume II de Forcalquier sur les filles dotées*, Annales de la Faculté de Droit d'Aix-en-Provence, 1950, pp. 115–132; M. Planiol, *L'Assise au comte Geoffroy*, Nouvelle Revue historique de droit français et étranger. 1887, pp. 120–122; L. Devillers, *Chartes du comté de Hainaut de l'an 1200*, Mons 1898 (= C. Faider, *Coutumes du pays et comté de Hainaut*, I, Brüssel 1871, pp. 3–6).

## Erstes Kapitel

## Die Vasallität

### *Terminologie*

Auch in der klassischen Zeit des Lehnswesens bleibt die persönliche Bindung, die Vasallität, das wesentlichste Element der Lehns- und Vasallenbindungen, obwohl die Bedeutung des dinglichen ständig zunimmt. Denn während dieser ganzen Zeit hat es *vassi non casati,* d. h. unbelehnte Vasallen gegeben; auch hatte man nur als Vasall Anspruch auf ein Lehen.

Anfangs verwendet man zur Bezeichnung des Vasallen dieselben Begriffe wie zur Karolingerzeit: *vassus, vassallus, homo, fidelis, miles* kommen am meisten vor. *Miles* wird im 11. und noch zu Beginn des 12. Jahrhunderts besonders bevorzugt.

Als der deutsche König Heinrich V. im Jahre 1107 den Bischof von Bamberg zur Teilnahme am Feldzug gegen den Herzog von Flandern aufruft, bezeichnet er letzteren als *tam praesumptuosum hostem qui noster miles debet esse,* „einen so kühnen Feind, der unser Vasall sein sollte"[1]. Im Verlauf des 12. Jahrhunderts tritt das Wort in diesem Sinn immer seltener auf und verschwindet schließlich außer im Südwesten Frankreichs ganz. Hier bleibt es, allein oder in Verbindung mit *homo*, bis zum 13. Jahrhundert die gebräuchlichste Bezeichnung für den Vasallen[2]. *Vassus* kommt nach dem 10. Jahrhundert sehr selten vor. *Homo* und *vassallus* sind

[1] *Mandatum de expeditione flandrica facienda,* hg. v. L. Weiland, MG. Constitutiones I, Nr. 81, p. 133.

[2] C. Higounet, *Le comté de Comminges de ses origines à son annexion à la Couronne,* II, Toulouse 1949, P. J., Nr. 4 (1257); R. Boutruche, *Une société provinciale en lutte contre le régime féodal. L'alleu en Bordelais et en Bazadais du XI<sup></sup>e au XIIIe siècle,* Rodez 1947, P. J. Nr. 4 (1274).

an ihre Stelle getreten. Hinzuzufügen ist, daß *miles, fidelis* und *homo* stets ein weiteres Bedeutungsfeld hatten als das Wort „Vasall" und daß man sie nur mit „Vasall" übersetzen darf, wenn der Zusammenhang es erlaubt. In den modernen Sprachen begegnen vor allem: „Mann" im Deutschen, *homme* und *vassal* im Französischen. Der Herr wird im allgemeinen *senior* genannt. *Dominus* ist seltener benutzt worden. Im Französischen ist *seigneur* die übliche Bezeichnung. *Suzerain* tritt sehr spät auf und steht erst seit dem 16. Jahrhundert synonym für *seigneur*. Bis dahin bezeichnete dieses Wort den Herrn des Herrn. Im Deutschen wird allgemein das Wort „Herr" gebraucht.

## *Der vasallitische Vertrag*

Die Vasallenbindungen wurden durch einen Vertrag begründet, der uns bereits im fränkischen Reich der Karolinger begegnete. Aus zahlreichen Quellen erfahren wir, wie er abgeschlossen wurde. An Hand dieser Beispiele lassen sich leicht die Handlungen herausarbeiten, die die Verpflichtungen der beiden Parteien begründeten.

Folgendermaßen beschreibt Richer die Handlungen, durch die sich Wilhelm Langschwert, der zweite Graf von Normandie, 927 in die Vasallität Karls des Einfältigen begibt: *regis manibus sese militaturum committit fidemque spondet ac sacramento firmat*, „er gibt sich in die Hände des Königs mit der Absicht, diesem zu dienen, er verspricht ihm die Treue und bekräftigt diese Zusage durch einen Eid". Nach diesem französichen Text aus dem 10. nun ein deutscher aus dem 11. Jahrhundert. Thietmar von Merseburg berichtet über die Ankunft des neuen Königs Heinrich II. in den östlichen Grenzgebieten Deutschlands im Jahre 1002: *Omnes qui priori imperatori servierant ... regi manus complicant, fidele auxilium per sacramenta confirmant*, „alle, die dem früheren Kaiser gedient hatten, reichen dem König ihre Hände und versprechen ihm unter Eid treue Hilfe". Aus dem im Westen Lothringens gelegenen Cambrésis stammt folgender Abschnitt aus den *Gesta Galcheri*, den *gesta* des Reichsbischofs Galcherus von Cambrai, die im 12. Jahrhundert verfaßt wurden. Darin ist die Rede von der Versöhnung des Grafen Robert II. von Flandern mit Kaiser Heinrich IV.:

*Facto palam hominio*
*iurat Robertus Henrico,*
*promittit, miles domino,*
*quia fidelis amodo*
*regno eius extiterit,*
*et Galcherum honorabit*
*immo eum sustentabit*
*contra quemcumque poterit.*

„Nachdem er öffentlich Mannschaft geleistet hat, schwört Robert Heinrich einen Eid; er verspricht wie ein Vasall seinem Herrn, von nun an seiner königlichen Autorität Treue zu erweisen, Galcherus zu ehren und ihn darüber hinaus nach Kräften gegen jedermann zu unterstützen“[3].

Unseres Wissens gibt es jedoch keinen Text, der gleichzeitig so ausführlich und so genau ist wie der Bericht Galberts von Brügge, eines Notars des Grafen von Flandern, in dem erzählt wird, wie 1127 der neue Graf von Flandern Wilhelm von Normandie die Vasallen seines ermordeten Vorgängers Karl des Guten empfing:

*Primum hominia fecerunt ita: comes requisivit si integre vellet homo suus fieri, et ille respondit: „volo“ et iunctis manibus, amplexatus a manibus comitis, osculo confederati sunt. Secundo loco fidem dedit is qui hominium fecerat prolocutori comitis in iis verbis: „Spondeo in fide mea me fidelem fore amodo comiti Willelmo et sibi hominium integraliter contra omnes observaturum fide bona et sine dolo“; idemque super reliquias sanctorum tertio loco iuravit*[4].

„Zuerst leisteten sie ihm auf folgende Weise Mannschaft: der Graf fragte den zukünftigen Vasallen, ob er ohne Vorbehalt sein Mann werden wolle, und dieser antwortete: ‚Ich will es.‘ Alsdann umschloß der Graf die zusammengelegten Hände des anderen mit

[3] Richer, *Historiae* I, 53, hg. v. R. Latouche I, Paris 1930, p. 104; Thietmar, *Chronicon* V, 18 (überarbeiteter Text), hg. v. R. Holtzmann, Berlin 1935, p. 241; *Gesta Galcheri*, Str. 423 u. 424, hg. v. G. Waitz, MG. SS. XIV, p. 202.

[4] Galbert von Brügge, *Histoire du meurtre de Charles le Bon, comte de Flandre*, c. 56, hg. v. H. Pirenne, Paris 1891, p. 89.

seinen Händen, und sie besiegelten den Bund durch einen Kuß. Zweitens gab derjenige, der Mannschaft geleistet hatte, dem ‚Vorsprecher‘[5] des Grafen mit folgenden Worten sein Treuversprechen: ‚Ich verspreche bei meiner Treue, von nun an dem Grafen Wilhelm treu zu sein, und ihm gegen alle anderen meine Mannschaft unwandelbar zu erhalten, aufrichtig und ohne Trug.‘ Drittens bekräftigte er sein Versprechen durch einen Eid, den er auf die Reliquien der Heiligen leistete“.

Der ganze Komplex von Rechtsakten, für den wir hier einige Beispiele angeführt haben, wird manchmal mit Ausdrücken bezeichnet, die zur Karolingerzeit allgemein nur für einen dieser Akte verwendet wurden, und zwar für den, der durch die *immixtio manuum* vollzogen wurde. Diese Ausdrücke sind *se commendare*[6] oder auch *se committere*[7].

Die Gültigkeit dieser Akte hing von den Formen ab, in denen sie vollzogen wurden. Wir kennen sie schon seit dem 8. und 9. Jahrhundert. Näher untersuchen müssen wir sie in einer Zeit, aus der ausführlichere Belege in größerer Zahl vorhanden sind.

## *Die Mannschaft*

Der erste dieser Akte, der in der Karolingerzeit durchwegs *commendatio* genannt wurde, ist die Mannschaft: *hominium*, oder in einer jüngeren Form *hom(m)agium*. Daneben gibt es noch andere Formen wie *hominaticum, hominagium*. Im Französischen *hommage*, früher manchmal *homenage*. Im Deutschen und im Niederländischen „Mannschaft“ und *manschap*. Man findet ebenfalls, wenn auch später, „Hulde“ und *hulde*, diese bezeichnen jedoch mehr den Treueid.

[5] Derjenige, der im Namen des Grafen, der zweifellos des Niederländischen unkundig war, die erforderlichen Worte sprach. Offenbar gaben die Parteien in dieser Sprache ihre Willenserklärungen ab.

[6] Siehe oben, pp. 26—27.

[7] Z. B. Flodoard, *Annales*, a[is] 927, 932, 940, 943, 957, hg. v. P. Lauer, Paris 1905, pp. 39, 53, 77, 86—87 u. 144; Dudo von Saint-Quentin, *De moribus et actis primorum Normanniae ducum*, IV, 67, hg. v. J. Lair, Caen 1865, p. 221; Prou et Vidier, *Chartes de l'abbaye de Saint-Benoît-sur-Loire*, I, Nr. 51.

Soviel wir wissen, erscheint der dem französischen *hommage* entsprechende lateinische Ausdruck nicht vor der ersten Hälfte des 11. Jahrhunderts. Die ältesten Texte, in denen wir ihn gefunden haben, stammen aus der Grafschaft Barcelona (*ominaticum,* 1020), aus der Pyrenäen-Grafschaft Cerdagne (*hominaticum,* 1035), aus dem östlichen Languedoc (*hominaticum,* 1035) und aus dem Anjou (*hominagium,* 1037)[8]. In der zweiten Hälfte des 11. Jahrhunderts breitet sich das Wort in Frankreich aus. Der erste aus Deutschland bekannte Beleg stammt aus dem letzten Viertel desselben Jahrhunderts *(hominatio)*[9].

Die Mannschaft besteht aus zwei Elementen. Erstens aus der *immixtio manuum:* der Vasall gibt seine zusammengelegten Hände in die Hände des Herrn, der sie mit seinen eigenen umschließt. Das zweite Element der Mannschaft ist eine Willenserklärung, und zwar das *volo,* das in Brügge 1127 als Antwort auf die Frage des Grafen von Flandern ausgesprochen wurde. Diese Willenserklärung findet beinahe überall in ähnlichen Worten Ausdruck. Ein in der zweiten Hälfte des 13. Jahrhundert verfaßtes und unter dem herkömmlichen, aber ungenauen Namen *Etablissements de Saint Louis* bekanntes Rechtsbuch über das Gewohnheitsrecht Westfrankreichs führt eine Formel mit folgendem Wortlaut an: *Sire, je devien*

[8] J. Rius Serra, *Cartulario de San Cugat del Vallès,* Barcelona 1945-47, Nr. 479; F. Miquel Rosell, *Liber Feudorum Maior. Cartulario real que se conserva en el Archivo de la Corona de Aragon,* II, Barcelona 1947, Nr. 693, pp. 201—204 (= Dom Luc d'Achery, *Veterum aliquot scriptorum spicilegium,* 1. Aufl., VI, Paris, 1664, p. 434); Dom C. Devic u. Dom J. Vaissete, *Histoire générale de Languedoc,* hg. v. Privat, V, Toulouse 1875, Nr. 206 — CLXXV, Sp. 415—417; Bertrand de Broussillon, *Cartulaire de l'abbaye de Saint-Aubin d'Angers,* I, Angers 1903, Nr. 1 (die Bedenken L. Halphen's, *Le comté d'Anjou, au XI*e *siècle,* Paris 1906, p. 260, gegen die Echtheit dieser Urkunde scheinen mir nicht gerechtfertigt). Sollte eine Urkunde aus dem Jahre 978 (F. Udina, *El „Llibre Blanch" de Santes Creus,* Barcelona 1947, Nr. 2) weder unecht noch gefälscht sein, dann würde die erste Erwähnung des Wortes *hominaticum* in der Grafschaft Barcelona schon aus dem erwähnten Jahre stammen. Die Echtheit dieser Urkunde wird jedoch bestritten.

[9] Berthold, *Annales,* a° 1077, hg. v. G. H. Pertz, MG. SS. V, p. 205.

*vostre hom.* Der große englische Rechtsgelehrte Henry of Bracton gibt in seinem zwischen 1250 und 1258 verfaßten *Tractatus de legibus* eine längere Formel, die ebenfalls mit den Worten beginnt: *Devenio homo vester.* Auch der Herr konnte mit einigen Worten seinen Willen kundtun, z. B. heißt es in den *Etablissements: Je vos recoif et pran a home ...*[10]. Von den beiden Elementen, aus denen sich die Mannschaft zusammensetzt, spielt offensichtlich die Handgebärde eine wesentlichere Rolle als die mündliche Willenserklärung der Parteien. Nach der Rechtsauffassung des Mittelalters schaffen Willenserklärungen allein und selbst übereinstimmende Willenserklärungen noch keine Rechte an Sachen oder Personen, die wir in die Kategorie der dinglichen Rechte einreihen würden. Unerläßlich ist, daß eine sinnenfällige Handlung, meist symbolischer Art, vollzogen wird. Im Falle der Mannschaft ist es die *immixtio manuum.* Wenn man sich die juristische „Atmosphäre" und das geringe Abstraktionsvermögen der damaligen Zeit vergegenwärtigt, wenn man ihre Vorliebe für das Konkrete kennt, versteht man, daß man in ihren Augen vor allem durch Vollzug einer Handgebärde zum Vasall wurde. Daher auch Wendungen wie *manus alicui dare,* „jemandem die Hände reichen" oder *in manus alicuius venire,* „in jemandes Hände kommen" in dem Sinn von „in jemandes Vasallität eintreten", *aliquem per manus accipere,* „jemanden durch die Hände aufnehmen" in dem Sinn von „jemanden in seine Vasallität aufnehmen" und andere analoge, manchmal auch ausführlichere Wendungen wie *alicuius manibus iunctis fore feodalem hominem*[11], „durch Zusammenlegen der Hände jemandes Lehnsmann werden".

[10] *Etablissements de Saint Louis* II, 19, hg. v. P. Viollet, II, Paris 1881, p. 398; BRACTON, *De legibus et consuetudinibus Angliae,* f° 80, hg. v. G. E. Woodbine, II, New Haven 1922, p. 232.

[11] SIGBERT VON GEMBLOUX, *Chronographia* (1082—1106), a° 1007, hg. v. L. C. Bethmann, MG. SS. VI, p. 354; *notitia* der Verleihung des Hennegaus, a° 1071, s. o. p. 68, Anm. 1; *Annales Altahenses maiores* (Nieder-Altaich, Bayern, 11. Jahrhundert) a° 1045, hg. v. E. v. Oefele, Hannover 1891, p. 39; D. C. DOUGLAS, *A Charter of Enfeoffment under William the Conqueror,* English Historical Review, XLII, 1927, p. 427 (1066—87).

Der Mannschaftsritus ist ein Ritus der Selbstübergabe. Das Einlegen der Hände in die des Herrn symbolisiert die Übergabe der ganzen Person des Vasallen an den Herrn, und dessen Gebärde, das Umschließen der Hände des Vasallen mit seinen eigenen, symbolisiert die Annahme dieser Selbstübergabe. Zuweilen hat man sich jedoch auch der Mannschaft bedient, um andere Bindungen als vasallitische zu schaffen: die Mannschaft konnte z. B. im Hennegau im 12. Jahrhundert und in Flandern und der Normandie im 13. Jahrhundert ein Friedensversprechen besiegeln[12]. Solche Fälle, in denen die Mannschaft auf nicht-vasallitische Verhältnisse angewendet wird, treten jedoch erst später auf, und wir glauben, daß sie zu der ursprünglichen Bestimmung dieses Rechtsaktes in keinerlei Beziehung stehen.

Da die Mannschaft einen symbolischen Akt der Selbstübergabe darstellt, verstehen wir, warum in Deutschland die Ministerialen ursprünglich ihrem Herrn keine Mannschaft leisten durften. Der Herr hatte über seinen Ministerialen auf Grund dessen persönlicher Stellung eine unmittelbare und direkte Gewalt, und deshalb wäre eine Selbstübergabe sinnlos gewesen. Abweichungen von dieser Regel treten erst in der zweiten Hälfte des 12. Jahrhunderts auf, als der Stand der Ministerialen eine soziale Rangerhöhung erfuhr und das, was an ihrem persönlichen Status noch an den alten Stand der Unfreiheit erinnerte, sich immer mehr verlor.

Es gehörte zum Wesen der Mannschaft, daß sie frei vollzogen wurde. In Gegenden und zu Zeiten, in denen der Herr eine starke Gewalt über seine Vasallen ausübte, sind jedoch Fälle vorgekommen, in denen ein Herr seinen Vasallen zwang, einem anderen Herrn Mannschaft zu leisten. Nach Ordericus Vitalis übergab z. B. im Jahre 1105 Herzog Robert Kurzstiefel („Courteheuse“) von Normandie seinem Bruder Heinrich I. von England seinen Vasallen, den Grafen von Evreux *quasi equum et bovem*, „wie ein Pferd oder

[12] C. Duvivier, *Recherches sur le Hainaut ancien*, II, Brüssel 1866, P. J. Nr. 127[6], p. 584; G. Espinas, *La vie urbaine de Douai au moyen âge*, III, Paris 1913, P. J. Nr. 420, p. 321; *Summa de legibus Normannie* (Mitte des 13. Jahrhunderts) XXVII, 5, in J. Tardif, *Coutumiers de Normandie*, II, Rouen 1896.

einen Ochsen": *tunc R. dux ipsum regi per manum porrexit*[13], „dann übergab Herzog Robert ihn dem König durch die Hand", d. h. er entließ ihn aus seiner Vasallität in die des Königs, indem er ihn den Mannschaftsritus vollziehen ließ.

## *Der Treueid*

Auf die Mannschaft folgt bekanntlich der Treueid *(fides,* manchmal *sacramentum, iuramentum, iusiurandum* mit oder ohne *fidelitatis;* frz. *foi,* deutsch Treue, Hulde[14], niederländisch *hulde*[15], manchmal *fyauteit*[16] nach dem französischen *féauté*). Dieser wurde stehend geleistet unter Auflegen der Hand auf eine *res sacra,* die Heilige Schrift oder einen Reliquienschrein.

Manchmal gab der Vasall zuerst das Treuversprechen und bekräftigte dieses dann durch einen Eid. Vielleicht stammt dieser Brauch, die unter Eid gegebene Treuzusage aufzugliedern, aus der Karolingerzeit. Für das 10. Jahrhundert ist er jedenfalls durch Richer belegt. In Flandern wurde er noch im 12. Jahrhundert geübt. In dem Vertrag, den Graf Robert II. 1101 mit dem englischen König Heinrich I. abschloß, heißt es über seinen Eintritt in die Vasallität des Königs, daß er sich seinem Vertragspartner *fide et sacramento,* „durch Treuzusage und Eid" verpflichtete. Im Jahre 1127 versprechen die flämischen Vasallen dem neuen Grafen Wilhelm von Normandie zuerst die Treue und bekräftigen dann ihr Versprechen durch einen Eid. Spuren desselben Brauches begegnen

[13] ORDERICUS VITALIS, *Historia ecclesiastica* (Normandie; 1120—1141) XI, 10, hg. v. A. Leprévost, IV, Paris 1852, p. 201.

[14] Zum Beispiel im *Sachsenspiegel* (Niedersachsen, 1215—1235), Lehnrecht 47, 1, hg. v. K. A. Eckhardt[2], Göttingen 1956, p. 66.

[15] Im Spätmittelalter bezeichnete das niederländische Wort *hulde* häufig und viel öfter als das deutsche Wort Hulde den ganzen Komplex von Mannschaft und Treueid und manchmal sogar die Mannschaft allein, s. o. p. 73.

[16] *Leenboek van Vlaenderen* (14. Jahrh.) c. 2, in L. GILLIODTS VAN SEVEREN, *Coutume du Bourg de Bruges* III, Brüssel 1885, p. 208.

im Hennegau im 12. Jahrhundert[17]. Dann scheint er sich zu verlieren.

Eine Formel des Treueides ist uns bereits bekannt aus jenem Abschnitt, in dem sich Galbert auf die Ereignisse in Flandern 1127 bezieht. An dieser Stelle wollen wir noch ein paar andere anführen. Zunächst einer dieser langen lateinischen Treueide, die vollgepfropft sind mit Wörtern der occitanischen Sprache, die im 10., 11. und zu Beginn des 12. Jahrhunderts im Languedoc (Langue d'Oc) gebräuchlich waren. Die Ausführung ihrer Klauseln ist oft sehr detailliert, in manchen Abschnitten erinnern sie an die Eide der Karolingerzeit. Hier die Schlußformel eines vasallitischen Treueides, den Graf Rotgarius von Foix dem Bischof Peter von Gerona 1034 leistete: *De ista ora inantea fidel serai ego Rotgarius, filius Garsen a te Petrone episcopo, filio Adalaiz per rectam fidem, sine ingan, sicut omo debet esse ad seniorem suum sine nulla sua deceptione me sciente*, „ich, Rotgarius, Sohn der Garsinde, werde dir Bischof Peter, Sohn der Alix, von dieser Stunde an treu sein, in rechter Hulde, ohne böse Absicht, wie ein Mann seinem Herrn treu sein soll, ohne ihn wissentlich zu betrügen". Nun ein deutscher Text aus der ersten Hälfte des 11. Jahrhunderts, und zwar der Treueid, den der Böhmenherzog Bretislav I. dem deutschen König Heinrich III. leistete, als er 1041 in dessen Vasallität eintrat: *iusiurandum regi fecit ut tam fidelis illi maneret quam miles seniori esse deberet, omnibus amicis eius fore se amicum, inimicus inimicum*; „er schwor dem König, daß er ihm treu sein werde wie ein Vasall seinem Herrn und daß er Freund seiner Freunde und Feind seiner Feinde sein werde". Ein 1236 in Frankreich geleisteter Vasalleneid lautet: *Ego ... ab ista hora inantea personam tuam non capiam,*

[17] RICHER, siehe oben, p. 71 u. Anm. 3. F. VERCAUTEREN, *Actes des comtes de Flandre*, 1071—1128, Brüssel 1938, Nr. 30, c. 1, p. 89 (über das Datum: C. Johnson u. H. A. Cronne, *Regesta Regum Anglo-Normannorum*, II, London 1956, Nr. 515, p. 7 und F. L. GANSHOF, R. VAN CAENEGEM, A. VERHULST, *Note sur le premier traité anglo-flamand de Douvres*, Revue du Nord, XL, 1958). GALBERT VON BRÜGGE, s. o. pp. 72—73. Zum Teil bisher unveröffentlichte Texte, die den Hennegau betreffen, bei N. DIDIER, *Le droit des fiefs dans la coutume de Hainaut au moyen âge*, Grenoble 1945, p. 28, Anm. 49.

*vitam et membra tua non tollam, nec homo, nec femina, meo consilio vel meo ingenio;* „ich verpflichte mich von Stund an, dich nicht gefangenzunehmen, dich weder deines Lebens noch deiner Glieder zu berauben; ich will weder selbst solches tun, noch will ich einem Mann oder einer Frau dazu raten oder sie dazu anstiften". Und zum Abschluß ein von Bracton aufgezeichneter Treueid: *Hoc audis, domine N., quod fidem portabo de vita et membris, corpore et catallis et terreno honore, sic me Deus adiuvet et haec sancta;* „höre, Herr, daß ich deinem Leben, deinen Gliedern, deinem Leib, deinem Besitz und deiner irdischen Ehre meine Treue entgegenbringen werde. Dazu mögen mir Gott und diese heiligen Reliquien helfen"[18].

Über den Sinn und den wahrscheinlichen Ursprung des Treueides haben wir bereits im Rahmen der Vasallität der Karolingerzeit gesprochen[19]. Es ist also unnötig, darauf zurückzukommen.

Die Verbindung der beiden den vasallitischen Vertrag begründenden Akte ist so eng, daß der Treueid unmittelbar auf die Mannschaft folgen muß. Dies findet seinen Niederschlag in der Sprache der Urkunden: *hominii dominis a maiore facti et fidelitatis ab eodem eisdem promissae,* liest man in einer Urkunde des Grafen Balduin V. von Hennegau über die Mannschaft und das Treuversprechen, die der Meier von Onnaing seinen Herren, den Stiftsherren des Kapitels von Notre-Dame zu Cambrai leistete[20]. Die französische Wendung *foi et hommage*, die seit dem Spätmittelalter immer häufiger zur Bezeichnung jenes Komplexes von Handlungen, die Vasallenbindungen begründen, verwendet wird, bringt die enge Verbindung beider Elemente vollkommen zum Ausdruck. Man wird von nun an sagen, daß ein Herr jemanden *à foi et hommage* aufnimmt, um auszudrücken, daß er ihn als Vasall aufnimmt. Von

[18] Siehe oben p. 72, Anm. 4; C. Brunel, *Les plus anciennes chartes en langue provençale*, Paris 1926, Nr. 2 (= Devic u. Vaissete, a. a. O. V, Nr. 202); *Annales Altahenses maiores*, a° 1041, pp. 27 u. 28; Mannschaft, die König Jakob I. von Aragon dem Bischof von Maguelonne leistete, bei A. Teulet, *Layettes du Trésor des Chartes* II, Paris 1866, Nr. 2471, p. 329; Bracton, *De Legibus* f° 80, hg. v. Woodbine II, p. 232.

[19] Siehe oben, pp. 27—30.

[20] C. Duvivier, *Actes et documents anciens intéressant la Belgique*, II, Brüssel 1903, Nr. 64, p. 133.

einem anderen wird man sagen, daß er ein Gut – ein Lehen – *à foi et hommage* besitzt, d. h. in seiner Eigenschaft als Vasall.

Im allgemeinen galt wohl die Regel, daß der Vasall zur Leistung von Treueid und Mannschaft den Herrn aufzusuchen hatte *(portare fidem)*, d. h. beides wurde am Hauptwohnsitz des Herrn oder am Hauptort der Grundherrschaft, zu welcher das Lehen des Vasallen gehörte, geleistet. In der Normandie waren die Vasallen der Herzöge seit 1091 formell dazu verpflichtet. Davon abweichend gab es noch andere Bräuche. In Frankreich leisteten z. B. die Inhaber bestimmter sehr bedeutender Lehen, die an den unmittelbaren Landbesitz ihrer Herren grenzten, Mannschaft und Treueid auf der Grenze zwischen beiden Gebieten. Dies galt im allgemeinen für den Herzog von Normandie als Vasall des Königs von Frankreich vom 10. bis zum Beginn des 13. Jahrhunderts, für den Grafen von Champagne als Vasall des Herzogs von Burgund und für verschiedene kirchliche Herren im 12. und 13. Jahrhundert. In diesen Fällen sagte man, Mannschaft werde geleistet *in locis in marchiam deputatis, in marchia*, „en marche"[21], „auf der Grenze".

## *Der Kuß*

Neben Mannschaft und Treueid wurde fast überall, vor allem aber in Frankreich, noch ein dritter Akt vollzogen, und zwar das *osculum*, der Kuß. In Deutschland begegnet er seit dem 11. Jahrhundert. Der Mönch Ekkehard IV. von Sankt-Gallen (wahrscheinlich kurz nach 1057 gestorben) berichtet, daß 971 Notker in Gegenwart Ottos I. zum Abt gewählt wurde und in die Vasallität des Kaisers eintrat: *meus tandem eris, ait, manibusque receptum osculatus est; moxque ille evangelio allato, fidem iuravit*, „dann wirst du mein Mann sein, sagt der Kaiser, und nachdem er ihn durch die Hände aufgenommen hatte, küßte er ihn. Dann wurde ein Evange-

[21] *Consuetudines et Iusticiae*, c. 5, bei C. H. Haskins, *Norman Institutions*, Cambridge (Mass.) 1918, p. 282. – A. Longnon, *Documents relatifs au comté de Champagne et de Brie*, I, Paris 1901. Urkunden über die Mannschaftsleistungen des Grafen von Champagne Nr. 16, p. 473 u. Nr. 19, p. 474.

liar gebracht, und der Abt schwor die Treue". In Flandern wurde der Kuß 1127 erwähnt. Ein anderes Beispiel, diesmal aus dem 13. Jahrhundert. Die *Etablissements de Saint Louis* legen dem die Mannschaft entgegennehmenden Herrn die Worte in den Mund, die wir hier ungekürzt wiedergeben: *Je vos recoif et pran a home et vos en baise en nom de foi*[22].

Im allgemeinen folgt der Kuß auf die Mannschaft. Er reicht jedoch in seiner Bedeutung weder an diese noch an den Treueid heran. Sind diese beiden Handlungen vollzogen, so ist der vasallitische Vertrag geschlossen: das *osculum* ist kein unabdingbarer Bestandteil, er ist für das Zustandekommen des Vertrages nicht unerläßlich. Durch ihn werden die von den Parteien vertraglich festgelegten Verpflichtungen lediglich bekräftigt. Man verwendet ihn übrigens auch zur Bekräftigung anderer Verträge. Er läßt sich etwa mit dem Handschlag vergleichen, der heute noch in manchen Gegenden beim bäuerlichen Viehhandel üblich ist. Als ein durch eine Gebärde dargestellter Akt machte das *osculum* aus demselben Grund wie die *immixtio manuum* bei der Mannschaft auf den Betrachter Eindruck. Wir dürfen uns darum nicht wundern, daß – zumindest in Frankreich – im Sprachgebrauch des Spätmittelalters Wendungen auftauchen wie *hommage de bouche et de mains* und zur Bezeichnung des Vasallen sogar *homme de bouche et de mains*.

Im 10. und vielleicht im frühen 11. Jh. kam es bisweilen vor, daß nach der *immixtio manuum* und der Eidesableistung der Vasall den Fuß seines Herrn küßte. Das war höchstwahrscheinlich eine auf die niedrigen Anfänge der Vasallität zurückgehende Tradition. Dieser demütigende Ritus wird bloß von wenigen Quellen und ausschließlich für Frankreich erwähnt[22a]; er wird wohl ziemlich früh aufgehört haben, üblich zu sein.

### *Ausnahmen*

Während der Kuß keine besondere Bedeutung hat, sind Mannschaft und Treueid – jedenfalls in Frankreich, Deutschland und

[22] *Casus S. Galli*, c. 16, hg. v. I. von Arx, MG. SS. II, p. 141. Flandern: siehe oben, p. 72, Anm. 4. *Etablissements*, II, 19, hg. v. Viollet, II, p. 398.

[22a] Dudo von Saint-Quentin (siehe unten S. 101, Anm. 60), II, 28 bis 29, p. 169 (Rollo, 1. Herzog d. Normandie, huldigt dem König; 911); Richer, Historiae, IV, 11, Bd. II, 1937, p. 162 (Anspielung; 987).

England – unerläßlich für das Zustandekommen des vasallitischen Vertrages. Ausnahmen, die vorkommen, sagen nichts gegen die Regel. Wenn der König von Frankreich keine Mannschaft leistet, so deshalb nicht, weil er König ist. Dasselbe gilt für den deutschen Herrscher. Die deutschen, französischen und englischen Bischöfe haben im 11. Jahrhundert Treueid und Mannschaft geleistet; der Brauch, Mannschaft zu leisten, verlor sich im 12. Jahrhundert immer mehr, und zwar unter dem Einfluß der reformatorischen Strömungen, die in der Kirche die Oberhand gewonnen hatten, und mit deren Prinzipien die Kirche die weltliche Gemeinschaft hatte durchsetzen können. Im 13. Jahrhundert wurden in Aquitanien und in bestimmten Teilen des Rhônegebietes, die zu Frankreich oder zum Königreich Burgund (oder Arelat) gehörten (Forez, Lyonnais, Dauphiné), Vasallenbindungen manchmal nur durch einen Treueid begründet, ohne daß Mannschaft geleistet wurde[23]. Vielleicht erklärt sich diese Abweichung aus der Tatsache, daß zu diesem Zeitpunkt im Süden das dingliche Element der Lehns- und Vasallenverhältnisse über das persönliche die Oberhand gewonnen hatte. Überhaupt scheinen diese Verhältnisse in Südfrankreich viel weniger strengen Regeln unterworfen gewesen zu sein als im Norden. So durfte bei Gewährung eines Lehens der Vasall selbst Bedingungen stellen, die nördlich der Loire unvorstellbar gewesen wären. Jedoch treten derartige Fälle selbst im Süden erst spät auf und sind unserer Ansicht nach lediglich Ausnahmen.

Es gibt ein Land, in dem die Mannschaft schon früh und wenn nicht völlig, so doch sehr weitgehend verschwand: im Königreich Italien, und zwar im lombardischen Italien. Im 12. Jahrhundert trifft man sie hier kaum noch an. Hier begründet allein der Treueid

[23] *Recogniciones feodorum in Aquitania* (1273–75), Nr. 11, bei C. Bémont, *Recueil d'actes relatifs à l'administration des rois d'Angleterre en Guyenne au XIII^e siècle*, Paris 1914, p. 15; P. E. Giraud, *Essai historique sur l'abbaye de Saint-Bernard et sur la ville de Romans*, 2. Teil, II, Lyon 1866, Preuves Nr. 385, p. 94; M. C. Guigue, *Cartulaire Lyonnais*, I u. II, Lyon 1885–93, Nr. 212 (1225), ebenso Nr. 178 (1221) und Nr. 260 (1230), verglichen mit den Nrn. 672 (1268), 762 (1280) und 842 (1297), wo von Verleihungen eines *feudum ad homagium* die Rede ist.

den vasallitischen Vertrag[24]. Dies trifft allerdings für den Kirchenstaat nicht zu und ebenfalls nicht für das Königreich Sizilien, wo Treueid und Mannschaft wie in der Normandie gehandhabt wurden.

## *Urkunden*

Bisher haben wir nur mündliche Akte untersucht oder beschrieben, wie denn auch im Mittelalter der weitaus größte Teil der Rechtsakte mündlich vollzogen wurde. Manchmal wurde allerdings auch eine Urkunde ausgestellt, in der die näheren Umstände der Leistung von Treueid und Mannschaft festgehalten und die von beiden Parteien eingegangenen Verpflichtungen verhältnismäßig ausführlich niedergelegt wurden. Das geschah meistens nur dann, wenn es sich bei den Parteien um natürliche oder juristische Personen von hohem Range handelte und wenn der abgeschlossene vasallitische Vertrag politische Relevanz besaß. Als eines der besten Beispiele könnte man die Urkunde anführen, die die Rechte und Pflichten des Bischofs von Lüttich einerseits und der Gräfin Richilde und ihres Sohnes, des Grafen Balduin II. von Hennegau, andererseits festsetzte, als letztere 1076 in die unmittelbare Vasallität der Kirche von Lüttich eintraten. Hierher gehört ebenfalls die Urkunde, die ausgestellt wurde, als Graf Robert II. von Flandern 1101 in die Vasallität des englischen Königs Heinrich I. eintrat[25]. Ebenso begegnen Urkunden, in denen ein Vasall anerkennt, daß er einem Herrn Mannschaft und Treueid geleistet hat und dieser Anerkennung noch Pönalklauseln folgen läßt. Am Ende des 12. und während des 13. Jahrhunderts ließen sich die französischen Könige in politischer Absicht von bestimmten Vasallen ähnliche Urkunden ausstellen[26].

[24] *Consuetudines Feudorum*, Antiqua, VIII, 8—11 u. 12, hg. v. K. Lehmann, *Das Langobardische Lehnrecht*, Göttingen 1896, pp. 119, 120, 123.

[25] Analyse bei Giselbert v. Mons, *Chronique*, c. 9, hg. v. L. Vanderkindere, Brüssel 1904, pp. 13 u. 14. Flandern — England siehe oben, p. 77 u. Anm. 17.

[26] Urkunde über die Mannschaft des Grafen Balduin IX. v. Flandern,

In Südfrankreich und in dem zum Königreich Burgund (oder Arelat) gehörenden Rhônegebiet, wo schriftliche Akte häufiger vorkamen als nördlich der Loire, war es seit dem Anfang des 12. Jahrhunderts üblich, bei Abschluß eines vasallitischen Vertrages eine Urkunde auszufertigen. Normalerweise enthielt die Urkunde den Wortlaut des vom Vasallen geleisteten Treueides: dieser war in der landesüblichen Sprache, die anderen Teile der Urkunde waren dagegen in lateinischer Sprache verfaßt. Wir besitzen für die wichtigsten Vasallen der Herren von Montpellier, der Guillems, seit 1111 eine ansehnliche Reihe solcher Urkunden[27]. Vielleicht läßt sich die stärkere Betonung, die der Treueid im Süden gegenüber der Mannschaft erfuhr, aus der Tatsache erklären, daß man seinen Inhalt viel leichter in einer Urkunde niederlegen konnte.

### *Unfreie Verhältnisse begründende Mannschaft*

Zwischen dem 12. und dem 14. Jahrhundert treten in Frankreich Fälle auf, in denen Freie sich durch Leistung der Mannschaft – manchmal trat auch noch ein Treueid hinzu – in ein unfreies Verhältnis zu irgendeiner kirchlichen Einrichtung begeben. Das späte Auftreten dieser Art von Mannschaft und Treueid erlaubt uns unserer Meinung nach jedoch nicht, hier etwas anderes zu sehen als eine Nachahmung der vasallitischen Mannschaft und des vasallitischen Treueides.

a° 1196, bei W. Prevenier, *De oorkonden der graven van Vlaanderen. 1191—1206*, Brüssel, 1964, Nr. 52. Die Urkunde, in der König Philipp-August erklärt, daß er vom Grafen Theobald III. von Champagne Mannschaft und Treueid empfangen hat und die Mannschaftsurkunde des letzteren, a° 1198, bei Longnon, *Documents*, I, chartes, Nr. 3 u. 4, p. 467 u. 468; erstere jetzt besser in *Recueil des actes de Philippe-Auguste*, II, hg. v. C. Petit-Dutaillis u. J. Monicat, Paris 1943, Nr. 581, p. 129—130. Mannschaftsurkunde des Ferrand von Portugal, Graf v. Flandern, a° 1212, bei C. Duvivier, *La querelle des d'Avesnes et des Dampierre*, II, Brüssel 1894, P. J., Nr. 7, pp. 13 u. 14.

[27] A. Germain, *Liber instrumentorum memorialium. Cartulaire des Guillems de Montpellier*, 1884—1886, Nrn. 316 f., 422 f. Für die Dauphiné U. Chevalier, *Cartulaire de l'église de Die*, Grenoble 1868, Nr. 1, pp. 28—29 (1168).

### *Wirkungen des vasallitischen Vertrages*

Der vasallitische Vertrag – begründet durch jene Rechtsakte, die wir soeben behandelten – wirkte sich auf zweierlei Weise aus: einesteils gewann der Herr Macht über die Person des Vasallen, andrerseits entstanden für beide Parteien Verpflichtungen.

### *Die Herrengewalt*

Die Herrengewalt (*dominatio, dominatus, dominium, potestas* usw.) entsteht aus der Mannschaft, aus der *traditio personae,* die durch diesen Akt vollzogen wird. Ursprünglich muß diese Gewalt solcher Art gewesen sein, daß man sie geradezu als dingliches Recht hätte bezeichnen können: nämlich eine unmittelbare und direkte Gewalt über die Person des Vasallen, die lediglich die Würde des Vasallen als freier Mann nicht verletzen durfte und mit der Achtung vor dem König vereinbar sein mußte. Zu der Zeit jedoch, die wir gerade behandeln, ist diese Gewalt schon merklich reduziert. Sogar gegenüber den tieferstehenden Vasallen, den *non casati,* läßt sie sich auch in Ländern und zu Zeiten, in denen die Stellung des Herrn sehr stark war, kaum noch in ihrer strengen Form aufrechterhalten. Allgemein bedeutete die Herrschaft des Herrn über die Person des Vasallen für diesen das Gebot des Gehorsams und der Achtung gegenüber seinem Herrn. Bracton hat diesen Sachverhalt klar erkannt, als er noch um die Mitte des 13. Jahrhunderts über die *immixtio manuum* schrieb: *per quod significatur . . . ex parte tenentis, subiectio et reverentia*[28], „was für den Vasallen Unterordnung und Ehrerbietung bedeutet". Die äußeren Formen der Ehrerbietung, die der Vasall seinem Herrn schuldig ist, leiten sich her aus der *reverentia.* So muß er ihm etwa den Steigbügel halten und ihm bei feierlichen Anlässen das Geleit geben oder ihm andere „Ehrendienste" erweisen, die je nach Gegend oder Zeit variieren. Die Art der Herrschaft, der Gewalt des Herrn über die Person des Vasallen geht auch aus Wendungen hervor, die die Abhängigkeit des Vasallen vom Herrn

[28] *De Legibus,* f° 80; hg. v. Woodbine, II, p. 232.

stark betonen, wie z. B. der Gebrauch des adjektivischen Possessivpronomens oder des *genitivus possessivus*. *Regis efficitur*, „er wurde die Sache des Königs", wie Thietmar von Merseburg anläßlich des Eintritts des thüringischen Grafen Wilhelm in die Vasallität des deutschen Königs Heinrich II. im Jahre 1002 schrieb. *Mox suus effectus*, „bald wurde er der seinige", schreibt der Autor der *Gesta* der Bischöfe von Cambrai in der ersten Hälfte des 11. Jahrhunderts, um damit auszudrücken, daß 1007 (in Wirklichkeit 1012) der Graf von Flandern Vasall des deutschen Königs Heinrich II. wurde. *Ipsa vero ducis effecta*, lesen wir in einer „Notitia" von 1071 über den Eintritt der Gräfin Richilde von Hennegau in die Vasallität Herzog Gottfrieds des Buckligen von Niederlothringen: wortwörtlich also „wurde sie die Sache des Herzogs"[29]. Wendungen dieser Art gingen jedoch in ihrer Kraßheit bei weitem über das hinaus, was im 11. Jahrhundert Wirklichkeit war.

### *Pflichten der Parteien*

Der vasallitische Vertrag war ein synallagmatischer Vertrag: Sowohl für den Herrn als auch für den Vasallen entstanden aus ihm Verpflichtungen, und zwar aus dem Komplex von Mannschaft und Treueid. In Frankreich und England zeigte sich bei den Theoretikern des 11., 12. und 13. Jahrhunderts die Tendenz, sie verstärkt, wenn nicht sogar ausschließlich, aus diesem Eid, aus der „Treue" abzuleiten.

In der ersten Hälfte des 11. Jahrhunderts gab Bischof Fulbert von Chartres, der sich als Herr einer stattlichen Anzahl zum Teil bedeutender Vasallen seiner Kirche ausgezeichnet in der Praxis der Lehns- und Vasallenbildungen auskannte und der auf Grund seiner hohen Bildung die Fähigkeit zur Abstraktion besaß, eine bemerkenswerte Definition der aus dem vasallitischen Vertrag erwachsenden

[29] Thietmar, *Chronicon*, V, 14 (9), p. 236, a° 1002. *Gesta episcoporum Cameracensium* I, 115, hg. v. L. C. Bethmann, MG. SS. VII, p. 452. *Notitia* der Belehnung des Herzogs von Niederlothringen mit der Grafschaft Hennegau durch den Bischof von Lüttich und der Gräfin Richilde durch den Herzog, siehe in MG. *Constitutiones* I, Nr. 441, p. 650, hg. v. L. Weiland.

Pflichten. Sie steht in einem Brief von 1020 an Herzog Wilhelm V. von Aquitanien. Der betreffende Abschnitt ist so aufschlußreich, daß wir ihn ungekürzt wiedergeben: . . . *Qui domino suo fidelitatem iurat, ista sex in memoria semper habere debet: incolume, tutum, honestum, utile, facile, possibile. Incolume, videlicet ne sit domino in damnum de corpore suo. Tutum, ne sit ei in damnum de secreto suo, vel de munitionibus per quas tutus esse potest. Honestum, ne sit ei in damnum de sua iustitia, vel de aliis causis, quae ad honestatem eius pertinere videntur. Utile, ne sit ei in damnum de suis possessionibus. Facile vel possibile, ne id bonum, quod dominus suus leviter facere poterat, faciat ei difficile; neve id quod possibile erat, reddat ei impossibile. Ut autem fidelis haec nocumenta caveat, justum est; sed non ideo casamentum meretur; non enim sufficit abstinere a malo, nisi fiat quod bonum est. Restat ergo ut in eisdem sex supradictis consilium et auxilium domino suo fideliter praestet, si beneficio dignus videri velit, et salvus esse de fidelitate quam iuravit. Dominus quoque fideli suo in his omnibus vicem reddere debet. Quo si non fecerit, merito censebitur malefidus: sicut illi, si in eorum praevaricatione vel faciendo vel consentiendo deprehensus fuerit, perfidus et perjurus*[30].

„Wer seinem Herrn Treue schwört, soll stets die sechs folgenden Worte im Gedächtnis haben: gesund und wohlbehalten, sicher, ehrbar, nützlich, leicht, möglich. Gesund und wohlbehalten, damit der Herr durch ihn an seinem Körper keinen Schaden erleidet. Sicher, damit er seinem Herrn nicht durch Verrat seines Geheimnisses oder seiner Befestigungen, die seine Sicherheit garantieren, Schaden zufügt. Ehrbar, damit er die Gerichtsbarkeit seines Herrn oder andere ihm rechtmäßig zustehende und zur Ehre gereichende Rechte nicht antastet. Nützlich, damit er den Besitz seines Herrn nicht schädigt. Leicht und möglich, damit er seinem Herrn nicht erschwert, Gutes zu tun, wenn dieser es leicht tun könnte und damit er nicht unmöglich macht, was seinem Herrn möglich wäre. Es gehört sich von Rechts wegen, daß der Vasall auf diese Weise seinem Herrn nicht schadet. Aber sein Lehen verdient er damit noch nicht; denn es genügt nicht, sich des Schlechten zu enthalten, sondern man muß das Gute tun.

30 *Recueil des historiens des Gaules et de la France,* X, p. 463.

Also soll er die sechs oben genannten Forderungen dahingehend erfüllen, daß er seinem Herrn Rat und Hilfe leiht, wenn er seines Lehens würdig erscheinen und seinen Treueschwur halten will. Der Herr muß sich auf allen diesen Gebieten demjenigen gegenüber, der ihm Treue geschworen hat, ebenso verhalten. Täte er es nicht, so würde er mit gutem Recht für treulos erklärt; ebenso würde sich ein Vasall, den man dabei entdeckt, wie er durch Tat oder Billigung seine Pflichten verletzt, der Untreue und des Meineides schuldig machen."

## *Die Vasallentreue*

Wir beginnen mit dem Gegenstand der Vasallenpflicht. Dieser umfaßt einerseits die Treue (*fidelitas*), andrerseits gewisse Leistungen.

In der klassischen Zeit des Lehnswesens, wie unserer Meinung nach auch in früheren Zeiten, ist die Treue in ihrem Wesen noch negativ bestimmt[31]. Treu sein heißt vor allem: nichts tun, was den, dem man Treue geschworen hat, gefährden oder schädigen könnte.

Die Richtigkeit dieser Behauptung wird hinreichend bewiesen durch die Treueide, die uns aus Südfrankreich erhalten sind. Alle beginnen mit dem wichtigsten Teil, der durchweg negative Bestimmungen enthält[32]. Der Graf von Besalu schwört dem Erzbischof von Narbonne um 1053 mit folgenden Worten Vasallentreue: *De ista hora inantea non tolra ne dezebra Guilielmus comes filius Adalaiz*

[31] Siehe oben, pp. 35—36.

[32] Aus dem Süden besitzen wir sogar Versprechen und Eide, deren Inhalt ausschließlich oder hauptsächlich negativ ist und die mit Vasallenbindungen nichts zu tun haben, sondern echte Sicherheitseide sind: z. B. Devic u. Vaissete, a. a. O. hg. v. Privat, V, Nrn. 139 (um 985), 148 (um 989), 185 (um 1025) 173, III (wahrscheinl. 1100). Solche Versprechen und Eide kommen nicht nur im Süden vor. Aus Lothringen, das damals zu Deutschland gehörte und an Nordfrankreich grenzte, kennen wir einen Eid mit ganz ähnlichem Inhalt. Bischof Gerardus I. von Cambrai verlangte diesen Eid 1023 von den Verwandten des Burggrafen Walter. *Gesta episcoporum Cameracensium,* III, c. 41, hg. v. L. C. Bethmann, MG. SS. VII, p. 481.

*Guifredum archiepiscopum, filium Guisle comitissae, de sua vita neque de sua membra que in corpus suum portat et in suum corpus se tenent neque de ipsa sede Sancti Justi que est sita intra muros urbis Narbone, neque de ipsa forteza que est constructa insupra de dicta sede, neque de ea omnia que in suprascripta civitate ad suprascriptam sedem pertinere debentur* . . .[33]; „von dieser Stunde an wird Graf Wilhelm, Sohn der Alix, den Erzbischof Guifredus, Sohn der Gräfin Guisla, weder offen noch mit List um sein Leben oder die Glieder seines Leibes bringen, noch seines erzbischöflichen Stuhles in der innerhalb der Mauern von Narbonne gelegenen Kathedrale Saint-Juste, noch der oberhalb der Kathedrale erbauten Burg noch alles dessen, was innerhalb der ebengenannten Stadt zum erzbischöflichen Sitz gehört, berauben, etc."

Daß derselbe Treubegriff auch für Nordfrankreich gilt, geht aus dem berühmten Brief Fulberts von Chartres an den Herzog von Aquitanien hervor[34]: die Treupflicht ist vor allem die Pflicht des *non facere*. Neben dem theoretischen Text nun ein Text aus der Praxis. Im Jahre 1007 oder wenig später ermahnt Fulbert den Bischof von Paris und Vasallen der Kirche von Chartres, Rainald von Vendôme, in einem Brief zur Erfüllung seiner Pflichten. Er fordert vor allem *securitatem de mea vita et membris et terra quam habeo vel per vestrum consilium acquiram*[35], „Sicherheit für mein Leben und meine Glieder, für das Land, das ich besitze oder auf euren Rat hin erwerben werde." In dem 1101 zwischen Graf Robert II. von Flandern und Heinrich I. von England geschlossenen Vertrag wird über den Grafen, der durch diesen Vertrag Vasall des Königs wurde, gesagt, daß er *fide et sacramento assecuravit regi Henrico vitam suam et membra que corpori suo pertinent et capcionem corporis, ne rex eam habeat hanc ad dampnum suum*[36], „den König durch Treue und Eid versicherte, er werde nichts gegen sein Leben und seine Glieder unternehmen und ihn auch nicht zu seinem Schaden gefangennehmen". Dieselben Unterlassungspflichten

[33] Brunel, a. a. O. Nr. 3 (= Devic u. Vaissete, a. a. O. hg. v. Privat, V, Nr. 237).

[34] Siehe oben, pp. 86—87.

[35] *Recueil des historiens des Gaules et de la France*, X, p. 447.

[36] Vercauteren, *Actes des comtes de Flandre*, Nr. 30, c. 1.

erscheinen noch in einigen aus dem 13. Jahrhundert erhaltenen Eidesformeln[37]. Auf Grund dessen neigen wir zu der Ansicht, daß die Texte aus Flandern und aus dem Hennegau mit dem Wort *securitas* genau dieses negative Element der Treue bezeichnen, und zwar im Gegensatz zu *fides* oder *fidelitas*, die in diesen Fällen vielmehr auf die positiven Seiten der Treue abheben[38]. Letztere war in der Tat gleichfalls ein Handlungsmodus, der alle Handlungen des Vasallen beherrschte oder durchdrang, insbesondere die verschiedenen Leistungen, zu denen er als Vasall verpflichtet war.

## *Leistungen des Vasallen*

Der positive Aspekt des Gegenstandes der Vasallenpflichten bestand im wesentlichen in diesen Leistungen. Dies ist durch Fulbert von Chartres sowohl theoretisch als auch praktisch belegt. In seinem Brief an den Herzog von Aquitanien fügt er nach Aufzählung der Handlungen, von denen der Vasall abstehen muß, wenn er seinen Treueid halten will, hinzu, daß dieser damit seiner Treupflicht noch keineswegs Genüge getan hat, sondern daß er seinem Herrn gegenüber zu Leistungen verpflichtet ist. Nachdem Fulbert in seinem Brief an Rainald von Vendôme die negative *securitas* gefordert hat, kommt er auf die positiven Leistungen zu sprechen, die er von seinem Vasallen erwartet[39]. Graf Robert II. von Flandern fährt in dem Vertrag von 1101 nach Aufzählung der Dinge, die zu unterlassen er sich verpflichtet, gleichfalls mit den Worten fort: *et quod iuvabit eum ad tenendum et ad defendendum regnum Angliae contra omnes homines qui vivere et mori possint*[40], „und daß er ihm helfen wird, das Königreich England zu bewahren und gegen alle Menschen, die leben und sterben können, zu verteidigen."

Die Pflichten des Vasallen bestehen nicht im *dare*, sondern im

[37] Siehe oben, pp. 78—79.

[38] Galbert von Brügge, c. 52, 55, 56, 102, 104, pp. 83, 87, 89, 147, 150; Giselbert von Mons, c. 43, 82, pp. 75 u. 121.

[39] Siehe oben, pp. 86—87, Anm. 30 und p. 89, Anm. 35.

[40] Siehe oben, p. 89, Anm. 36.

*facere.* Fulbert faßt sie mit einer Wendung zusammen, die uns schon in der Karolingerzeit begegnet ist[41]: *consilium et auxilium*, Rat und Hilfe.

## *Auxilium*

Das *auxilium* besteht hauptsächlich im Dienst und während der hier behandelten Zeit hauptsächlich im Kriegsdienst zu Pferde. Außer dem eigentlichen Dienst gibt es jedoch noch andere Formen materieller Hilfe. Daß es sich hier um zwei verschiedene Weisen des *auxilium* handelt, scheint aus folgendem Text hervorzugehen, der die Leistungen festlegt, die der Graf von Hennegau am Ende des 11. Jahrhunderts dem Bischof von Lüttich schuldig war: *comes Hanoniensis domino suo episcopo Leodiensi servitium et auxilium ad omnia et contra universos homines ... debet*[42], „der Graf von Hennegau ist seinem Herrn, dem Bischof von Lüttich, Dienst und Hilfe schuldig in jedem Fall und gegen jedermann". Hier bezeichnet das Wort *servitium* nur den eigentlichen Waffendienst – in diesem Sinne wird es sehr häufig verwendet – während mit *auxilium* anscheinend alle anderen Arten von Hilfe gemeint sind und deshalb das Wort hier in einem engeren Sinn gebraucht wird als bei Fulbert und in vielen anderen Texten. In England wird der Waffendienst der Vasallen im allgemeinen mit den Worten *militare servitium, servitium militis* bezeichnet.

Während des größten Teiles des hier behandelten Zeitabschnittes lag der Sinn eines vasallitischen Vertrages für den Herrn hauptsächlich im Waffendienst des Vasallen. Er nimmt Vasallen auf, um sie als Ritter zu seiner Verfügung zu haben. Die Institution hat also noch in erster Linie militärischen Charakter. Der Kriegsdienst des Vasallen kann auf mannigfache Weise geregelt sein. Manche Vasallen müssen mit voller Ausrüstung antreten, andere wiederum nur mit einigen Teilen dieser Ausrüstung. Letzteres ist z. B. der Fall bei den *vavassores*, den kleinen Untervasallen der Territorialfürsten und der großen Herren, oder in einem Teil Westfrankreichs bei den Vasallen, die nur ganz kleine Lehen besitzen. Manche Vasallen waren nur

[41] Siehe oben, p. 58 und Anm. 12.
[42] Siehe oben, p. 83, Anm. 25.

persönlich zum Waffendienst verpflichtet, andere dagegen mußten eine bestimmte Anzahl von Rittern mitbringen, die sie im allgemeinen aus der Schar ihrer eigenen Vasallen, also der Untervasallen ihres Herrn rekrutierten. Hier gibt es die verschiedensten Abmachungen. Manche müssen auf Befehl ihres Herrn alle Kräfte zur Heerfahrt aufbieten, müssen *cum omnibus viribus hominum suorum tam equitum quam peditum*[43] marschieren, so wie der Graf von Hennegau 1076 als Vasall des Bischofs von Lüttich. Andere wiederum müssen nur eine begrenzte Anzahl von Rittern stellen: der Graf von Flandern erfüllte zu Beginn des 12. Jahrhunderts seine Pflichten gegenüber seinem Herrn, dem König von Frankreich, wenn er sich dessen Kriegsheer *(ost)* mit zwanzig Rittern anschloß: *R. comes ad Philippum regem ibit cum XX militibus tantum;* dem englischen König, dessen Vasall er 1101 geworden war, mußte er dagegen in England oder in der Normandie mit tausend und im Maine mit fünfhundert Rittern dienen[44]. Vom 11. Jahrhundert an richtet sich der Waffendienst im allgemeinen nach der Bedeutung des Lehens, das der Vasall jeweils innehat, ausgenommen England, wo das Königtum gemäß der Struktur seines Heeres die Bedingungen selbst festsetzte. In Frankreich und Deutschland wurde der Waffendienst häufig bis ins einzelne von den Parteien untereinander geregelt, vor allem beim Eingehen neuer Vasallenbindungen. In England, wo das Königtum seine Herrschaft über das ganze Vasallenwesen zu erhalten vermocht hatte, gilt die – übrigens bisweilen durchbrochene – Regel, daß der Herr seine Vasallen nur zum Dienst für den König zu den Waffen rufen darf. Die älteste uns erhaltene Belehnungsurkunde zeigt uns, wie diese Regel gehandhabt wurde: zwischen 1066 und 1087 bestimmt Wilhelm der Eroberer, daß ein Ritter namens Peter, an den auf sein Geheiß vom Abt von Bury Sint Edmunds ein Lehen vergeben wird, nur zum Waffendienst aufgefordert werden darf, wenn diese Aufforderung

[43] Siehe oben, p. 83, Anm. 25.

[44] A° 1101 zwischen Graf Robert II. von Flandern und Heinrich I. von England geschlossener Vertrag von Dover, c. 12, vgl. c. 1 u. c. 2, 11 u. 14, bei F. Vercauteren, *Actes des comtes de Flandre, 1071-1128,* Brüssel 1938, Nr. 30, pp. 89, 90, 92.

an den Abt selbst ergangen ist, *priusquam ex parte regis*[45], „erst im Namen des Königs".

Selbst die Art des Waffendienstes konnte variieren. Zum Beispiel unterschied man in Frankreich und England gewöhnlich zwischen *expeditio* und *equitatio* (oder *cavalcata*), zwischen Heerfahrt *(ost)* und Reiterzug *(chevauchée)*. Die erstere war ein ziemlich bedeutendes kriegerisches Unternehmen, während letzterer von kurzer Dauer war und gelegentlich sogar nur ein einfacher Geleitdienst. In Deutschland stellt seit der zweiten Hälfte des 12. Jahrhunderts die Romfahrt, d. h. der Zug, den der König nach Rom unternahm, um dort zum Kaiser gekrönt zu werden, ebenfalls eine besondere Art des Waffendienstes dar, zu dem die Vasallen und die Untervasallen der Krone verpflichtet waren – zumindest seit Friedrich Barbarossa die Vasallenpflichten an Stelle der Untertanenpflichten zur Grundlage dieses Dienstes machte. Der Bischof Otto von Freising erwähnt in seiner Aufzeichnung der *Gesta* des Kaisers das *universorum equitum agmen feoda habentium*, d. h. „das aus der Gesamtheit der belehnten Ritter bestehende Heer", und weiter schreibt er, daß die Fürsten *singulos beneficiatos suos* zu den Waffen riefen, d. h. „jeden, der ein Benefizium von ihnen zu Lehen hatte"[46]. Die Burghut (*stagium*, *custodia*, frz. *estage*), d. h. die Bewachung einer der Burgen des Herrn, ist ebenfalls eine Form des Waffendienstes[47]. Sehr häufig ist der Vasall auch verpflichtet, seinem

[45] DOUGLAS, *Charter of Enfeoffment*, English Historical Review, XLII, p. 247.

[46] *Gesta Friderici I Imperatoris* II, 12, hg. v. G. Waitz und B. v. Simson, Hannover 1912, p. 113.

[47] Siehe zum Beispiel für den Hennegau im 12. Jahrh. die zahlreichen Abschnitte in der Chronik Giselberts, in denen von der Burghut die Rede ist, die die gräfliche Vasallen auf den Burgen von Mons, Valenciennes u. Beaumont ihrem Herrn leisten mußten, Glossarium, s. v° *stagium;* für Frankreich siehe die *Feoda Campaniae*, ein Verzeichnis der Vasallen des Grafen von Champagne von ca. 1172, bei LONGNON, *Documents relatifs au comté de Champagne et de Brie*, I, pp. 1–74; was die königliche Vasallität betrifft, siehe z. B. das Verzeichnis der ligischen Vasallen des Königs, die auf der Burg Monthléry Burghut leisten mußten, in den *Scripta de feodis*, hg. v. L. Delisle, *Recueil des historiens des Gaules et de la France*, XXIII, pp. 671–675.

Herrn seine eigene Burg offenzuhalten und sie ihm auf Geheiß zur Verfügung zu stellen: *ita quod comiti Hanoniensi . . . ad omnes monitiones suas . . . castrum suum vel munitionem suam debeat reddere,* sagt Giselbert in bezug auf sämtliche Vasallen des Grafen von Hennegau, die eine Burg oder irgendein festes Haus besaßen[48].

Der Vasall war dem Herrn den Waffendienst ohne besondere Gegenleistung schuldig. Die Vasallen waren jedoch bemüht, die Dauer ihrer Leistungen einzuschränken. Seit der zweiten Hälfte des 11. Jahrhunderts hat sich allgemein durchgesetzt, daß der Vasall nur eine bestimmte Anzahl von Tagen, oft vierzig, dienen muß und daß der Herr über diese Frist hinaus nur gegen Zahlung eines Soldes über seinen Dienst verfügen kann. Manchmal werden auch örtliche Begrenzungen vereinbart. All diese Fragen wurden übrigens sehr häufig in besonderen Übereinkünften zwischen den einzelnen Partnern geregelt, bei denen Beschränkungen, vorgesehene Abweichungen, möglicherweise zu zahlendes Entgelt etc. festgelegt wurden. In Deutschland, Lothringen ausgenommen, wurde der Waffendienst erst zu einem späteren Zeitpunkt eingeschränkt; auch waren hier die entsprechenden Regelungen ungenauer und weniger weit verbreitet. Ob sie in England vor der Mitte des 12. Jahrhunderts existierten, ist ungewiß.

Aus den Quellen wissen wir, daß es außer militärischen Dienstleistungen noch andere Formen des Servitium gab. Manchmal scheinen sie an zweiter Stelle neben dem Ritterdienst zu stehen. Es kommt auch vor, daß lediglich Dienste völlig anderer Art vorgesehen sind wie etwa Aufgaben in der Verwaltung des Grundbesitzes, höhere Ämter im Hause des Herrn, Überbringung von Botschaften, Geleit etc. Als Beispiel können wir etwa anführen, daß einige der Hauptvasallen des Bischofs von Paris die Aufgabe hatten, den neugeweihten Bischof auf den Schultern in die Kathedrale zu tragen. Ebenso gehört hierher der Fall eines englischen Kronvasallen, der bei einer Überfahrt den Kopf des Königs halten mußte, wenn dieser seinen Magen über Bord erleichterte[49]. Unserer Ansicht nach handelt es sich dabei oft um Dienstleistungen, die schon

[48] C. 43, hg v. Vanderkindere, p. 75.

[49] B. Guérard, *Cartulaire de l'église Notre-Dame de Paris* I, Paris

seit Jahrhunderten nicht mehr zu den eigentlichen Aufgaben eines Vasallen gehörten. In Deutschland lassen sich solche Phänomene dadurch erklären, daß hier derartige Pflichten den *ministeriales* oblagen, die im Laufe des 12. Jahrhunderts in die Vasallenschaft aufgenommen wurden.

Der Waffendienst wurde manchmal durch Zahlung einer Geldsumme, durch das *scutagium* oder Schildgeld, frz. *écuage*, ersetzt. In England durften sich schon früh besonders die unteren Schichten der Lehnshierarchie (die Inhaber von Dienstlehen (engl. *serjeanty)* jedoch ausgeschlossen) mit Einverständnis des Königtums vom *servitium militare* loskaufen[50]. Aus finanziellen Gründen unterstützten die Plantagenets seit der zweiten Hälfte des 12. Jahrhunderts systematisch die Erhebung von Schildgeldern als Ersatz für den Ritterdienst. Sogar für die unmittelbaren Kronvasallen wurde diese Regelung eingeführt. Diese Steuer gab dem Königtum die Mittel zur Schaffung eines Söldnerheeres an die Hand, das zu jener Zeit einem Vasallenheer an Beweglichkeit und Zuverlässigkeit überlegen war. In Frankreich gab es das Schildgeld zwar auch, jedoch kannte man hier noch andere Formen des Loskaufs. Im Beauvaisis, in der Gegend um Paris, im Orléanais, im Anjou, im Maine, in der Touraine und im Poitou wurde nicht selten die Gestellung eines Pferdes oder einer entsprechenden Geldsumme (das *roncin de service*) als Ersatz für die persönliche Leistung angenommen. Dieser Brauch hat sich im 12., vor allem aber im 13. Jahrhundert verbreitet. Daneben findet man noch Sachleistungen an Stelle des Waffendienstes. So wurden etwa ein Paar Handschuhe gegeben, ein Schwert, Hufeisen etc. Leistungen dieser Art wurden als solche ehrenhalber betrachtet, *ad honorem*[51], wie aus einer Urkunde von 1199 hervorgeht, die vom Abt von Murbach und Zürich für die Abtei Engelberg in der heutigen Schweiz ausgestellt wurde. Daher wurden sie auch im deutschen Lehnrecht „Ehrschatz“ genannt.

1850, Nr. 5, pp. 5—11, a[is] 1197—1208. T. Madox, *Baronia Anglica*, London 1741, p. 245.

[50] Siehe unten pp. 129—130.

[51] *Quellenwerk zur Entstehung der schweizerischen Eidgenossenschaft*, I. Urkunden, hg. v. T. Schiesz, Aarau 1933, Nr. 205.

Fälle, in denen für ein Lehen von sehr geringem Ausmaß oder für ein erst kurze Zeit bestehendes Lehen ein Zins an Stelle des Dienstes verlangt wurde, waren sowohl in Frankreich wie auch in Deutschland bekannt. Hierfür gibt es in verschiedenen Teilen des mittelalterlichen Frankreichs – u. a. im Anjou und im Maine – Beispiele. In Flandern sind solche Fälle aus der zweiten Hälfte des 12. Jahrhunderts bekannt[52]. Im Südwesten Frankreichs wurde sogar bisweilen für recht bedeutende Lehen – zu denen etwa ein Schloß als Hauptsitz einer Grundherrschaft gehörte – nur eine Abgabe in Denaren, *obliae* genannt, verlangt[52a]. Der persönlich geleistete Waffendienst bildet jedoch während der ganzen hier behandelten Epoche in Deutschland wie im Königreich Frankreich die Regel. Allerdings war es in Deutschland von der zweiten Hälfte des 12. Jahrhunderts an möglich, sich von der persönlichen Teilnahme an der Romfahrt durch Zahlung einer entsprechenden Abgabe freizukaufen.

Mit Recht können wir annehmen, daß im 13. Jahrhundert die Dienstleistungen im Hause des Herrn, die Ehrendienste und geringfügigen Abgaben auf Kosten des Waffendienstes größere Bedeutung gewannen; diese Entwicklung muß sich an vielen Orten vollzogen haben. So ist aus Flandern bekannt, daß 1325 in der Kastellanei von Brügge von mehr als fünfhundert Vasallen des Grafen von Flandern nur siebenundachtzig zum Waffendienst verpflichtet waren. Alle übrigen brauchten lediglich Dienste der ebengenannten Art zu leisten[53].

Übrigens bestand das *auxilium* nicht nur in Waffenhilfe, sondern auch in finanziellen Leistungen. Im 12. und 13. Jahrhundert wurden letztere in Ausnahmefällen, die beinahe immer dieselben waren, in Anspruch genommen. Allmählich wurde dieser Brauch zur Regel, und man durfte nur noch in eben diesen Fällen Anspruch er-

[52] Z. B. F. van de Putte und C. Carton, *Chronicon et Cartularium Sancti Nicolai Furnensis,* Brügge 1849, a° 1179, pp. 231 u. 232.

[52a] Z. B. Higounet, *Le Comté de Comminges,* II, P. J. Nr. 3 (1199), Nr. 7 (1276/77).

[53] J. De Smet, *Le plus ancien Livre des fiefs du Bourg de Bruges vers 1325,* Tablettes des Flandres, 1950.

heben. Die Zahl dieser Fälle war nicht immer genau die gleiche. In der Normandie waren es drei, während in der Krondomäne und im größten Teil Frankreichs vier anerkannt waren. Es war die *aide aux quatre cas*, und diese vier Fälle waren im allgemeinen: Zahlung des Lösegeldes für den gefangenen Herrn, Ritterschlag des ältesten Sohnes, Aussteuer der ältesten Tochter des Herrn und die Fahrt des Herrn ins Heilige Land. Das System der *auxilia*, der *aides* der Vasallen, wurde auch in England ausgebildet. In Deutschland waren finanzielle Beihilfen weniger bekannt.

## *Consilium*

Fulbert von Chartres nennt neben dem *auxilium* als Leistungspflicht des Vasallen gegenüber seinem Herrn auch das *consilium:* der Vasall soll diesem mit Rat beistehen. Dem Herrn mit Rat beistehen ist übrigens auch eine Form des Dienstes. Diese Leistung impliziert für den Vasallen die Pflicht, den Herrn auf Geheiß aufzusuchen; es ist dies die deutsche Hoffahrt, die im 12. Jahrhundert unter den Hohenstaufen selbst gegenüber dem König den allgemeinen Charakter einer Vasallenpflicht annimmt. In Frankreich und im Westen Deutschlands kommt es bereits vor dem Ende des 11. Jahrhunderts vor, daß der Vasall nur zu einer bestimmten Anzahl von Hoffahrten pro Jahr verpflichtet ist. Diese Aufgabe bringt es mit sich, daß der Vasall mit seinem Herrn und seinen Mitvasallen am Hofe seines Herrn zusammenkommt, in dessen *curtis* oder *curia*, die in ihrer Eigenschaft als Versammlung, die mit dem Herrn berät, manchmal auch *consilium* genannt wird. Gegenstand der Beratungen ist jede Frage, zu der der Herr die Meinungen seiner Vasallen zu erfahren wünscht. Eine der Hauptaufgaben, die dem Vasallen aus der Pflicht zum *consilium* erwachsen, ist die, unter dem Vorsitz des Herrn in allen der *curia* desselben vorgelegten Gedingen und Streitfragen Recht zu sprechen. Auf Grund des ihm geleisteten Treueides fordert der Herr seine Vasallen zur Rechtsprechung auf. *Domini, obtestor vos per fidem quam michi debetis, ite in partem et iudicio irrefragabili decernite quid Ingelberto, quid monachis conveniat responderi*[54]. Mit diesen Worten ruft 1122 Graf Karl der Gute von Flandern die Vasallen, die in seiner *curia* sitzen, zur Rechtsprechung in der Streitsache zwischen der Abtei Saint-Vaast zu Arras und dem Ritter Engelbert auf: „Meine Herren, ich bitte Sie inständig auf Grund der Treue, die Sie mir schulden, sich zurückzuziehen und mit einem unanfechtbaren Urteil darüber zu entscheiden, wie unsere Antwort sowohl an Engelbert als an die Mönche aussehen soll"!

### *Vasallen ohne Dienstpflicht*

In den zum Königreich Burgund (oder Arelat) oder zum Königreich Frankreich gehörenden Teilen des Rhônegebietes, im Languedoc und im nördlichen Vorland der Pyrenäen begegnen Fälle, in denen dem Vasallen keine oder nur unbedeutende Pflichten oblagen. Sie mußten lediglich dem Herrn die Burg zur Verfügung stellen und ihn beherbergen, d. h. ihm erlauben, das Recht auf Gastung *(gîte, albergue)* wahrzunehmen, und zwar mit einem zahlenmäßig begrenzten Gefolge und nur eine bestimmte Anzahl von Tagen pro Jahr. Von Vasallen, die sich dieser besonders günstigen Regelung erfreuten, sagte man, daß sie Freilehen *(feudum francum, feudum honoratum)* innehatten, daß sie *tenaient en franc fief*[55]. Ihr bloßes Vorhandensein macht wieder einmal deutlich, welchen Einfluß die dingliche Seite der Lehns- und Vasallenbindungen auf ihre persönliche Seite gewinnen konnte. Wie man sieht, war dieser Einfluß stark genug, um das wesentlichste Moment der Beziehungen zwischen Vasall und Herr auszulöschen.

### *Gegenstand der Herrenpflicht*

Der Gegenstand der Herrenpflicht steht in deutlicher Entsprechung zum Gegenstand der Vasallenpflicht. Nach Fulbert von Chartres sollte der Herr *in omnibus vicem reddere.* Philippe de

[54] Urkunde Nr. 108, bei VERCAUTEREN, *Actes des comtes de Flandre,* p. 249.

[55] Siehe unten, pp. 128—129 u. Anm. 39.

Remi, sire de Beaumanoir, der größte Rechtsgelehrte Frankreichs im 13. Jahrhundert und ebenfalls ein Mann der Praxis, schreibt Ähnliches in seiner *Coutume du Comté de Clermont en Beauvaisis: „Nous disons et voirs est selonc nostre coustume, que pour autant comme li hons doit a son seigneur de foi et de loiauté par la reson de son homage, tout autant li sires en doit a son homme“* [56], „wir sagen – und so bestimmt es unser Gewohnheitsrecht – daß ebenso wie der Vasall seinem Herrn auf Grund der ihm geleisteten Mannschaft Treue und Aufrichtigkeit schuldet, auch der Herr seinem Mann dasselbe schuldig ist.“ Der Gegenstand der Pflicht sowohl des Herrn als auch des Vasallen umfaßt einerseits die Treue und andrerseits gewisse Leistungen. Wir können hier die Treupflicht des Herrn nur kurz berühren. Sie entspricht in den Grundzügen der Treupflicht des Vasallen: einerseits verpflichtet sich der Herr zur Unterlassung bestimmter Handlungen, die das Leben, die Ehre und das Eigentum des Vasallen gefährden könnten[57]; andrerseits ist die Treue eine Grundhaltung, die jedes Verhalten des Herrn gegenüber dem Vasallen beherrschen und durchdringen soll.

Die Leistungen lassen sich in zwei Kategorien einteilen, die uns bereits aus der Karolingerzeit bekannt sind: der Herr schuldet seinem Vasallen Schutz und Unterhalt. Bracton meint die Schutzpflicht, wenn er schreibt, daß die Mannschaft *ex parte domini protectio, defensio et warantia,* d. h. „von Seiten des Herrn Schutz, Verteidigung und Gewährleistung“ bedeutet[58]. Dies läuft darauf hinaus – und alle Zeugnisse stimmen darin überein – daß der Herr gehalten ist, dem Ruf seines Vasallen Folge zu leisten, falls dieser ungerechterweise angegriffen wird und daß er ihn gegen seine Feinde verteidigen muß. Diese Verteidigung kann verschiedene

[56] Siehe oben pp. 86—87. PHILIPPE DE BEAUMANOIR, *Coutumes de Beauvaisis,* Nr. 1735, hg. v. A. Salmon, II, Paris 1900, p. 383.

[57] Siehe z. B. das 18. Kap. des Vertrages von 1101 zwischen England und Flandern, in dem die Handlungen aufgezählt sind, die der König als Herr des Grafen seinem Vasallen gegenüber zu unterlassen hatte. Sie sind mit denen identisch, die der Graf als Vasall des Königs seinem Herrn gegenüber nicht begehen durfte und die im 1. Kap. aufgezählt sind; siehe oben, p. 89 u. Anm. 36.

[58] *De Legibus,* f° 80; hg. v. Woodbine, II, p. 232.

Formen annehmen; manchmal ist sie Gegenstand von Vereinbarungen, die die Parteien untereinander treffen. Das Hauptgewicht liegt auf der Verteidigung mit Waffengewalt. So muß der Herr eventuell einen Krieg auf sich nehmen, um seinen Vasallen zu verteidigen, wie es u. a. von König Philipp I. von Frankreich belegt ist, der seinen Vasallen, der verwitweten Gräfin Richilde und ihrem Sohn, dem Grafen Arnulf III. von Flandern, gegen Robert den Friesen zu Hilfe eilte, der ihnen ihren Besitz streitig machte. Übrigens wurde Philipp 1071 bei Kassel von Robert geschlagen. Daneben ist die juristische Seite der Verteidigungspflicht von Bedeutung. Unter Umständen muß der Herr seinen Vasallen vor Gericht, etwa vor der *curia regis,* verteidigen. Anläßlich der direkten Belehnung Richildes und ihres Sohnes Balduin II. 1076 durch die Kirche von Lüttich mit der Grafschaft Hennegau wurde eine Regelung getroffen, die die beiden Formen des Schutzes vorsah: *Si dominus imperator Romanorum comitem Hanoniensem ad curiam suam invitaverit ob aliquam causam, episcopus Leodiensis ... debet ... pro eo in curia juri stare et respondere. Preterea si quis terram Hanoniensem ad malefaciendum aggressus fuerit, episcopus Leodiensis comiti Hanoniensi debet exercitum contra exercitum in propriis expensis episcopi;* „wenn der Römische Kaiser den Grafen von Hennegau wegen irgendeiner Sache vor sein Hofgericht ruft, muß der Bischof von Lüttich vor dem Gericht erscheinen und für ihn Rede stehen. Außerdem muß der Bischof von Lüttich, wenn irgendjemand in böser Absicht den Hennegau angreift, dem Grafen von Hennegau auf eigene Kosten ein Heer zur Bekämpfung des feindlichen Heeres zur Verfügung stellen“[58a].

Zu den Pflichten des Herrn gehört es ebenfalls, dem Vasallen mit seinem Rat beizustehen und ihm zu seinem Recht zu verhelfen. Hat er ihm ein Lehen gegeben, so muß er ihm dessen Besitz gewährleisten, d. h. er muß ihn gegen jeden Versuch, ihm dieses Lehen streitig zu machen, verteidigen. Insgesamt werden diese Leistungen manchmal unter dieselbe Formel gebracht, die die Leistungen des Vasallen zusammenfaßte: *consilium et auxilium*[59].

[58a] Siehe oben, p. 83, Anm. 25.

[59] Siehe oben, p. 87, Anm. 30; Wilhelm v. Normandie, Graf v. Flan-

Unterhalt gewährt der Herr dem Vasallen hauptsächlich, um ihn in die Lage zu versetzen, Dienst zu leisten, insbesondere den Waffendienst, den er von ihm erwartet. Dieser Unterhalt kann wie in früherer Zeit auf zwei verschiedene Weisen gewährt werden. Der Herr kann den Vasallen direkt an seinem Hofe, in seinem Hause unterhalten. Oder er kann ihm ein Lehen gewähren; in viel selteneren Fällen ein Allod oder eine Leihe in Prekarie oder sogar eine Zinsleihe. Dudo von Saint-Quentin machte zu Anfang des 11. Jahrhunderts einen sehr deutlichen Unterschied zwischen den beiden ersterwähnten Arten der Unterhaltsgewährung. Er berichtet, mit welchen Worten Graf Wilhelm Langschwert von Normandie einigen seiner Untergebenen die Bitte um Vergabung von Land zu Lehen abschlägt. Er legt ihm die folgenden Worte in den Mund: *Terram quam a me requiritis non possum largiri vobis; omnem tantum suppellectilem quam possideo concedam libenter vobis: videlicet armillas et balteos, loricas et galeas, atque cambitores, equos, secures ensesque praecipuos auro mirabiliter ornatos. Gratia mea continua, militiaeque palma in domo mea fruemini, si incumbentes meo servitio voluntarie fueritis*[60]; „Das Land, das ihr von mir verlangt, kann ich euch nicht geben, aber alles, was ich an beweglichem Gut tatsächlich besitze, gebe ich euch gern: Armschienen und Degengehänge, Panzer, Helme, Beinschienen, Pferde, Streitäxte und sehr schöne Schwerter, wunderbar mit Gold verziert. In meinem Hause werdet ihr euch stets meines Wohlwollens erfreuen, und ihr werdet den Ruhm der Ritterschaft genießen, wenn ihr mir willig und ergeben dient." Neben diesem französischen Beispiel, welches den Lebensumständen der *vassi casati* sehr deutlich jene Regelung gegenüberstellt, welche für die Vasallen getroffen wurde, die man als zum ritterlichen Gesinde gehörig betrachten könnte, nun ein Beispiel aus Deutschland aus derselben Zeit. Es handelt sich um einen Brief, der zu Beginn des 11. Jahrhunderts von einem Mönch der Abtei Tegernsee an einen

dern, in einem Brief von 1128 an den König v. Frankreich, Galbert von Brügge, c. 107, p. 154.

[60] *De moribus et actis primorum Normanniae ducum*, III, 44, hg. v. J. Lair, Caen 1865, p. 187.

mit ihm verwandten Grafen geschrieben wurde. Er verwendet sich für einen Vasallen dieses Grafen, der sich beklagt, *se adhuc carere beneficio*[61], „bis jetzt noch kein Benefizium erhalten zu haben".

In Frankreich gibt es während der ganzen hier behandelten Zeit *vassi non casati*, oft *baccalarii*, frz. *bacheliers*, genannt. In England – hier heißen sie *household knights* – trifft man sie mindestens bis ins 12. Jahrhundert, und in Deutschland gab es sie ebenfalls. Ihre Zahl war nicht gering. Aber die Wünsche und das Streben dieser Vasallen haben eine Entwicklung vorangetrieben, die schon unter Karl dem Großen begann. Im Verhältnis zu den belehnten Vasallen hat die Zahl der *non casati* unaufhörlich abgenommen. In manchen Gegenden erhält seit Beginn des 11. Jahrhunderts jeder Vasall in der Regel sein Lehen. Der unbelehnte Vasall wird immer mehr zur Ausnahmefigur: sehr häufig nimmt er nur vorübergehend diese Stellung ein, indem er etwa auf eine Belehnung wartet oder hofft, nach ein paar Jahren ergebenen Dienstes ein Lehen zu erhalten; und selten wird diese Hoffnung getäuscht.

Ursprünglich schloß die Verleihung eines Benefiziums nicht notwendig andere Formen des Unterhalts aus. Hieran erinnert noch ein Brauch, nach dem die Herren ihren Vasallen jedes Jahr *vestes*, d. h. Kleidungsstücke schenken mußten. Zum Beispiel mußte der Bischof von Lüttich dem Grafen von Hennegau und seinen drei bedeutendsten Burggrafen jedes Jahr zu Weihnachten drei Paar Gewänder zukommen lassen[62].

### *Herren und Untervasallen*

Die durch Mannschaft und Treueid geschaffenen Rechtsbeziehungen galten nur für die Vertragspartner. Zwischen Herr und Untervasall entstand keine Rechtsbeziehung. Im Frankreich des 13. Jahrhundert hat man die Formel geprägt: der Vasall meines Vasallen ist nicht mein Vasall (*... queritur utrum homo hominis mei sit meus homo. Et dicendum est quod non ...*[63]); wahrscheinlich wurde

[61] *Die Tegernseer Briefsammlung*, hg. v. K. Strecker, MG. *Epistolae* in 8°, III, Berlin 1925, Nr. 72, p. 80.

[62] Siehe oben, p. 83, Anm. 25, a° 1076.

[63] Jean de Blanot, *De homagiis*, c. 12, hg. v. J. Acher *Notes sur*

jedoch schon viel früher nach diesem Grundsatz verfahren. Oft mußte ein Vasall seinem Herrn seine eigenen Vasallen zur Verfügung stellen, diese selbst waren jedoch dem Herrn ihres Herrn gegenüber auf keine Weise verpflichtet.

Allerdings gab es für diese Regel eine bedeutende Ausnahme. Das dingliche Element der Lehns- und Vasallenbindungen hatte bewirkt, daß die Vasallen eines Herrn, der bei seinem Tode noch keinen bestimmten Erben seines Lehens hinterließ, als Vasallen des Herrn des *de cujus* angesehen werden durften, bis der Erbe des Lehens rechtmäßig bestimmt wurde. In Anwendung dieser Regel behandelte König Ludwig VI. von Frankreich die Vasallen des Grafen Karl des Guten von Flandern als seine eigenen und rief sie an seinen Hof, nachdem der Graf 1127 ermordet worden war und keinen bestimmten Erben hinterlassen hatte[64].

## *Lösung von Bindungen*

Wie wir wissen, hatte der Vasall ursprünglich nicht das Recht, den Vertrag, der ihn an seinen Herrn band, einseitig zu kündigen, außer wenn dieser seine Macht gegen ihn mißbrauchte. Daran hatte sich bis zum Beginn des 11. Jahrhunderts zumindest in bestimmten Teilen Deutschlands nichts geändert. In dem uns bereits bekannten Brief bat der Mönch vom Tegernsee den Grafen, im Falle er seinem Vasallen nicht *aliquid auxilii ... in beneficio*, d. h. „irgendeine Hilfe in Form eines Benefiziums" gewähren wolle, möge er ihm doch erlauben, *cum gratiosa licentia vestra alium sibi dominum conquirere*[65], „sich mit Eurer wohlwollenden Erlaubnis einen anderen Herrn zu suchen". Wenn also erst einmal das alte Verhältnis gelöst werden muß, bevor sich der Vasall einen neuen Herrn suchen darf,

*le droit savant au moyen âge*. Nouvelle Revue historique de Droit français et étranger, 1906, p. 60; wiederholt von Guillelmus DURANDUS in seinem *Speculum Juris (Speculi Gulielmi Durandi ... pars tertia et quarta*, Lyon 1532, fo 120v: Liber IV, Particula III, *De feudis*, 28).

[64] GALBERT VON BRÜGGE, c. 52, p. 82.

[65] Siehe oben, p. 102, Anm. 61.

kann diese Auflösung nicht durch einseitige Kündigung bewirkt werden. Seit Ende des 11., ganz sicher aber seit der ersten Hälfte des 12. Jahrhunderts ist es zunächst in Frankreich und im Westen Deutschlands, d. h. in Lothringen möglich, daß ein Vasall seine Bindungen löst, vorausgesetzt, daß er seine Entscheidung unter Beachtung einer bestimmten Form bekanntgibt und auf sein Lehen verzichtet. Auch an diesem Punkt wird der Einfluß des Lehens auf die Vasallenbindungen sichtbar. Die Treue aufsagen und auf das Lehen verzichten heißt *renunciare, diffiduciare*, frz. *défier, désavouer*. Aufsagung heißt *diffidentia, diffiduciatio, diffidatio*. Im Französischen wird man sagen *défiance, défi, désaveu, démission de foi* und *démission de fief*. Der Vasall, der seinem Herrn die Treue aufsagt, will jedoch in den meisten Fällen sein Lehen behalten und begibt sich deshalb auf den Weg des Aufstandes. Im Französischen hat daher *défier* denselben Sinn wie *provoquer*, herausfordern.

### *Sanktionen*

Und so kommen wir zur Frage der Sanktionen, die für den Fall einer Vertragsverletzung von Seiten eines der Partner vorgesehen sind. Solche Sanktionen haben bestanden, waren allerdings bis zum 12. und selbst bis zum 13. Jahrhundert oft wirkungslos, und sehr häufig, wenn nicht sogar in den meisten Fällen, wurden die Streitigkeiten, die aus Vertragsverletzungen entstanden, mit den Waffen entschieden.

Pflichtverletzung von seiten eines der Partner ist Felonie, auf die als erste Sanktion die Treuaufsage erfolgt, die *diffidentia, diffiduciatio, diffidatio*, die uns bereits als Lösung der Vasallenbindung bei fehlendem Verschulden von seiten des Herrn begegnet ist. Das Mittel der Treuaufsage als Sanktion konnte vom Vasallen angewendet werden: als Jakob, Herr von Avesnes, 1173 vergeblich gegen die Übergriffe auf seine Rechte protestiert hatte, die sein Herr Graf Balduin V. von Hennegau sich seiner Ansicht nach hatte zuschulden kommen lassen, sagte er sich von der Gräfin, die das Land in Abwesenheit ihres Mannes regierte, los und wagte es, ihr die Treue aufzusagen, *ab ea recedens, ipsam diffiduciare presumpsit*. Die Treuaufsage als Sanktion stand auch dem Herrn zur Verfügung.

Ein Schreiber, ein *dictator* der Schule von Orléans verfaßt am Ende des 12. Jahrhunderts einen fiktiven Brief, in dem König Philipp August von Frankreich den Grafen von Flandern, Philipp von Elsaß auffordert, vor seiner *curia* zu erscheinen; er schließt die Botschaft mit folgenden Worten: *alioquin a nobis et a nostris baronibus vos esse noveritis diffidatum*, „andernfalls wißt, daß wir und unsere Barone Euch die Treue aufsagen“[66].

Die wirksamste Sanktion war natürlich die, von der das Lehen betroffen wurde: ein weiteres Zeichen für die Wirkung des Lehens auf die persönlichen Beziehungen zwischen Herr und Vasall! Eine schwere Verfehlung von seiten des Vasallen zog die Einziehung des Lehens nach sich. Dies war die notwendige Folge der Treuaufsage, denn die Voraussetzung für die Gewährung von Lehen war ja das Vorhandensein vasallitischer Bindungen. Seit der ersten Hälfte des 11. Jahrhunderts treten in den Urkunden des Anjou Wendungen auf, die sich immer mehr durchsetzen sollten: *forfsfacere fevum, fevum forsfactum*, deutsch „das Lehen verwirken“, frz. *forfaire le fief*. Eine Urkunde von 1039 bestätigt, daß über Gautier, einen Vasallen des Grafen Gauzfried (Geoffroy), genannt „Martel“ von Anjou, der einen Verwandten seines Herrn umgebracht hatte und von diesem vor seine *curia* gestellt worden war, der folgende Richtspruch gefällt wurde: Gautier habe *totum ex integro fevum secum forsfecerat, quod de Goffridi comitis beneficio tenebat*, „das Lehen, das er vom Grafen empfangen hatte, vollkommen verwirkt“. Im Jahre 1101 erklärt Graf Robert II. von Flandern dem englischen König Heinrich I., daß er Folge leisten werde, wenn sein Herr, der König von Frankreich ihn zum *ost*, zur Heerfahrt gegen England rufen sollte. Er werde jedoch nur so wenig Kriegsvolk wie unbedingt nötig mit sich führen, „um das Lehen, das er vom König von Frankreich hält, nicht zu verwirken“: *ita tamen ne inde feodum suum erga regem Francie forisfaciat*[67]. Darüber hinaus gab es noch weitere

[66] Giselbert von Mons, *Chronique*, hg. v. Vanderkindere, c. 74, p. 114; A. Cartellieri, *Philipp II. August, König von Frankreich*, I, Leipzig 1900, Beilage 13, B. Nr. 3, p. 91.

[67] C. Métais, *Cartulaire de la Trinité de Vendôme*, I, Paris 1893,

Ausdrücke zur Beschreibung der Lehnseinziehung als Sanktion. Nachdem der vorhin bereits erwähnte Jakob von Avesnes von seinem Herrn, dem Grafen von Hennegau wieder in Gnaden aufgenommen war, sah er sich 1176 von diesem aufgefordert, ihm die Burg von Condé zur Verfügung zu stellen. Auf seine Weigerung hin fällte das gräfliche Hofgericht das Urteil, *quod Iacobus in castro suo nihil iuris ulterius habere videretur*[68], „daß Jakob jedes Recht an seiner Burg verwirkt habe". Eine solche Konfiskation wurde *commissio* oder *commissum,* im Spätmittelalter frz. *commise* genannt. Die zunehmende Stärkung der Vasallenrechte am Lehen – wir werden uns mit dieser Entwicklung noch beschäftigen müssen – machte die Durchführung der Konfiskation immer schwieriger. Nur in England war das Königtum stark genug, um ungehindert Lehnsentziehungen vorzunehmen. In Frankreich wurde seit dem 12. Jahrhundert eine weniger schwere Sanktion eingeführt, die *saisie du fief (saisia, saisimentum),* die zeitlich begrenzte Einziehung des Lehens. Da die Konfiskation in England durchgängig praktiziert wurde, konnte man hier auf die zeitweise Lehnseinziehung verzichten. Als vorübergehende Maßnahme wurde dort allgemein eine einfache Beschlagnahme der beweglichen Habe vorgenommen.

Die Treuaufsagung an den Herrn auf Grund einer schweren Vertragsverletzung seinerseits wirkte sich ebenfalls auf das Lehen aus: in einem solchen Fall wurde der Herr des Herrn, dem die Treue aufgesagt worden war, als Geber dieses Lehens angesehen. Gab es keinen Oberlehnsherrn, so behielt der Vasall ohne weiteres das Lehen.

Die Aufsagung mußte, ob sie nun durch eine Verfehlung der Gegenpartei motiviert war oder nicht, in bestimmten Formen vor sich gehen. Der meistgeübte Brauch war die *exfestucatio,* das feierliche Hinwerfen der *festuca,* d. h. eines Stabes, oder eines anderen Gegenstandes, der als Symbol dienen konnte. Über den Grafen von Flandern Wilhelm von Normandie, der 1128, beleidigt durch das Verhalten seiner Vasallen Ivanus von Aalst und Daniel von Dender-

Nr. 16; siehe auch die Nrn. 62, 66, 67. Flandern-England, siehe oben, p. 92 u. Anm. 44.

[68] GISELBERT VON MONS, hg. v. Vanderkindere, c. 80, p. 119.

monde, diese von der Treue, die sie an ihn bindet, lösen will, berichtet Galbert, daß *prosiliens exfestucasset Iwannum si ausus esset . . . et ait: Volo . . . reiecto hominio quod mihi fecisti, parem me tibi facere . . .*, „er kopfüber mit Ivanus durch Hinwerfen der Festuca gebrochen hätte, wenn er es gewagt hätte, und er sagte: ‚Ich verzichte auf die Mannschaft, die du mir geleistet hast und will mich dir gleich machen'". Wenig später lassen Ivanus und Daniel, welche glauben, daß der Graf seine Pflichten verletzt hat, diesem durch Boten sagen: . . . *hominia, quae inviolabiliter hactenus vobis servaverunt exfestucare per nos non differunt;* „sie beeilen sich, euch durch uns die Mannschaft, die sie bisher gegen euch streng geachtet haben, durch Hinwerfen der Festuca zu kündigen". Galbert fügt hinzu: *Et exfestucaverunt ex parte dominorum suorum internuntii illi*, „und jene Boten vollzogen im Namen ihrer Herren die *exfestucatio*" [69].

## *Erblichkeit*

Die Beziehungen zwischen Herr und Vasall sind ihrer Natur nach nicht erblich. Aber wie wir wissen, erreichten die Vasallen, die natürlich den Wunsch hegten, eines ihrer Kinder möge nach ihnen ihr Benefizium erhalten, daß sie schon sehr früh *de facto* erblich wurden. Wir müssen also das Problem der Erblichkeit am Lehen untersuchen, denn außer bei diesem kann von Erblichkeit keine Rede sein. So taucht z. B. diese Frage im Verhältnis der *vassi non casati* zu ihren Herren nicht auf.

## *Mehrfache Bindungen*

Bekanntlich kam noch vor dem Ende des 9. Jahrhunderts – hauptsächlich in Frankreich – der Brauch auf, daß ein Vasall mehreren Herren Mannschaft leistete: wie wir schon sagten, führte das Trachten nach Benefizien dazu, daß die Vasallenbindungen viel von ihrer ursprünglichen Verbindlichkeit verloren. Nichts wirkte in-

[69] GALBERT VON BRÜGGE, *Histoire du meurtre de Charles le Bon, comte de Flandre*, hg. v. Pirenne, c. 95, pp. 139 u. 140.

dessen so einschneidend wie die Tatsache, daß ein Vasall, wenn er mehrere Herren hatte, zwischen ihnen wählen konnte und sich so verhalten, als ob er niemandes Vasall wäre. Manchmal begegnen jedoch auch Männer, die dem allgemeinen Zug widerstanden und sich weigerten, sich an mehr als an einen einzigen Herrn zu binden; wie etwa Geraldus von Aurillac zu Beginn des 10. Jahrhunderts und Wilhelm von Evreux im ersten Viertel des 12. Jahrhunderts. Letzterem legt Ordericus Vitalis die Worte in den Mund: *Regem et ducem diligo . . . sed uni hominium faciam, eique ut domino, legaliter serviam*, „ich verehre den König (Heinrich I. von England) und den Herzog (Robert Kurzstiefel von Normandie), aber ich werde nur einem von ihnen Mannschaft leisten und ihm als meinem Herrn rechtmäßig dienen“[70]. Fälle von solcher Standhaftigkeit sind jedoch große Ausnahmen. Während es in Deutschland zu Beginn des 11. Jahrhunderts noch nicht üblich war – wie der bereits zitierte Brief des Mönches vom Tegernsee zeigt[71] – mehrfache Vasallenbindungen einzugehen, so setzte sich der Brauch doch wohl im Laufe desselben Jahrhunderts durch. In Frankreich wurde er bereits seit dem vorhergehenden Jahrhundert allgemein geübt. In England war er ebenfalls verbreitet. In Bayern war im 12. Jahrhundert ein Graf Siboto von Falkenstein Vasall von zwanzig verschiedenen Herren!

Offensichtlich hat man zu verhindern versucht, daß die Vasallenbindungen auf diese Weise vollständig zersetzt wurden. Seit dem Ende des 9. Jahrhunderts ist man sich der Notwendigkeit einer Lösung bewußt. Aus einer Notiz von 895 – dem frühesten uns bekannten Beleg der Doppelvasallität – geht bereits hervor, daß derjenige, von dem man das größte Benefizium hatte, von einigen auch als der oberste Herr angesehen wurde, dem man am eifrigsten dienen mußte: Patericus sei mehr der Vasall von Robert als der von Graf Beringerius von Le Mans *quia plus ab eo beneficium tenebat*, „weil er von ihm ein größeres Benefizium habe“[72]. Manchmal räumte man den Ansprüchen des ersten Herrn auf die Dienste des Vasallen

[70] Siehe oben pp. 62–63 u. Anm. 17; Ordericus Vitalis, *Historia ecclesiastica*, XI, 10, hg. v. Leprévost, IV, p. 201.

[71] Siehe oben, p. 102, Anm. 61.

[72] Siehe oben, pp. 51–52 u. Anm. 55.

den Vorrang ein – dieses Prinzip fand in Norditalien Verbreitung – oder man machte bei jeder folgenden Mannschaft einen Vorbehalt zugunsten der älteren.

### *Die Ligesse*

In Frankreich setzte sich das System der Ligesse durch. Es kam dort um die Mitte des 11. Jahrhunderts auf und war auch in Lothringen vor dem Ende des Jahrhunderts bekannt[73]. Von der Normandie aus – wo es vielleicht entstanden ist – gelangte es in der zweiten Hälfte des 11. Jahrhunderts nach Süditalien und nach England kurz nach der Eroberung. Von verschiedenen Herren hatte einer eine Sonderstellung. Diesem mußte der Vasall mit der ganzen Hingabe dienen, die das Wesen der frühen Vasallität ausgemacht hatte: *integre,* d. h. ganz und vorbehaltlos und *contra omnes,* „gegen jedermann“[74].

Dieser Herr ist der *dominus ligius,* frz. *le seigneur lige; ligius* ist dem deutschen „ledig“ verwandt, was hier „ledig jeder anderen

[73] *Cartulaire de la Trinité de Vendôme,* I, Nr. 62, hg. v. Métais, Paris 1893, p. 117, a° 1046; GISELBERT VON MONS, *Chronique* (Lüttich-Hennegau, a° 1076), c. 8 u. 9, pp. 12 u. 13; *Gesta episcoporum Cameracensium. Continuatio: Gesta Lietberti episcopi,* c. 9, hg. v. L. Bethmann, MG. SS. VII, p. 493 (Cambrai, kurz nach 1076).

[74] *Si integre vellet homo suus fieri,* GALBERT VON BRÜGGE, c. 56, hg. v. Pirenne, p. 89 (siehe oben, p. 72); zitiert bei N. DIDIER *Le droit des fiefs dans la coutume de Hainaut au moyen âge,* Paris 1945, p. 31. *Contra omnes:* siehe das Vasallitätsverhältnis, das Graf Fulco Nerra v. Anjou 996 dem Sohn des Grafen Odo I. v. Blois anbietet, RICHER, IV, 91 hg. v. Latouche, II, pp. 294—296; Brief Fulberts v. Chartres an Reinald v. Vendôme von 1007, *Recueil des historiens des Gaules et de la France,* X, p. 447, siehe oben, p. 89, Anm. 35; seit 1076 war der Graf von Hennegau infolge seines *hominium ligium* verpflichtet, seinem Herrn, dem Bischof von Lüttich *ad omnia et contra omnes universos homines* zu dienen, siehe oben p. 83 u. Anm. 25; als 1101 der Graf von Flandern Robert II. Vasall König Heinrichs I. von England wird, verpflichtet er sich, dessen Land *contra omnes homines qui vivere et mori possint* zu verteidigen: Vertrag von Dover, c. 1, siehe oben p. 92 u. Anm. 44; ein Beispiel aus dem Jahre 1206 wird weiter unten p. 154 u. Anm. 77 zitiert.

Bindung" bedeutet. Später ging der Begriff *ligius* auf den Vasallen, auf die Mannschaft, auf das Lehen über und man gebrauchte Wendungen wie *homo ligius, ligius miles, hominium ligium, ligia fidelitas, feodum ligium.* Die nach England und nach Süditalien gelangten Begriffe *dominus ligius, homo ligius, ligantia* (= Ligesse) blieben dort erhalten und wurden im Laufe des 12. Jahrhunderts weiterentwickelt. In der Grafschaft Barcelona wurde der *homo ligius* als *solidus* bezeichnet. Selbstverständlich konnte es ursprünglich nur einen einzigen *dominus ligius* geben. Diese Regel wurde in England[75] streng beachtet und besaß bis spät ins 12. Jahrhundert hinein Gültigkeit. In Frankreich und Lothringen benutzte man jedoch das Institut des *homagium ligium* zum Eingehen neuer, der dem ersten *dominus ligius* geleisteten Mannschaft gleichwertiger Bindungen, offensichtlich mit dem Ziel der Gewinnung neuer Lehen. Seit dem 12. Jahrhundert konnte in Frankreich und in Lothringen ein und dieselbe Person *homo ligius* mehrerer Herren sein. Daraufhin bemühte man sich, eine Rangordnung der *homagia ligia* zu schaffen, indem man bei jeder neuen Mannschaft einen Vorbehalt zugunsten der vorhergehenden machte. Das französische Königtum versuchte, seinen Vasallen einen Treuvorbehalt zugunsten des Königs aufzuzwingen. Im Jahre 1101 flicht der Graf von Flandern ausdrücklich einen solchen Treuvorbehalt in seinen Vasallitätsvertrag mit dem englischen König ein *(salva fidelitate Philippi regis Francorum)*[76]. Dieser Vorbehalt findet jedoch erst im Laufe des 13. Jahrhunderts weitere Verbreitung. Das *homagium non ligium* wurde *homagium planum, homage plain, plane* oder *ample* genannt, also „einfache" Mannschaft; es war in seiner Auswirkung weniger streng als das *homagium ligium* und wurde oft unter vereinfachten Formen vollzogen.

In England, wo seit Heinrich I. jede vasallitische Bindung einen

[75] *Leges Henrici I*, 43, 6, 55, 2, 82, 5, hg. v. F. Liebermann, *Die Gesetze der Angelsachsen* I, Halle a. d. Saale 1903, pp. 569, 575, 599 (ais 1114—1118).

[76] Vercauteren, *Actes*, Nr. 30, c. 1, p. 89.

Treuvorbehalt zugunsten des Königs einschließen mußte[77], wurde die Ligesse schließlich vom Königtum monopolisiert. In Deutschland wurde die Ligesse auf Grund der herrschenden Verhältnisse erst um die Mitte des 12. Jahrhunderts notwendig, denn hier verfügten der König, die geistlichen und weltlichen Fürsten und die anderen großen Herren in ihren ritterlichen Dienern, in ihren Ministerialen über *milites,* die ihrer Herrschaft unmittelbar und ausschließlich unterstanden. Auch drang der *homo ligius,* der „ledichman", im Osten nicht über Lothringen und einige unmittelbar benachbarte Gebiete hinaus. Als die Ministerialen dann auch von anderen Herren Lehen annahmen und die freie Ritterschaft in Scharen in die Ministerialität eintrat und damit ein Element der Unsicherheit in die Unterordnung der Vertreter dieses Standes gegenüber ihren Herren hineingetragen wurde, änderte sich die Lage. Die Hohenstaufen versuchten in der zweiten Hälfte des 12. Jahrhunderts – offensichtlich nach französischem Muster – zum Vorteil des Königtums die Ligesse in Deutschland einzuführen. Was Friedrich Barbarossa vor allem zu erreichen suchte, war, daß die Reichsfürsten dem König und nur ihm allein das *homagium ligium* leisteten, wie es in Frankreich im allgemeinen bei den Pairs, d. h. den wichtigsten Territorialfürsten der Fall war. Auch versuchte er – allerdings vergeblich – in die Mannschaft, die die Vasallen der Fürsten diesen leisteten, einen Vorbehalt zugunsten des Königtums einzuflechten. Nichts konnte indessen den Prozeß der Zersetzung durch die mehrfache Vasallität aufhalten.

[77] *Leges Henrici I,* 82, 5, hg. v. Liebermann I, p. 599, aus 1114–1118.

## Zweites Kapitel

## Das Lehen

### *Terminologie*

Das dingliche Element der Lehns- und Vasallenbindungen bleibt auch in der klassischen Zeit des Lehnswesens in seinen wesentlichen Zügen das, was es zur Karolingerzeit war: eine Leihe, die ein Herr seinem Vasallen unentgeltlich gewährte, um ihm den ihm zustehenden Unterhalt zu verschaffen und ihn in die Lage zu versetzen, den Dienst zu leisten, den er von ihm verlangte.

Diese Leihe wurde zu Beginn der hier behandelten Epoche wie zur Karolingerzeit mit dem Wort *beneficium* bezeichnet. Dieses Wort kann sich jedoch ebenfalls auf eine Leihe in Prekarie, auf eine an bestimmte Dienstleute vergebene Dienstleihe oder auf ein kirchliches Benefizium beziehen. Daher muß man stets den Zusammenhang prüfen, bevor man die jeweilige Bedeutung des Wortes bestimmt. Hier interessiert uns das Benefizium lediglich in seiner gebräuchlichsten Form: als *casamentum* (frz. *chasement*) des Vasallen, also als Vasallenleihe.

In Deutschland wird in jener Epoche – und, wie wir wissen, noch lange Zeit nachher – *beneficium* als *terminus technicus* verwendet. Es ließen sich beinahe beliebig viele Zitate von Autoren des 11. und des beginnenden 12. Jahrhunderts anführen, die vasallitische „Benefizien" erwähnen; so etwa Thietmar oder Wipo[1] in seiner Biographie Konrads II. und viele andere. Greifen wir aus der Fülle der Beispiele eines heraus: Wipo berichtet, daß König Konrad II., der den Herzog Ernst von Schwaben an sich binden wollte, nachdem dieser ihm bei einem italienischen Feldzug eine

[1] Thietmar I, 7, IV, 52, 69, V, 3, VI, 29, pp. 10, 190, 210, 222, 308. Wipo, *Gesta Chuonradi imperatoris,* c. 11, 28, 31, hg. v. H. Breßlau, Hannover 1915, pp. 33, 46, 50.

Zeitlang Beistand geleistet hatte, dem Herzog im Jahre 1026 ein ansehnliches Geschenk machte: *Campidonensem abbatiam ... in beneficium accepit a rege*, „der Herzog erhielt vom König die Abtei Kempten als Benefizium." Von Konrad II. bis Heinrich IV. ist in den Königs- oder Kaiserdiplomen ebenfalls sehr häufig von an Vasallen verliehenen Benefizien die Rede[3].

Auch in Frankreich bleibt das Wort *beneficium* im 10. und in der ersten Hälfte des 11. Jahrhunderts erhalten. Im Jahre 1022 beklagt sich Graf Odo II. von Blois und Chartres in einem vielleicht aus der Feder Fulberts stammenden Brief an König Robert II. darüber, daß dieser ihn nicht für würdig erachte, *ullum beneficium tenere de te*, „von Dir ein Lehen zu halten"[4]. In einer Urkunde von 1058 wird berichtet, daß Graf Fulco Nerra von Anjou die Grundherrschaft Montrevault aufgeteilt *et militibus universa per beneficium donaverat*, „und sie als Benefizium unter seine Vasallen verteilt hat"[5]. Der Graf von Mâcon erinnert 1023 in einer Urkunde daran, daß er die Grundherrschaft Jully-lez-Buxy *una cum consensu suorum fidelium qui predictam potestatem vice beneficii acceperant*, „mit der Zustimmung seiner Vasallen, die dieses Gut in Benefizium erhalten hatten", der Abtei Cluny übergeben hat[6]. Das Wort *beneficium* wird ferner in den Königsurkunden der letzten Karolinger und der ersten Kapetinger[7] und in zahlreichen Privaturkunden verwendet. Wir fanden solche Urkunden im Anjou (das Vendômois inbegriffen), in Burgund, in der Champagne, im Chartrain, in Flandern, im Languedoc, im Limousin, im Maine, in der Norman-

[2] Wipo, c. 11, p. 33.

[3] Siehe die *indices* der versch. Bde. der Quartserie der *Diplomata* in den MG. sub v° *beneficium*.

[4] *Recueil des historiens des Gaules et de la France*, X, pp. 501—502.

[5] L. Halphen, *Le comté d'Anjou au XI^e siècle*, Paris 1906, p. 160 Anm. 1.

[6] A. Bernard u. A. Bruel, *Recueil des chartes de l'abbaye de Cluny*, III, 1884, Nr. 2782.

[7] Siehe die Indices der verschiedenen in der Reihe *Chartes et diplômes pour servir à l'histoire de France* erschienenen Bände. Für die Könige, deren Urkunden nicht als solche herausgegeben wurden, haben wir umfangreiche Exzerpte aus zahlreichen Urkundenbüchern gemacht. Die Urkundenlisten von W. M. Newman *(Catalogue des actes de Robert II, roi*

die, im Orléanais (und im Gâtinais), in der Gegend um Paris, im Poitou und in der Touraine[8].

Daneben taucht in unserer Epoche das Wort *feodum* auf, und zwar häufiger in der Form *fevum* und manchmal auch als *feudum*, frz. *fief* oder *fieffe*, deutsch „Lehen“, niederländisch *leen*.

Am Ende des 9. Jahrhunderts tritt dieses Wort als *feos* oder *feus* im südlichen Burgund auf. Es bezeichnet bewegliche Güter und kommt im Akkusativ und im Plural vor. Es begegnet in Urkunden, in denen von Verkäufen die Rede ist, bei denen der Gegenwert ganz oder teilweise in Naturalien berechnet wird, in *feos* oder *feus*, denen ein bestimmter Wert beigemessen wird. Hierfür ein Beispiel aus dem Jahre 889, bei dem es sich um den Verkauf von Grundstücken im *pagus* von Mâcon handelt. Der Verkäufer erklärt: *accepimus de vobis precium in presente, sicut inter nos convenit, in feus compreciatus valentes solidus XXI*, „wie zwischen uns vereinbart war, haben wir den Gegenwert in Form von fahrenden Gütern, deren Wert auf einundzwanzig *Solidi* geschätzt wurde, erhalten“[9]. Wir besitzen aus derselben Gegend aus dem letzten Viertel desselben Jahrhunderts und aus dem ersten Viertel des 10. Jahrhunderts eine ganze Reihe solcher Urkunden, die alle dieselbe Klausel und denselben Ausdruck enthalten[10]. Daß *feos, feus* wirklich diese Bedeutung hatte, wird bestätigt durch eine Urkunde vom selben Typ, in der man an Stelle von *in feus compreciatus* die Worte *in re preciata* findet[11].

*de France*, Paris 1937) und von F. Soehné (*Catalogue des actes d'Henri Ier, roi de France*, Paris 1907) sind uns dabei von großem Nutzen gewesen.

8 Diese Aussage gründet sich auf sehr umfassende, aber nicht erschöpfende Auszüge aus Urkundensammlungen.

9 *Cluny*, I, 1876, Nr. 39.

10 *Cluny*, I, Nrn. 24 (881), 36 (889), 50 (893), 54 (895), 68 (900), 100 (908), 236 (923), 243 (924). Man trifft das Wort mit dieser Bedeutung an in einer Privaturkunde aus dem Thurgau, die vom Jahre 792 datiert wird, H. Wartmann, *Urkundenbuch d. Abtei Sanct Gallen*, I, Zürich, 1863, Nr. 133; es ist aber nicht ausgeschlossen, daß dieses angebliche Original eine Neuausfertigung aus dem späten 9. Jh. ist. Das Wort kommt im Laufe der zweiten Hälfte des 9. Jh.s im Königreich Italien auf. P. S. Leicht, *Storia del diritto pubblico italiano. Lezioni*, Mailand 1938, p. 164.

11 *Cluny* I, Nr. 38 (889). Paralleltext für die Auvergne bei A.-M. v.

Für den Übergang von „fahrendem Gut" (frz. *bien mobilier*) auf „Leihe an Grund und Boden gegen Dienst" (frz. *tenure foncière de service*), also Benefizium, wurden verschiedene Erklärungen gegeben. Die am meisten befriedigende bleibt m. E. jedoch diejenige, die von Marc Bloch stammt[12]. Er geht von einer fränkischen Wortbildung **fehu-ôd* aus, deren erster Teil analog zum gotischen *faihu* (= Herde) das Vieh (lat. *pecus*) bezeichnete, also die Fahrhabe par excellence, während der zweite Teil *ôd* „Gut" zu bedeuten scheint; das Ganze muß also den Sinn haben: Fahrhabe von einigem Wert. Und ebendieselbe Bedeutung haben wir bei *feos, feus* festgestellt, die man anscheinend ohne besondere Schwierigkeiten von **fehu-ôd* ableiten kann. Die Herren gaben ihren Vasallen *feos, feus,* um ihren Unterhalt zu gewährleisten. Ein schönes Beispiel hierfür stammt aus der Feder Dudos von Saint-Quentin[13]. Somit hätte das Wort allmählich eine zweite Bedeutung erhalten, und zwar „was zum Unterhalt des Vasallen dient". Und dort, wo das Bewußtsein von der sprachlichen Herkunft des Wortes sich verloren hatte, nämlich in den romanischen Gebieten, trat das Wort schließlich nur noch in seiner zweiten Bedeutung auf. Es konnte übrigens ebenso zur Bezeichnung von Liegenschaften wie zur Bezeichnung von Fahrhabe verwendet werden.

Daneben werden zur selben Zeit, jedoch etwas weiter im Süden, außer den eben besprochenen Urkunden solche verfaßt, in denen *fevum* synonym mit *beneficium* vorkommt. Die älteste bekannte Quelle ist eine Urkunde von 899, aus der wir vom Vermächtnis der Gräfin Guillemette von Melgueil an die Kathedrale von Maguelone erfahren. Das Vermächtnis bezieht sich u. a. auf ein bei Saint-André-de-Novigent im östlichen Languedoc gelegenes Allod. Die Gräfin verbietet darin, *ipsum alodem supranominatum donare per*

M. Baudot, *Grand Cartulaire de Saint-Julien de Brioude. Essai de restitution,* Clermont-Ferrand 1935, Nr. XVIII (893 = H. Doniol, *Cartulaire de Brioude,* Paris 1863, Nr. 18). Für die Landschaft Rouergue analoge Texte aus dem 10. Jahrhundert bei G. Desjardins, *Cartulaire de l'abbaye de Conques en Rouergue,* Paris 1874, Nrn. 128 (908), 208 (932), 113 (943), 162 (965), 223 (974).

[12] *Société féodale,* I, pp. 254—256.

[13] Siehe oben, pp. 100—101.

*fevum ad ullum hominem*, „das genannte Allod irgendjemand zu Lehen zu geben“ [14]. Dieselbe Verfügung findet sich in vielen Urkunden, in denen das Wort *beneficium* im Zusammenhang mit einer ähnlichen Verbotsklausel auftritt.

Im 10. Jahrhundert begegnet der Ausdruck in zahlreichen Urkunden aus dem Languedoc entweder in der Form *fevum* oder in den der Volkssprache näheren Formen *feum*, *feo* oder sogar in der direkt aus der Volkssprache stammenden Form *feuz*. Er tritt entweder in Verbotsklauseln auf, ähnlich der, die wir soeben zitierten, oder innerhalb der Dispositio in bezug auf die früher einmal oder zum selben Zeitpunkt vollzogene Verleihung des *fevum*. Als Beispiel sollen hier ein paar Auszüge aus dem Testament der Gräfin Garsinde von Toulouse dienen, welches um 972 datiert werden kann: *Illum fevum quem tenuit Rostagnus de Veharea, pratos et boscos et condaminas . . . dono Aymardo et Bernardo, filiis Bernardi . . . et illum fevum quem tenet Isarnus vicecomes, teneat ipse Isarnus dum vivit . . .* „Ich gebe das Lehen, welches Weideland, Wälder und *condaminae* umfaßt und von Rostagnus von Veharea gehalten wird, den Söhnen Bernhards Aymardus und Bernhard . . . und das Lehen, das der Vizegraf Isarnus hält, soll er bis zu seinem Tode halten“ [15]. Die Quellen werden in der ersten Hälfte des 11. Jahrhunderts immer zahlreicher. Sicher darf man behaupten, daß im Languedoc *fevum* zu dieser Zeit gebräuchlicher ist als *beneficium*. Auch in anderen Gegenden Frankreichs findet das Wort Verbreitung, etwa in Burgund, wo es im Sinne von Benefizium verwendet wird,

[14] J. Rouquette u. A. Villemagne, *Cartulaire de Maguelone*, I, Montpellier 1912, Nr. 3. Der von den Herausgebern gegebene Text wurde an Hand des Kartulars (Reg. C., f° 127, v°) in den Archives Départementales des Hérault überprüft. Devic und Vaissete und die Gelehrten, die die Überarbeitung ihrer *Histoire générale de Languedoc* besorgten, haben die Urkunde in Bd. V, Nr. 48 veröffentlicht, und zwar nach einem sehr wenig zuverlässigen Teil der handschriftlichen Überlieferung, wo an Stelle von *per fevum* die Worte *per fidem* stehen, was offensichtlich falsch ist. Saint-André-de-Novigent befand sich im heutigen Stadtgebiet von Montpellier (Dép. Hérault).

[15] Devic u. Vaissete, a. a. O., hg. v. Privat (weiter unten in dieser Anmerkung mit der Abkürzung HGL bezeichnet), V, Nr. 126 *(conda-*

obwohl man dort den herkömmlichen Ausdruck deutlich bevorzugt. Ebenfalls findet man *fevum* im Limousin, vielleicht auch im Berry. Im Poitou begegnet *fedum*. Das Anjou – Vendômois inbegriffen – ist das einzige Gebiet Frankreichs nördlich der Loire, in dem in der ersten Hälfte des 11. Jahrhunderts *fevum* in den Privaturkunden ebenso verbreitet ist wie *beneficium*. Ein Auszug aus einer Urkunde wird die Dinge veranschaulichen. Zwischen 1006 und 1040 überläßt Vizegraf Hubert von Vendôme seinem Herrn, dem Grafen Fulco Nerra von Anjou den Hof *(curtis)* und die Kirche von Mazé (Maine-et-Loire), die er von ihm zu Lehen hatte und die der Graf seinem *dominicatum* anzuschließen wünschte: *Curtem et ecclesiam Maziaci Hubertus Vindocinensium vicecomes Fulconi comiti, de cuius tenuerat fevo ... guerpivit*[16]. Noch nicht belegt sind *fevum* oder *feodum* zu jener Zeit in der Normandie[17], in der Bretagne, in der Champagne, in Flandern und in der Gegend um Paris[18]. In den Königsurkunden erscheinen sie nicht vor den letzten Regierungsjahren Philipps I.[19].

*minae* waren im Süden Galliens die Felder des in Eigenbetrieb bewirtschafteten Teiles einer Grundherrschaft). Weitere Quellen aus dem 10. Jahrh.: G. Desjardins, *Cartulaire de l'abbaye de Conques*, Nr. 262 (916); Migne, *Patrologia latina*, Bd. 132, Sp. 469—470 (923—935); E. Germer-Durand, *Cartulaire du chapitre cathédral de Notre-Dame de Nîmes*, 1874, Nr. 44 (943); HGL, V, Nrn. 100 (956), 106 (um 959), 111 (961); *Conques*, Nr. 340 (961); HGL, V, Nr. 122 (972); P. Alaus, L. Cassan, E. Meynial, *Cartulaire de Gellone*, Montpellier 1898, Nr. 174 (um 984); *Gallia Christiana*, XIII, *Instr. eccl. Tolosanae*, Sp. 6 (985); HGL, V, Nrn. 143 (987), 150 (990); *Conques*, Nr. 294 (um 990—996); HGL, V, Nr. 155 (997); *Conques*, Nr. 480 (10. Jhdt.).

16 C. Métais, *Cartulaire de la Trinité de Vendôme*, I, Paris 1893, Nr. 44.

17 Außer vielleicht in einem Text von 1035—1087, der von R. Carabie in *La propriété foncière dans l'ancien droit normand*, Caen 1943, p. 248, Anm. 2 zitiert wird.

18 Die Nr. 247 (1006) aus den *Monuments historiques. Cartons des Rois*, Paris 1866, von J. Tardif ist eine Fälschung aus dem Ende des 11. Jahrhunderts. (J. Favier, *La fabrication d'un faux à Saint-Maur-des-Fossés vers la fin du XI^e siècle*, Bibliothèque de l'Ecole des Chartes, 1961).

19 Das 1008 von Robert II. für Saint-Denis ausgestellte Diplom (Tardif, Nr. 249 = *Recueil des historiens des Gaules et de la France*, X, pp. 592

Im Westen Deutschlands tritt *feodum* zu Beginn des 11. Jahrhunderts hier und da auf, bezeichnet jedoch nicht ausschließlich vasallitische Leihen. Die Verfasser der Königs- oder Kaiserurkunden verwenden es bis zur Regierungszeit Heinrichs IV. – diese eingeschlossen – nie[20].

In der zweiten Hälfte des 11. Jahrhunderts ist das Wort in Nieder- und Oberlothringen allgemein verbreitet, hat aber noch nicht den Charakter eines *terminus technicus* erlangt. In einer Urkunde von 1087 aus dem Hennegau ist von einem *beneficium quod vulgo dicitur feodum*[21] die Rede, von einem „Benefizium, das in der Umgangssprache Lehen genannt wird".

In manchen Gegenden hatten *fevum, feodum, fief* oder *fieffe*, „Lehen" neben ihrer technischen noch eine umfassendere Bedeutung. So dienten sie in der Normandie, in der Bretagne, in Aquitanien, in der Gascogne, in der Gothie, in der Grafschaft Barcelona, in den Pyrenäischen Grafschaften und in der Gegend um Toulouse zur Bezeichnung von Leihen jeder Art. Um der größeren Klarheit willen gewöhnte man sich immer mehr daran, die vasallitische Leihe als *feodum militis*, d. h. als Ritterlehen zu spezifizieren. Auch in Nieder- und Oberlothringen sowie in anderen Teilen des damaligen Deutschland ist der Ausdruck *feodum militare* von jener Zeit an bekannt; sie diente damals zur besseren Unterscheidung zwischen einem echten Lehen und Leihen, die an bestimmte Dienstleute vergeben wurden. So berichtet uns die Chronik des

bis 594; Nr. 120 im Katalog von NEWMAN) ist eine Fälschung aus der Zeit um 1101 (L. LEVILLAIN, *Etudes sur l'abbaye de Saint-Denis à l'époque mérovingienne*, III, Bibliothèque de l'Ecole des Chartes, Bd. 87, 1926, p. 90–94).

[20] WAITZ, a. a. O. VI, zweite von Seeliger durchgesehene Auflage p. 132. Die Königs- oder Kaiserurkunden aus der Zeit nach Heinrich IV. wurden von uns nicht systematisch untersucht.

[21] C. DUVIVIER, *Actes et documents anciens intéressant la Belgique*, II, Brüssel 1903, Nr. 6, p. 18. Vgl. *loco beneficii sub nomine fedii* in einer Urkunde des Grafen Odo v. Vermandois (ais 1036–1043; F. VERCAUTEREN, *Note sur un texte du cartulaire d'Homblières*, Recueil ... offert à M. C. Brunel, Paris 1955, p. 655, Anm. 1); ich halte es aber nicht für ausgeschlossen, daß *sub nomine fedii* später in die Urkunde interpoliert wurde.

Klosters Sint-Truiden (frz. Saint-Trond), daß der Diener, der die Aufgabe hatte, den Mönchen zur Ader zu lassen, den Sattel und die Sporen des Abtes in Ordnung zu halten und andere niedere Dienste zu versehen, zwischen 1108 und 1136 Anspruch erhob — übrigens ohne damit durchzukommen — seine Dienstleihe *(terram . . . quae debet servire fratribus ad omnem minutionem sanguinis)* als freies Ritterlehen zu halten, *pro libero militari feodo*[22]. In England nahm *feudum*, das nach der Eroberung anscheinend als *terminus technicus* verwendet wird, schon früh die Bedeutung einer freien vererblichen Leihe an. Daher betont man auch allgemein, daß ein Vasall sein Land *per militare servitium (in knight's service)* besitzt, und aus demselben Grund gebraucht man im 12. und vor allem im 13. Jahrhundert in steigendem Maße die Wendung *feudum militis (knight's fee)* zur Bezeichnung der freien vasallitischen Leihe.

Manchmal benutzte man an Stelle des *terminus technicus* lieber eine Umschreibung; man sprach von einer Leihe *iure militari*, „nach Vasallenrecht", *iure feodario*, „nach Lehnrecht", und das Gut selbst bezeichnete man als *terra feodalis*, als „Lehnsland"[23].

Neben *beneficium* und *feudum-feodum* wurden zur Bezeichnung des Lehens noch andere, besonders allgemeine Wendungen benutzt, die dem Begriff der Leihe entsprachen; so das bereits zur Karolingerzeit bekannte *casamentum*[24], dann *tenementum, tenura* und vor allem *liberum tenementum*. Diese kommen in England im 12. und 13. Jahrhundert häufig vor. In solchen Fällen ergibt sich aus dem Zusammenhang, daß diese Umschreibungen *pro subjecta materia* stehen, um die Leihe eines Vasallen zu bezeichnen. So wird z. B. in den englischen Quellen ein *liberum tenementum*, eine

[22] *Gesta abbatum Trudonensium*, IX, 12, hg. v. R. Koepke, MG. SS. X, p. 284, oder in d. Ausg. v. C. de Borman, *Chronique de l'abbaye de Saint-Trond*, I, Lüttich 1877, p. 151—152.

[23] Duvivier, *Hainaut ancien*, II, Nr. 105, p. 512 (a^is 1114—1115); nicht herausgegebene Texte aus dem Hennegau von 1216 und 1251, die Didier in *Droit des fiefs*, p. 7, Anm. 41 und p. 2, Anm. 5 zitiert.

[24] Z. B. Brief Fulberts v. Chartres an Wilhelm v. Aquitanien. Siehe oben, p. 87, Anm. 30.

freie Leihe, in Beziehung gesetzt zum *servitium militis*, zum Ritterdienst.

Besonders deutlich wird die damalige Rückständigkeit der deutschen Terminologie an Hand eines bekannten Ereignisses während des Reichstages, den Friedrich Barbarossa 1157 in Besançon in seinem Königreich Burgund abhielt. Päpstliche Legaten hatten einen Brief des Papstes Hadrian IV. überbracht, in dem dieser gegen den deutschen Herrscher Vorwürfe erhob und gleichzeitig in bezug auf die durch ihn vollzogene Krönung Friedrichs zum Kaiser diesem versicherte, daß er ihm mit Freuden noch *maiora beneficia* hätte zukommen lassen. Wahrscheinlich war man in Rom, wo der deutsche Gebrauch von *beneficium* bekannt war, auf den Gedanken gekommen, mit dem Doppelsinn des Wortes zu spielen. Offiziell waren jedoch eindeutig „größere Wohltaten" gemeint. Denn das Wort wurde in der päpstlichen Kanzlei in diesem Sinne gebraucht. Friedrichs berühmter Kanzler und zukünftiger Erzbischof von Köln Rainald von Dassel übersetzte diese Stelle – wahrscheinlich mit Absicht – anstatt mit „Wohltat" mit „Lehen", welches in Deutschland normalerweise *beneficium* entsprach. Dadurch wurde der Eindruck erweckt, der Papst behaupte, er habe die Kaiserwürde zu Lehen vergeben. Ein paar Äußerungen eines der Legaten verstärkten diesen Eindruck noch. Daraufhin gerieten die deutschen Fürsten in große Aufregung, und hätte der Kaiser nicht Einhalt geboten, so hätte einer von ihnen, der Pfalzgraf Otto von Wittelsbach, dem Legaten Roland Bandinelli, dem zukünftigen Papst Alexander III., den Schädel gespalten[25].

## *Lehnsobjekt*

Das Lehen bestand meist aus Ländereien von unterschiedlicher Ausdehnung: sie konnten den Umfang großer Gebiete haben oder sich auf einige Hufen oder Morgen beschränken. Sogar ein Schloß unabhängig von Grund und Boden konnte Lehnsobjekt sein. Im Hennegau wurde z. B. in der zweiten Hälfte des 12. Jahrhunderts jedes Schloß vom Grafen zu Lehen gehalten, selbst wenn

[25] Otto v. Freising, *Gesta Friderici*, Fortsetzung von Rahewin, III c, 9, 10, 11 u. 17, hg. v. Waitz u. von Simson, pp. 174—179, 187—189.

es auf einem Lehen erbaut war, das nicht aus der Hand dieses Fürsten stammte oder auf einem Allod[26]. Darüberhinaus konnten eine Würde, ein Amt, ein Recht Gegenstand der Belehnung sein. Die französischen „Territorialfürsten“, die durch Usurpation Amtsnachfolger der Vertreter der karolingischen Reichsgewalt geworden waren, hatten ihre Herrschaftsbefugnisse vom König zu Lehen. Lehen dieser Art nannte man in Frankreich schon sehr früh *fiefs de dignité*. Ebenso ist die Lage in Deutschland bei den Herzögen, bei zahlreichen Markgrafen und Grafen, bei den Reichsbischöfen und bei manchen Reichsäbten und Reichsäbtissinnen. In der zweiten Hälfte des 12. Jahrhunderts versuchte Friedrich Barbarossa, den Staat auf lehnrechtlicher Grundlage zu reorganisieren, und von diesem Augenblick an besaßen die Reichsfürsten des neuen Reichsfürstenstandes, der größte Teil der Bischöfe und einige Äbte, die Herzöge, die meisten Markgrafen und wenige Grafen ihre Herrschaftsgewalt als Lehen aus der Hand des Königs. Diejenigen Markgrafen und Grafen, die nicht zum Reichsfürstenstand zugelassen waren, hatten ihre Herrschaftsgewalt vom König in Unterleihe. Aber neben diesen hohen Gewalten, die stets öffentlich-rechtlicher Herkunft waren, wurden zahllose Ämter und zahllose Rechte „verliehen“: Marktgebühren, Zollrechte, Münzrechte, Gerichtsbarkeiten, die Ämter von Burggrafen, Vögten, Meiern, Verwaltern von Gerichtsbarkeiten, Steuereinehmern etc.

Wenn das Lehnsobjekt in all diesen Fällen auch kein Grundstück war, so war doch meistens mit der Belehnung jeweils die Vergebung eines Gebietes oder eines kleineren Stück Landes verbunden: der König von Frankreich vergab die Grafschaft Flandern, der deutsche König das Herzogtum Brabant, der Graf von Flandern verlieh die Kastellanei Brügge, ein Kloster verlieh etwa die Vogtei über eine bestimmte Anzahl von Gütern. Irgendjemand hatte eine bestimmte Herrschaft zu Lehen, einen bestimmten Marktzoll, einen bestimmten Brückenzoll, das Amt des Meiers in einem bestimmten Dorf oder das Heimfallsrecht an einem bestimmten Ort.

Es war jedoch durchaus möglich, daß weder ein Gebiet noch ein kleineres Stück Land mit der Belehnung verbunden war und daß

[26] Giselbert von Mons, *Chronique*, c. 43, hg. v. Vanderkindere, p. 75.

das Lehensobjekt in einem Recht auf ein Einkommen bestand, auf eine regelmäßig zu zahlende Summe, auf eine Rente, wie man vom 13. Jahrhundert an sagen wird. Dies war das sogenannte *feodum de bursa,* das „Kammerlehen", frz. *fief de bourse.* Die Feudisten, d. h. die Rechtsgelehrten, die sich in ihren Werken mit der Rechtslage der Lehen beschäftigten, werden in Frankreich zuweilen den Ausdruck *fiefs de revenue*[27] benutzen. Manchmal begegnet der Begriff *fief-rente,* Rentenlehen.

In Niederlothringen werden Lehen dieser Art am Ende des 10. Jahrhunderts, in anderen Teilen des deutschen Reiches und in Frankreich – vor allem in Flandern – im 11. Jahrhundert verliehen. Eines der ältesten Beispiele aus Flandern datiert von 1087. Vertragspartner sind hier der Abt von Saint-Bertin einerseits und Arnulf und sein Bruder Gerbodo, der Vogt des Klosters, andererseits: *homines nostri manibus effecti quatuor marchas argenti, unusquisque videlicet duas, et hoc constituto tempore, id est in festivitate Sancti Micaelis, in benefitium singulis annis recipiunt*[28], „nachdem sie durch Handgang unsere Vasallen geworden sind, erhält jeder von ihnen jedes Jahr zu einer bestimmten Zeit, d. h. am Michaelistag, zwei Mark in Silber als Lehen." Niemand machte von Kammerlehen in so großem Umfang und so systematisch Gebrauch wie die englische Monarchie unter den normannischen und angevinischen Königen. Eines der ältesten in allen Einzelheiten bekannten Beispiele betrifft das Kammerlehen des Grafen von Flandern. Gegenstand des Vertrages von 1101 zwischen Heinrich I. und Graf Robert II. ist die jährliche Zahlung von 500 englischen Pfund an Robert: *propter praedictas conventiones et praedictum servitium dabit rex Henricus comiti R. unoquoque anno CCCCC libras anglorum denariorum in feodo.* Mittels derartiger Belehnungen gelang es der englischen Monarchie vor allem im 12. und 13. Jahr-

[27] François Ragueau und Eusèbe de Laurière, *Glossaire du droit françois,* Paris 1704, sub v°.

[28] B. Guérard, *Cartulaire de Saint-Bertin,* Paris 1841, p. 202; vgl. D. Haigneré, *Les chartes de Saint-Bertin,* I, Saint-Omer 1886, Nr. 85, p. 33. Gerbodo war 1066 mit Wilhelm dem Eroberer nach England gefahren; er wurde dort nach der Eroberung Graf von Chester, blieb es jedoch nur einige Jahre.

hundert, eine beachtlich große Zahl von französischen und deutschen Fürsten und anderen Herren – vor allem aus Flandern und Niederlothringen – zu ihren Vasallen zu machen. Der erste französische König, der unseres Wissens Kammerlehen vergab, war Ludwig VII.[29]. Seine Nachfolger betrieben von dem Augenblick an, als sie auf Grund finanzieller Einkünfte dazu in der Lage waren, d. h. seit Philipp-August, dieselbe Politik.

Man kannte verschiedene Formen von Kammerlehen. Entweder wurde dem Vasallen eine Geldsumme angewiesen, mit der er ein Gut oder ein Recht erwerben sollte, das ihm ein regelmäßiges Einkommen gewährleisten konnte. Dies war der Fall bei Richard von Orcq, einem Vasallen des Grafen Balduin V. von Hennegau, dem sein Herr *200 libras . . . ut in feodum ligium eas converteret* anvertraute, also „zweihundert Pfund, die er in ein ligisches Lehen umwandeln sollte". Das Lehen konnte ebenfalls in einem festen Einkommen bestehen, das aus einer ganz bestimmten Einnahmequelle erworben wurde: so etwa das Lehen, das derselbe Graf an Balduin von Neuville vergab und das in Form einer jährlichen Rente von dreißig Pfund auf das *winagium* (ein Wegezoll) von Maubeuge angewiesen wurde, *unde ei winagio Melbodiensi 30 libras annuatim assignavit.* Meistens war das Kammerlehen jedoch nicht an eine besondere Einkommensquelle gebunden; Gegenstand der Belehnung war dann eine Anweisung auf den Kronschatz. Dies war gemeinhin der Fall bei Lehen, die von Königen an Fürsten oder an ausländische Adlige vergeben wurden: so etwa die hundert Mark Sterling jährlichen Einkommens, die die Grafen Balduin IV. und Balduin V. von Hennegau im 12. Jahrhundert vom englischen König als Lehen erhielten: *ei super 100 marchis sterlingorum magno pondo annuatim habendis hominium fecit . . . sicut ejus pater ab ipso rege et ab ejus avunculo Henrico rege Anglie infeodatus fuerat*[30].

Die französischen Feudisten bezeichneten manchmal alle Lehen, deren Objekt unkörperlich war, als *fiefs en l'air.* Auf Grund man-

[29] Vertrag von 1101, c. 18, siehe oben, p. 92 u. Anm. 44. A. Luchaire, *Etude sur les actes de Louis VII,* Paris 1885, P. J. Nr. 353, 1155–1156.

[30] Giselbert von Mons, Chronique, c. 115 u. 69, hg. v. Vanderkindere pp. 175 u. 109.

gelnder Eindeutigkeit konnte sich dieser Ausdruck jedoch nie allgemein durchsetzen[31].

Sehr verbreitet war im 10. und 11. Jahrhundert die Verleihung von Kirchen – Klöstern, *altaria,* d. h. Pfarrkirchen, sowie Kapellen – an weltliche Vasallen gleich welcher Stellung, um diese in den Genuß der Einkünfte aus den dazugehörigen Gütern, aus der dazugehörigen Dotation oder direkt aus der Ausübung des Amtes (Zehnt, Opfergaben der Gläubigen) zu setzen. Einkünfte kirchlicher Herkunft und vor allem der Zehnt gehörten denn auch zu den begehrtesten Lehnsobjekten. Beinahe jeder König, jeder Fürst und – wenn sie Gelegenheit dazu hatten – auch andere Herren haben ihre Vasallen mit Kirchen oder mit Einkünften kirchlicher Herkunft belehnt. Häufig finden sich in den Privaturkunden Klauseln wie die, die sich auf die Rückerstattung der Kirche von Chouzy im Blésois an das Kloster Marmoutier wahrscheinlich 1033 durch den Grafen Odo II. von Blois und Chartres bezieht: *Alanus, Britannorum comes clarissimus et Eudo, frater eius qui de me praedictam ecclesiam in beneficio tenebant, pro lucro aeternae hereditatis consenserunt,* „der hochedle Graf Alanus von Bretagne und sein Bruder Odo, die von mir die obengenannte Kirche als Benefizium hielten, haben ihre Einwilligung gegeben, um dafür das ewige Heil zu erlangen“[32]. Durch die Gregorianische Reform verschwand diese Art von Belehnungen zwar nicht völlig, wurde jedoch – je nach Land in verschieden starkem Umfang – beträchtlich reduziert. Zu Beginn des 12. Jahrhunderts häufen sich die Fälle, in denen Vergabungen von Kirchengut an Laien rückgängig gemacht wurden oder Anlaß zu Zwistigkeiten gaben, die dann meistens durch irgendein Übereinkommen beigelegt wurden. So kommt z. B. das Kloster Montiérender in der Champagne 1114 durch Eingreifen des Bischofs von Troyes wieder in den Besitz der Kirche von Ceffonds (Haute-Marne). Einer der Vorgänger des Bischofs hatte eigenmächtig über die Kirche verfügt *(violentia cujusdam mei predecessoris injuste sibi ablatum,* sagt die Urkunde)

[31] Brussel, *Nouvel examen de l'usage général des fiefs en France,* I, Paris 1727, p. 397.

[32] *Gallia Christiana,* XIV, Instrument. eccl. Turonensis, Nr. 48, Sp. 68.

und sie an den Grafen von Brienne verliehen, und der hatte sie wiederum seinem Vasallen Engelbert zu Lehen *(in casamento)* gegeben. Bei derselben Gelegenheit erstattete der Graf von Brienne die Hälfte der Kirche von Sommevoire (Haute-Marne) zurück, die er ebenfalls vom Bischof zu Lehen hatte und die auch dem Kloster widerrechtlich abgenommen worden war. Einige Jahre später, 1128, übergibt der Graf von Flandern, Wilhelm von Normandie, der Kirche von Noyon-Tournai zwölf in Flandern gelegene Pfarrkirchen, die ein Bischof von Noyon dem Grafen Balduin IV. († 1035) zu Lehen gegeben hatte. Er berichtet über jene Belehnung sehr glaubwürdig: *optimates Flandrenses a comite petierunt ea sibi concedi in beneficium. Que accepta, optimates militibus sibi servientibus rursus in feodum distribuerunt,* „die Großen von Flandern – lies: die Hauptvasallen des Grafen – hatten den Grafen gebeten, sie ihnen in Benefizium zu geben; als die Großen sie erhalten hatten, verteilten sie sie als Lehen unter ihre eigenen Vasallen". So waren diese Kirchen zum Gegenstand dreier aufeinander folgender Belehnungen geworden. Durch den Tod des Grafen Wilhelm konnte die Wiedererstattung nicht durchgeführt werden, und so kam es, daß die Kirche von Noyon-Tournai noch um die Mitte des 12. Jahrhunderts nicht wieder im Besitz ihrer *altaria* war – sie bekam in der Folgezeit auch nur einige davon zurück[33]. Zu jenen Einkünften kirchlicher Herkunft, die die Fürsten und weltlichen Herren am längsten von allen bezogen haben, gehören die *decimae novalium,* der Zehnt von erst jüngst urbar gemachtem Land. In der Diözese Utrecht hielten mitten im 13. Jahrhundert der Graf von Geldern und der Graf von Holland – jeder innerhalb seiner Grafschaft – diesen Zehnt von der Kirche zu Lehen[34].

[33] C. Lalore, *Cartulaire de l'abbaye de la Chapelle-aux-Planches. Chartes de Montiérender,* etc., Paris 1878, Nr. 60, pp. 189 u. 190; Galbert von Brügge, *Histoire de meurtre de Charles le Bon,* c. 107, p. 154; *Historiae Tornacenses,* III, 9, hg. v. G. Waitz, MG. SS. XIV, p. 338.

[34] L. A. J. W. Sloet, *Oorkondenboek der graafschappen Gelre en Zutfen,* Den Haag, I, 1872—1876, Nr. 435, p. 443 (a^is^ 1213—1216); L. P. C. van den Bergh, *Oorkondenboek van Holland en Zeeland,* II, Amsterdam und Den Haag 1873, Nr. 431, p. 192 (a° 1281).

## *Verschiedene Arten von Lehen*

Bestimmte Lehen trugen besondere Bezeichnungen. Es mag hier genügen, das *feudum ligium* (das ligische Lehen) und das *feudum planum* oder *amplum* (das „einfache" Lehen) anzuführen, die den oben erwähnten Arten der Mannschaft entsprechen, die ebenso bezeichnet werden[35]. Dann gibt es solche, die *honor* genannt werden. Bekanntlich bezeichnet das Wort zur Karolingerzeit die öffentlichen Ämter und die Ämter von Laienäbten, deren Dotation in Benefizien bestand. Diese Tradition hat sich in Deutschland erhalten. Hier bezeichnete *honor* im 10., 11. und im 12. Jahrhundert nur die öffentlichen als Benefizien vergebenen Ämter unter Ausschluß der anderen Lehen. Bei Widukind und Thietmar trifft dies durchweg zu. Wenn Wipo berichtet, daß Kaiser Konrad II. 1027 seinen Vetter, den jüngeren Konrad, wieder in Gnaden aufnahm und *honorem suum sibi restituit,* so versteht er darunter dessen fränkische Grafschaften. Am Ende desselben Jahrhunderts spricht Lampert von Hersfeld von den *honores publicos* des Herzogs von Kärnten und meint damit das herzogliche Amt und die Grafschaften des Herzogs. Der Mönch aus Cambrai, der die Chronik der Abtei Saint-André du Cateau-Cambrésis zusammengestellt hat, bleibt als guter Niederlothringer diesem Brauch treu und verwendet den Ausdruck sogar in bezug auf die Grafschaft Flandern, die nicht zum Deutschen Reich gehörte: Robert der Friese, so sagt er, beklagte sich vor seinem „Staatsstreich" darüber, *se ... omni honore Flandriae exclusum esse,* „daß man ihn von der Herrschaft über die Grafschaft Flandern völlig ausgeschlossen hatte". Noch interessanter ist die Tatsache, daß der ehemalige Kanzler der Grafschaft Hennegau, Giselbert von Mons, als er berichtet, daß die Gräfin Richilde 1071 ihren Allodialbesitz im Hennegau an den Bischof Theoduin von Lüttich verkauft, von *tanta allodia tanto honore insignita,* von „so großen, durch ein so hohes Amt ausgezeichneten Alloden" spricht[36].

[35] Siehe oben, pp. 108—111.

[36] Widukind, II, 13, 25, pp. 78, 88, III, 21, 32, 50, pp. 115, 118, 129; Thietmar, I, 1, p. 5, II, 14, 26, pp. 54, 70, IV, 39, p. 176, V, 21. p. 245;

In Frankreich ist die Lage nicht eindeutig. Im 10. und 11. Jahrhundert scheint in den Urkunden des Languedoc *honor* die Ausstattung eines Amtes zu bedeuten, welches – öffentlich oder nicht – meistens zu Lehen vergeben wurde. Im 12. und 13. Jahrhundert bezeichnet das Wort jedoch nur noch eine Herrschaft, ja selbst eine allodiale Herrschaft. Im 11. Jahrhundert bezeichnet *honor* im Westen manchmal eine Grafschaft, die der Inhaber als Benefizium besitzt[37]. Meistens steht aber *honor* in den französischen Quellen synonym für *feodum*. Man verwendet es in erster Linie für Lehen von einer gewissen Bedeutung, jedoch nicht notwendig für ein *fief de dignité*, d. h. für ein Lehen, dessen Inhaber den Titel eines Vizegrafen, Grafen, Herzogs etc. trägt.

In England hat *honor* (engl. *honour*) seit der Eroberung, vor allem aber im 12. und 13. Jahrhundert einen ganz besonderen Sinn, und zwar bezieht sich das Wort hier auf einen ansehnlichen Komplex von Lehen, die ständig zusammen eine einzige Herrschaft bilden, welche sich im Besitze eines *baron* – eines Hauptvasallen des Königs – befinden und auf Grund deren der Besitzer zu bedeutenden militärischen Hilfeleistungen gegenüber dem Herrscher verpflichtet ist. In England war das Wort nie einfach ein Synonym für *feodum*. Interessanterweise macht Wace in seinem um 1160 geschriebenen *Roman de Rou* bei der Beschreibung der Geschenke Wilhelms des Eroberers an seine Kampfgenossen während der Eroberung einen Unterschied zwischen den den niederen Vasallen

WIPO, *Gesta Chuonradi imperatoris*, c. 21, hg. v. H. Breßlau, Hannover 1915, p. 41; *Lamperti Hersfeldensis Annales*, a° 1073, hg. v. O. Holder-Egger, Hannover 1894, p. 153; *Chronicon S. Andreae Castri Cameracensis*, II, 33, hg. v. L. C. Bethmann, MG. SS. VII, p. 537; GISLEBERT, *Chronique*, c. 8, p. 11.

[37] Languedoc: Ausstattung, siehe z. B. BRUNEL a. a. O., Nr. 1 (= DEVIC und VAISSETE, a. a. O., hg. v. Privat, V, Nr. 201, um 1034); „Herrschaft" s. z. B. HIGOUNET, a. a. O. P. J. Nrn. 3 u. 5, a^is^ 1199 u. 1261; C. DOUAIS, *Cartulaire de l'abbaye de Saint-Sernin de Toulouse*, Paris 1887, Nr. 260, a° 1128; GERMAIN, a. a. O. Nrn. 231 u. 556, a^is^ 1139 u. 1187. Für den Westen siehe MÉTAIS, *Cartulaire de la Trinité de Vendôme*, I. Nr. 6, kurz nach 1050.

versprochenen Rentenlehen und den *honores* (engl. „*honours*"), die er den Baronen versprochen hatte:

*Rentes promist a vavasors*
*E as barons promist enors*[38]

In den Gebieten links und rechts der Rhône, im Languedoc, im Gebiet zwischen den Pyrenäen und der Garonne begegnet seit dem 12. Jahrhundert ein ganz bestimmter Typ privilegierter Lehen, französisch *franc fief*, also Freilehen *(feudum liberum, feudum francum, feudum honoratum)* genannt. Ein Vasall, der 1181 erklärte, er werde für ein bestimmtes Lehen *secundum consuetudinem et racionem feudi honorati*, „nach dem Brauch und den Regeln des Freilehens" Dienst leisten, wußte genau, daß diese Begriffe seinen Zeitgenossen bekannt waren. Im allgemeinen war der Vasall, der ein Freilehen hatte, zu nichts anderem verpflichtet als seinem Herrn die Treue zu halten und ihm seine Burg, wenn eine solche zum Lehen gehörte, zur Verfügung zu stellen. Die Bedingungen, die Wilhelm VII., Herr von Montpellier, Peter von Sauteyrargues 1168 für ein aufgetragenes Freilehen *(feudum honoratum)* stellte, können wir wohl als Beispiel für viele andere ansehen: *et aliud servicium ... non teneris facere sed fidelis semper esse mihi debes*, „du brauchst mir keinen anderen Dienst zu leisten als den immerwährender Treue". Wenn wirklich Waffendienst verlangt wurde, dann nur unter genau geregelten Bedingungen; so wurde etwa die Überlassung der Burg an den Herrn oder Waffenhilfe gegen einen ganz bestimmten Feind vereinbart[39]. Der Waffendienst erfuhr also eine erstaunliche Einschränkung und verschwand teilweise sogar völlig. Vielleicht läßt sich diese Tatsache durch den Umstand er-

[38] III, V. 6371—6372, hg. v. Andresen, Heilbronn, 1879, II, p. 282.

[39] Die beiden angeführten Beispiele stammen aus L. Cassan und E. Meynial, *Cartulaire de l'abbaye d'Aniane*, Montpellier 1900, Nr. 23, a° 1181 und Germain, a. a. O. Nrn. 312 u. 313, a° 1168. Dienst: für das östliche Languedoc, ebda. Nr. 556, a° 1187; für die Dauphine, U. Chevalier, a. a. O. Nrn. 9 u. 29, a^is 1168, 1220; für das Forez, G. Guichard, Comte de Neufbourg, E. Perroy, J. E. Dufour, *Chartes de Forez*, III, Mâcon 1934, Nrn. 303—304, a° 1180. Siehe oben, pp. 82 u. 98.

klären, daß ein Vasall bei seiner Belehnung etwa einem unbemittelten Herrn seine Bedingungen aufzwingen konnte. Jedenfalls begegnet das *franc fief* in dieser Ausprägung nur in Südfrankreich und im Königreich Burgund (oder Arelat).

Weiter findet man *feodum loricae,* nach dem langen Panzerhemd, welches zwischen dem 10. und dem 13. Jahrhundert den wesentlichen Teil der Schutzrüstung des Ritters darstellt, französisch *fief de haubert* genannt. In den Gegenden Frankreichs, in denen dieser Ausdruck vorkommt, vor allem in der Normandie, handelt es sich um das Lehen des Vasallen, der zum Waffendienst eine vollständige Ausrüstung stellen muß, zu der auch ein Panzerhemd gehört. In England scheinen diese Wendungen dagegen dieselbe Bedeutung gehabt zu haben wie *feodum militis,* Ritterlehen, frz. *fief de chevalier* – übrigens werden sie auch in Frankreich zuweilen in diesem Sinne verwendet. In Deutschland gibt es Lehen, die als *beneficium castrense, beneficium castellanum,* als Burglehen bezeichnet werden. Sie gehören einem Vasallen, der auf der Burg seines Herrn die Burghut versieht.

Der Ausdruck *vavassoria, feodum* oder *terra vavassoris,* das Lehen oder das Land des *vavassor,* ist ebenso vieldeutig wie *vavassor* selbst. Bekanntlich wurde anfangs der Untervasall *vavassor* genannt, später meistens ein Vasall niederen sozialen Ranges, in Norditalien etwa der Untervasall der Krone. In einem Großteil Frankreichs bezeichnete das Wort den Vasallen, der zum Waffendienst keine vollständige Ausrüstung zu stellen hatte, in der Normandie und kurz nach der Eroberung in England den freien zum Kriegsdienst verpflichteten Mann, der nicht einmal notwendig Vasall sein mußte. Im 12. Jahrhundert bezeichnete übrigens die englische *vavassoria* einfach das bescheidene Lehen eines „durchschnittlichen“ Ritters.

Wenn man die *vavassoria* in der Normandie und in England – aber dort noch eher als hier – nicht unbedingt als Lehen in unserem Sinn ansehen kann, d. h. als Leihe zwecks Ausstattung eines Vasallen, so ist dies noch deutlicher der Fall bei der französischen *sergenterie (serjanteria)* und dem deutschen „Dienstlehen“. Sie werden in den Quellen oft als *feodum* bezeichnet; hierbei haben Nachahmungstrieb und soziales Geltungsstreben zweifellos eine

Rolle gespielt. Denn es handelt sich um Leihen, die zunächst als Entlohnung der Dienstleute auf den Gütern oder im eigenen Hause, der unfreien Ritter, der *servientes,* der *ministeriales* gedacht waren. Zweifellos wurden jedoch im 12. Jahrhundert sehr viele französische *sergenteries* für echte Lehen gehalten; die englischen *sergenteries,* die *per serjenteriam (in serjeanty)* gehaltenen Ländereien, muß man als echte Lehen ansehen, wenngleich auf niedererer Stufe stehend als die Ritterlehen. In Deutschland haben die Lehen der Ministerialen, die „Dienstlehen", in der Praxis dieselbe Entwicklung durchgemacht, obwohl der Sachsenspiegel sich noch zu Beginn des 13. Jahrhunderts weigert, sie als echte Lehen anzuerkennen[40]. Man kam jedoch auf beiden Seiten schließlich dahin, diese verschiedenen Dienstleihen als echte Lehen anzusehen, wenngleich nur als Lehen niederen Ranges. Für das 12. und 13. Jahrhundert – die Juristen vielleicht ausgenommen – war das wesentliche Kriterium des echten Lehens wahrscheinlich dann vorhanden, wenn die Leihe an eine Person vergeben war, die im Ritterstande lebte, und wenn diese Leihe zinsfrei war.

Die Besonderheit mancher Lehen ergab sich aus den Umständen ihrer Entstehung. Den bedeutendsten Platz nimmt das „aufgetragene Lehen" ein *(feudum oblatum,* frz. *fief de reprise).* In der Zeit vom 9. bis zum 12. Jahrhundert findet man Lehen dieser Art in sehr großer Zahl. In den meisten Fällen entstand das aufgetragene Lehen auf folgende Weise: der Eigentümer eines Allods trat dieses durch die *werpitio* (frz. *déguerpissement*) ab, d. h. in der feierlichen Form der Abtretung eines Rechtes an einen anderen. Dann wurde er – wenn er es nicht schon vorher war – durch Leistung von Mannschaft und Eid Vasall dieses anderen und erhielt daraufhin dasselbe Gut zu Lehen. Ein solches Vorgehen konnte die verschiedensten Gründe haben: man konnte sein Allod entweder freiwillig an einen anderen abtreten, um sich unter dessen Schutz zu stellen, oder aber unter Zwang. Ebenso konnte die Eigentumsaufgabe mit dem Verkauf eines Allods einhergehen. Ein ausgezeichnetes Beispiel hierfür liefern die Ereignisse, die 1071 den Status des Hennegaus veränderten, nachdem Robert der Friese die Graf-

[40] *Lehnrecht* 63, 1, hg. v. K. A. Eckhardt², pp. 81–82.

schaft Flandern an sich gerissen hatte. Gräfin Richilde von Flandern und Hennegau, Witwe des verstorbenen Grafen Balduin VI. und Mutter des im Kampfe gefallenen Grafen Arnulf III. und des jungen Balduin II., des Grafen von Hennegau und Anwärter auf den Titel des Grafen von Flandern *allodia sua omnia in Hanonia sita episcopo Leodiensi ... danda obtulit, ut ... accepta ab eo pecunia, stipendiarios ... contra ... Robertum conduceret. Theoduinus autem episcopus ... tanta allodia tanto honore insignita gratanter suscepit, que quidem ipsi Richeldi et ejus filio Balduino in feodo ligio tenendo concessit, maximamque pecuniam proinde eis tribuit.* „trat alle ihre im Hennegau gelegenen Alloden an den Bischof von Lüttich ab, um mit dem Geld, das sie von ihm erhielt, Söldner für den Kampf gegen Robert anwerben zu können. Bischof Theoduin übernahm gern diesen großen, durch das hohe Amt ausgezeichneten Allodialbesitz und vergab ihn dann als ligisches Lehen an Richilde und Balduin und zahlte ihnen hierauf eine sehr hohe Summe aus." Wenig später wurde sogar ausgemacht, daß *si aliquod allodium intra terminos sui comitatus ... sibi in proprietatem acquisierit ipse statim ea ab episcopo Leodiensi cum alio feodo suo tenet,* „wenn der Graf von Hennegau die Eigentumsrechte an irgendeinem im Hennegau gelegenen Allod erwerben sollte, so würde dieses Allod im selben Augenblick Teil seines vom Bischof von Lüttich gehaltenen Lehens werden": jedes vom Grafen erworbene Allod wurde also voll rechtsgültig in ein aufgetragenes Lehen verwandelt[41]. Ein sehr interessanter Fall ist der des Grafen von Loon, der 1203 dem Bischof von Lüttich, von dem er seit der Zeit vor 1190 seinen *comitatus,* sein Grafenamt zu Lehen hatte, seine Alloden als Lehen auftrug. Der Bischof von Lüttich, Hugo von Pierrepont, berichtet folgendermaßen über den Vorgang: *Notum sit ... quod Lodowicus, comes de Los ... quia et nos cuius erat ipse homo legius ... propitios ... senserat, ecclesie nostre contradidit castrum de Montegni cum omni territorio ... similiter et castrum de Brusteime cum omni territorio suo ... et allodium etiam de Halud cum munitione eius cum omni etiam territorio suo ... et totum allodium de Tessendrelos ... et allodium et castrum de*

GISELBERT, *Chronique,* c. 8, p. 11, c. 9, p. 14.

*Luman . . . ipse comes in manus nostras reportavit; et hec omnia supradicta in feodum recepit a nobis;* „man wisse, daß Graf Ludwig von Loon, der unser ligischer Vasall war und der wußte, daß wir ihm gewogen waren, unserer Kirche die Burg Montenaken mit dem ganzen dazu gehörenden Gebiete gab, ebenso die Burg Brustem mit ihrem ganzen Gebiet, dazu das Allod Hasselt mit der zugehörigen Befestigung und ihrem Gebiet, auch das ganze Allod Tessenderlo und das Allod und die Burg Lummen; der Graf legte alle die genannten Güter in unsere Hände und empfing sie von uns zu Lehen“[42]. Und hier noch ein Beispiel aus einem berühmten literarischen Werk des 11. Jahrhunderts, aus dem Rolandslied. Es handelt sich um das Angebot, welches Marsilius Karl dem Großen durch Ganelon machte.

*Quant ço vos mandet li reis Marsiliun*
*Qu'il devendrat jointes ses mains tis hom*
*Et tute Espaigne tendrat par vostre dun*[43].

Deutlicher hätte man nicht sagen können, daß Spanien im Falle einer Annahme ein aufgetragenes Lehen geworden wäre.

Ähnlich wie bei der Lehnsauftragung liegt der Fall dort, wo ein Vasall sein Lehen seinem Herrn zurückgab, dieser eine andere Person damit investierte und der ursprüngliche Inhaber nun Vasall des neuen wurde und von diesem das Lehen hielt. Hinter ähnlichen Regelungen konnten sich die verschiedensten Vereinbarungen zwischen den drei Parteien verbergen: Abmachungen politischer Art, Geldgeschäfte usw. Gräfin Richilde von Hennegau gab 1071 dem deutschen König Heinrich IV. alle Lehen zurück, die sie von ihm inne hatte *(omnia feoda que comes hanoniensis ab eo tenebat),* und zwar an erster Stelle das Amt des Grafen von Hennegau und die Würde des Laienabtes und Vogtes der Abtei Sainte-Waudru zu Mons *(abbatiam et advocatiam Montensis ecclesiae et justiciam comitatus Hanoniensis).* Der König gab diese Ämter der Kirche

[42] E. Poncelet, *Actes des princes-évêques de Liege. Hugues de Pierrepont,* Brüssel 1946, Nr. 11, pp. 10—11.

[43] Vers 222—224, *La Chanson de Roland publiée d'après le manuscrit d'Oxford et traduite par* J. Bedier, Paris 1922, p. 18.

von Lüttich zu Lehen. Herzog Gottfried der Bucklige von Niederlothringen *miles effectus est domni episcopi ... accepto ab eo hoc beneficio,* „wurde Vasall des Bischofs und empfing von ihm dieses Benefizium". Richilde wiederum, *ducis effecta, hoc idem accepit a duce beneficium,* „erhielt, nachdem sie Vasall des Herzog geworden war, von diesem dasselbe Benefizium". Dieser ganze Vorgang läßt natürlich vermuten, daß der Bischof von Lüttich sowohl den König als auch Richilde mit Geld zur Einwilligung bewogen hat[44]. Der Graf von Hennegau wurde auf diese Weise vom Königsvasall zum Unteruntervasall der Krone, und nach dem Tode Gottfrieds, der ohne Nachfolger starb, wurde er Untervasall der Krone. Ein anderes Beispiel, diesmal aus Frankreich, und zwar aus dem 11. Jahrhundert, betrifft die Grafschaft Vendôme, welche ein Kronlehen war. Der junge Graf Burchard und die Gräfin Adele, seine Mutter, gaben sie an König Heinrich I. zurück. *Eo quidem pacto Gaufredus comes a rege percepit honorem quatenus et mater et puer ejus ab eo tenerent quod et factum est*[45]; „Graf Gauzfried (frz. *Geoffroy,* genannt „Martel" von Anjou) empfing das Lehen vom König unter der Bedingung, daß Mutter und Sohn (der junge Graf von Vendôme) es von ihm halten sollten; und so geschah es".

Ein weiterer Lehnstyp, der ebenfalls durch die Art und Weise seiner Entstehung geprägt wurde, ist das als dingliche Sicherheit dienende Lehen. Vor allem in den letzten Jahrhunderten des Mittelalters kam es häufig vor, daß ein Schuldner seinen Gläubiger mit einem Gut belehnte, um ihm ein unbewegliches und einträgliches Pfand in die Hand zu geben. Ein solches Lehen wurde Pfandlehen (frz. *engagère*) genannt. Es konnte auf zwei verschiedene Weisen geschaffen werden, entweder durch Verleihung eines Allods oder durch Weiterverleihung eines Gutes, das der Schuldner selbst zu Lehen hatte. Im zweiten Fall war es in der Regel erforderlich, die Zustimmung des Lehnsherrn einzuholen. Ein ausgezeichnetes Beispiel hierfür liefert Giselbert von Mons; und zwar handelt es sich um einen Konflikt zwischen dem Grafen Heinrich dem Blinden

[44] Giselbert, *Chronique,* c. 8, p. 12; *Notitia* der Verleihung, hg. v. Weiland, MG. *Constitutiones* I, Nr. 441, p. 650.

[45] Métais, *Cartulaire de la Trinité de Vendôme,* Nr. 6.

von Namur und dem Grafen Balduin V. von Hennegau aus dem Jahre 1188. Der erstere der beiden Fürsten wendete sich mit der Bitte um ein Darlehen an den jungen Herzog Heinrich I. von Brabant, den sein Vater Gottfried III. bereits an der Regierung teilnehmen ließ: *Ibique duci juniori comes Namurcensis ... totam terram suam ex hac parte Mose et Sambre vadio tenendam concessit, tam in feodis quam in allodiis pro 5 milibus marcis*[46], „und da trat der Graf von Namur sein gesamtes auf dieser Seite (d. h. auf dem linken Ufer) der Maas und der Sambre gelegenes Gebiet, die Lehen ebenso wie die Alloden, zum Pfand für eine Summe von fünftausend Mark an den jungen Herzog ab". Wenn der Lehnsherr als Schuldner die Forderung seines Vasallen, seines Gläubigers beglich, so mußte dieser auf sein Pfandlehen verzichten.

### *Die Investitur*

Bekanntlich war nach den Rechtsvorstellungen des frühen und hohen Mittelalters eine handhafte Handlung erforderlich, um ein – wir würden sagen – dingliches Recht zu begründen oder zu übertragen: eine handhafte, beinahe immer versinnbildlichende Handlung. Im Falle der Belehnung war diese symbolische Handlung, durch die die Belehnung vollzogen wurde, die Investitur: *vestitura* oder *investitura*, frz. *investiture*, mittelniederländisch *verlei*, deutsch auch „Lehnung". Sie folgte auf Mannschaft und Treueid und wurde sehr oft unmittelbar danach vollzogen. In Norditalien, wo bekanntlich nur ausnahmsweise Mannschaft geleistet wurde, fand sie dagegen im allgemeinen vor dem Treueid statt[47].

Galbert von Brügge berichtet, wie die Vasallen des verstorbenen Grafen von Flandern in die Vasallität des neuen Grafen, nämlich Wilhelms von Normandie, eintraten und fährt folgendermaßen fort: *Deinde virgula, quam manu consul tenebat, investituras donavit eis omnibus, qui hoc pacto securitatem et hominium simulque juramentum fecerunt*[48]; „dann gab der Graf mit dem Stab,

[46] *Chronique*, c. 148, p. 228.
[47] *Constitutiones Feudorum*, Antiqua VIII, 7, hg. v. Lehmann, p. 120.
[48] Galbert, c. 56, p. 89. Siehe oben, pp. 72–73.

den er in der Hand hielt, allen denen, die durch diesen Vertrag Sicherheit versprochen, Mannschaft geleistet und gleichzeitig den Eid geschworen hatten, die Investitur." Eine andere sehr lebendige Beschreibung des Zeremoniells bei der Investitur gibt der Dichter Jean Bodel, der im 12. Jahrhundert in Arras lebte, in seiner *Chanson des Saisnes* („Lied der Sachsen"). Er berichtet, wie Karl der Große, nachdem er Hulde und Mannschaft von Berardus von Montdidier entgegengenommen und ihm das *osculum* gegeben hat, ihn mit seinem Lehen durch Übergabe einer Fahne investiert:

*Berars de Monsdidier devant Karle est venuz;*
*A ses piez s'agenoille, s'est ses hom devenuz;*
*L'ampereres le baise, si l'a relevé suz;*
*Par une blanche ansaigne, li est ses fiez renduz*[49].

Die Investitur bestand also in der Übergabe eines sinnbildlichen Gegenstandes durch den Herrn. Dieser konnte Handlungssymbol oder Gegenstandssymbol sein. Im ersten Falle dient der Gegenstand zur Veranschaulichung des vom Herrn vorgenommenen Aktes der Verleihung und bleibt im Besitz des Herrn. Solche Symbole waren etwa das Szepter, der Stab, ein goldener Ring, ein Messer, ein Handschuh usw.; wenn es sich um einen Gegenstand von geringem Wert handelte (wie z. B. um ein Messer), so wurde dieser bisweilen zerbrochen. Der Graf von Flandern bedient sich 1127 bei allen Investituren, die er vornimmt, seines Stabes; dieser bleibt also in seinem Besitz, er ist Handlungssymbol. Im zweiten Fall beläßt der Herr den Gegenstand als Symbol für das Lehen selbst in den Händen des investierten Vasallen. Gegenstandssymbole waren etwa ein Zweig, eine Handvoll Erde oder Rasen, eine Lanze, eine oder mehrere Fahnen, für die Investitur mit den Bistümern der Reichskirche vor dem Wormser Konkordat der Bischofsstab, usw. Als z. B. 1004 der deutsche König Heinrich II. seinen Schwager Heinrich von Luxemburg zu Regensburg mit dem Herzogtum Bayern belehnte, *militi suimet generoque Heinrico ... cum ... hasta signifera ducatum dedit,* „übertrug er",

[49] *Jean Bodels Saxenlied,* hg. v. F. Menzel u. E. Stengel, Marburg 1906, III, Vers 1151 f.

wie Thietmar von Merseburg[50] berichtet, „seinem Vasallen und Schwager Heinrich das Herzogtum Bayern durch Überreichung einer Fahne".

Die Investitur „bekleidete" den Vasallen mit dem Lehen. Durch sie wurde dem Vasallen die Lehnsgewere (*saisina,* frz. *saisine,* niederl. *weer* oder *were;* man findet auch *tenura,* frz. *tenure*) oder zumindest die Lehnsgewere in seiner Eigenschaft als Vasall eingeräumt. Mit anderen Worten, der Vasall besaß von dem Augenblick an, in dem er mit dem Lehen investiert wurde, und durch diese Investitur ein Recht am Lehen, und dieses Recht wurde juristisch gegen Anfechtungen von außen geschützt. Das Vorhandensein dieses Rechtsschutzes nähert die Gewere dem römischen Besitzrecht an. Tatsächlich wurde denn auch seit dem 12. Jahrhundert durch das Wiederaufleben des römischen Rechts im Abendland – zunächst in Italien[51], dann in Frankreich und später auch in anderen Ländern – die Gewere vom Besitzrecht durchdrungen, vor allem in bezug auf das Lehen. Im 14. Jahrhundert sprach ein Rechtsbuch in Flandern regelrecht vom „Besitz" *(possessien)*[52] des Lehens.

## *Urkunden*

In einigen Fällen ließen die Parteien einen Bericht über die Leistung von Treueid und Mannschaft und über den Akt der Belehnung niederschreiben. Solche Texte begegnen schon sehr früh und in allen Ländern in Form von einfachen Aufzeichnungen und Urkunden. So erfahren wir aus einer Notiz von der Art jener, die uns besonders deutlich Aufschluß über das Geschehen geben, daß Graf Theobald II. von Champagne 1143 Herzog Odo II. von Burgund zu Augustines an der Grenze beider Territorien Mannschaft leistete und bestätigte, daß er die Vogtei über die Abtei Saint-Germain zu Auxerre, eine Reihe von Gütern und Burgen sowie die

[50] *Chronicon,* VI, 3, hg. v. Holtzmann, p. 276.

[51] *Consuetudines Feudorum,* VIII, 3, 12 u. *passim,* hg. v. Lehmann, pp. 115—117, 123 u. *passim.*

[52] *Leenboek van Vlaenderen,* c. 9, hg. v. L. Gilliodts van Severen, *Coutumes du Bourg de Bruges,* III, Brüssel 1885, p. 210.

Grafschaft und die Stadt Troyes von ihm zu Lehen halte: *Notum sit . . . quod comes Theobaldus Blesiensium Odoni duci Burgundie apud Augustinam fecit hominium et cognovit quatinus abbatia Sancti Germani Autissiodorensis de feodo ducis erat et tenebat, et . . .* Quellen dieser Art finden sich indessen vor dem 13. Jahrhundert nicht sehr häufig. Von dieser Zeit an nimmt ihre Zahl in England, in den nieder- und oberlothringischen Fürstentümern und vor allem in Frankreich ständig zu. Manchmal händigte der Herr dem Vasallen eine Urkunde aus, die die Leistung von Treueid und Mannschaft und die Investitur des Lehens bestätigte. Es kam aber auch vor, daß der Vasall eine Anerkennungsurkunde über die Leistung von Treueid und Mannschaft[53] und oft auch über den Erwerb seines Lehens ausstellen ließ. Diese für den Herrn bestimmte und für ihn selbst als Beweistitel gedachte Urkunde wird Lehnsbrief, französisch *aveu*, genannt werden. Bei dieser Gelegenheit nahm der Vasall zuweilen die *ostensio feodi* vor, d. h. er nannte auf der Stelle all das, was er als zum Lehen gehörig ansah. Dieser Lehnsnachweis (frz. *monstrée de fief* oder *montrée de la terre*) konnte jedoch auch schriftlich geführt werden, und zwar durch eine Aufzählung (frz. *dénombrement*). Hier der Wortlaut eines Lehnsbriefes von 1228 mit dem Versprechen einer Aufzählung: *Dominus J. de Estenville fecit homagium Willelmo, Parisiensi episcopo, de hiis que tenet de eo prope Sanctam Crucem, apud Sanctum Dionisium et infra XL dies debet tradere in scriptis dicto episcopo que sunt illa*[54]; „Herr J. von Estenville hat dem Bischof Willelmus von Paris für das, was er von ihm in der Nähe von Sainte-Croix zu Saint-Denis zu Lehen hat, Mannschaft geleistet, und innerhalb von vierzig Tagen muß er dem Bischof eine

[53] Longnon, *Documents*, I, Chartes Nr. 1, p. 466; die vom Grafen Balduin IX. (VI.) von Flandern (und Hennegau) a° 1196 dem franz. König Philipp-August ausgehändigte Urkunde bei F. Lot, *Fidèles et Vassaux*, Paris 1904, pp. 255—257; die demselben König von Ferrand von Portugal, Graf von Flandern (und Hennegau), a° 1212 ausgehändigte Urkunde bei C. Duvivier, *La querelle des d'Avesnes et des Dampierre*, II, Brüssel 1894 P. J. Nr. 7, pp. 13 u. 14. Siehe oben p. 83 u. Anm. 26.

[54] B. Guérard, *Cartulaire de l'église Notre-Dame de Paris*, I, Paris 1850, Nr. 174, p. 148.

schriftliche Aufstellung dieser Güter zukommen lassen". In England sind solche Schriftstücke äußerst selten, ebenso in Deutschland, hier zumindest vor dem Spätmittelalter.

### *Lehnsverzicht*

Der Verzicht auf das Lehen, dem die Treuaufsage vorausging, wurde durch einen der Investitur ähnlichen Akt vollzogen. Der Verzichtende „entkleidete" sich des Lehens und legte es in die Hände des Herrn zurück, und zwar unter Formen, die denen entsprachen, unter denen er mit dem Lehen „bekleidet" wurde, d. h. durch einen Ritus der Besitzaufgabe (*werpitio*, frz. *déguerpissement*), bei dem der Vasall einen versinnbildlichenden Gegenstand in die Hände des Herrn legte: ein Handlungssymbol oder ein Gegenstandssymbol. Im zweiten Fall war der Gegenstand grundsätzlich derselbe, den der Vasall bei der Investitur empfangen hatte. Im letzten Viertel des 11. Jahrhunderts nimmt der Verfasser der *Gesta* des Bischofs Lietbert von Cambrai auf dieses Rechtsgeschäft Bezug, als er über die Forderungen dieses Prälaten gegen den aufsässigen Burggrafen Hugo von Oisy schreibt: er verweigert die Aufhebung der Exkommunikation, *nisi prius dimissionem manu propria, quod et vulgo werpire dicitur faceret ex omni beneficio quod infra ambitum Cameracae civitatis habebat*[55], „sofern er nicht zuerst mit eigener Hand auf jedes Lehen, das er innerhalb des Stadtgebietes von Cambrai besaß, verzichtete – was man in der Umgangssprache *werpire* nannte."

### *Die „mouvance"*

Schon sehr früh stellte man fest, daß zwischen einem als Lehen verliehenen Grundstück oder einem als Lehen verliehenen Recht und dem Allod oder Lehen, von dem es zugunsten eines Vasallen abgetrennt wurde, eine Beziehung entstand: man sagte, dieses Lehen oder dieses Recht würden sich von jenem Allod oder Lehen

[55] *Gesta Lietberti episcopi Cameracensis*, c. 20, hg. v. L. C. Bethmann, MG. SS. VII, p. 495.

„herleiten“ (*descendere* oder noch öfter *movere*). So heißt es z. B. in Urkunden aus dem Hennegau von 1200 und 1229: *de cuius feodo ista descendunt*, „diese Güter leiten sich von seinem Lehen her“, oder *decima que de meo movebat feodo*[56], „ein Zehnt, der sich von meinem Lehen herleitete“. Diese soeben angedeutete Beziehung heißt im Französischen *mouvance*. Dieser Begriff wird ebenfalls zur Bezeichnung der Beziehung zwischen dem verliehenen Lehen und dem Lehnsherrn verwendet.

Die französischen Feudisten nennen auf wenig glückliche Weise das verliehene Lehen *fief servant* und das Allod oder Lehen, von dem es abgetrennt wurde, *fief dominant*.

Die *mouvance* kann übrigens auf völlig künstlichem Wege entstanden sein. Man schloß aus rein militärischen oder verwaltungstechnischen Gründen Lehen an bestimmte Gebiete, an Burgen, Herrschaften und später auch an Verwaltungs- oder Gerichtsbezirke an. Das ist z. B. der Fall bei vielen Lehen, die im 12. Jahrhundert im Hennegau an die gräflichen Burgen von Mons und Valenciennes angegliedert wurden, auf denen die Vasallen, die sie zu Lehen hatten, Burghut leisten mußten.

Es trifft ebenfalls auf zahlreiche Lehen zu, die vom König von Frankreich verliehen waren und die zu Beginn des 13. Jahrhunderts einer seiner Kastellaneien oder einem seiner Gerichts- und Amtsbezirke angeschlossen wurden[57].

### *Rechte der Parteien am Lehen*

Eine der Hauptfragen, die sich bei der Untersuchung des Lehens stellen, ist die nach der Art des Rechtes, das Herr und Vasall am

[56] Von Didier in *Droit des fiefs* p. 107, A. 1 u. 2 zitierte, bisher nicht herausgegebene Urkunden.

[57] Giselbert von Mons, *Chronique*, c. 41 u. 130, hg. v. Vanderkindere, pp. 74 u. 196; Urkunde, die Philipp-August 1205 für den Oberstallmeister Dreu, Sohn des Dreu von Mello, ausstellen ließ, *Recueil des actes de Philippe-Auguste*, II, hg. v. Petit-Dutaillis u. Monicat, Nr. 885, p. 473—74 (= *Recueil des historiens des Gaules et de la France*, XVII, p. 59); *Scripta de feodis*, Nrn. 510 (1204—1212), 178 f., 184 f., 283 (1220), *Recueil des historiens*, XVII, pp. 714—715, 646 f., 647 f., 668.

Lehen haben. Zur genaueren Bestimmung dieses Rechtes müssen wir zwei Hypothesen unterscheiden. Bei ihrer Formulierung gehen wir vom Standpunkt des Lehnsherrn aus.

Erste Hypothese: das verliehene Gut stammt unmittelbar aus dem Allodialbesitz des Lehnsherrn. Dieser Fall kommt überall vor. Nur in England nach der Eroberung, wo der König der einzige Allodialeigner ist, befinden sich allein die *tenentes in capite*, die unmittelbaren Kronvasallen in einer solchen Lage. In Frankreich und Deutschland ist es, je weiter die Zeit fortschreitet, immer seltener der Fall, da die Zahl der weltlichen Alloden ständig abnimmt. In Frankreich verschwindet das weltliche Allodialeigentum mit Ausnahme einer Reihe von Gebieten völlig – in der Normandie seit dem 11., in der Bretagne wahrscheinlich seit dem 12. Jahrhundert – oder wird zumindest immer seltener, bis man schließlich die Formel *nulle terre sans seigneur*, die die Vermutung, ja sogar die Möglichkeit eines Allodialbesitzes ausschließt, auf einen sehr großen Teil des Königreiches anwenden kann. In einem so allgemeinen Sinne wird sich die Regel jedoch erst nach dem Ende der hier behandelten Epoche durchsetzen; es scheint jedoch, daß sie seit dem 13. Jahrhundert in manchen Gegenden anerkannt wurde[58]. Diese Formel ist das Ergebnis einer durch die gesellschaftliche Lage begünstigten Entwicklung der Lehns- und Vasallenbindungen, ebenso jedoch das der Politik des Königtums, mancher Territorialfürsten und großer Herren. In Deutschland machte die Feudalisierung seit dem 12. Jahrhundert vor allem unter dem Einfluß der Politik der Hohenstaufen, die ihre Machtstellung durch die Lehns- und Vasallenbindungen festigen wollten, ständig Fortschritte und führte zu einem der französischen Situation analogen, nicht aber mit ihr identischen Ergebnis: die Zahl der weltlichen Alloden nahm immer mehr ab. Es bestand sogar die Tendenz, sie äußerlich den Lehen anzugleichen, indem man sie Sonnenlehen *(feodum solis)* nannte. Die Formel *nulle terre sans seigneur* oder irgendein Satz dieser Art war hier jedoch unbekannt. In ganz Deutschland hat das Allod weiterhin bestanden. In manchen Gebieten wie Friesland,

[58] Für das Beauvaisis siehe Beaumanoir, *Coutumes*, hg. v. Salmon, I, Nr. 688, p. 349.

Sachsen und Thüringen behielt es seine große Bedeutung bei. Es erhielt sich weiterhin in Ober- und Niederlothringen und in verschiedenen Teilen des Königreichs Burgund (oder Arelat): in der Franche-Comté, im Lyonnais, in der Dauphiné, in der Provence und in der heutigen Westschweiz. In Frankreich hat sich in Flandern, in bestimmten Gebieten des Ostens, in einem großen Teil des Südens – im Bordelais und Bazadais, im Comminges und im Languedoc –, in der Auvergne, im Forez und im Nivernais Allodialbesitz gehalten; in einigen der genannten Gegenden hat er jedoch vom 13. Jahrhundert an stark abgenommen.

Das Lehen wird dem Vasallen also von einem Allodialeigner verliehen, vom König, von einem weltlichen Allodialeigner oder von einer Kirche (die *franche aumône, franca* oder *libera elemosyna* war in Frankreich die privilegierte Form eines kirchlichen Allods). Um diese Art von Lehen handelt es sich in einer Urkunde, die 1060 verfaßt wurde, und zwar anläßlich der Schenkung eines Allods an die Abtei Gellone durch Peter, den Sohn des Almeras von Anduse: *et hoc alodem tenent ad fevum Willelmus de Montepistillario et Petrus, filius Gaucelini de Lunello,* „und dieses Allod haben Wilhelm von Montpellier und Peter, Sohn des Gauzlin von Lunel, zu Lehen". Neben diesem Beispiel aus dem Languedoc nun eines aus Flandern. In den *Liber Traditionum* der Abtei St. Peter zu Gent wurde 1164 folgender Fall eingetragen: *quidam Symon, filius Balduini de Landeskoutre, 3½ bunaria terre allodii in Musehole, a Theodorico de Alvana, qui eandem terram de se actenus tenebat in feodo, recepit et ad altare Sancti Petri in elemosina optulit ecclesie*[59]; „Simon, Sohn des Balduin von Landskouter, empfing dreieinhalb *bonniers* (ca. 4,27 ha) Land seines bei Musehole gelegenen Allods aus den Händen Dietrichs von Alvana, der sie bis dahin zu Lehen hatte, zurück und schenkte sie der Kirche zugunsten des St. Peter-Altares als kirchliches Allod".

Zu Beginn der hier behandelten Epoche sind die Rechte der Parteien am Lehen eindeutig festgelegt: Der Herr ist Inhaber eines dem

[59] Devic u. Vaissete, a. a. O. hg. v. Privat, V, Nr. 258, III. *Liber traditionum Sancti Petri Blandiniensis,* hg. v. A. Fayen, Gent 1906, Nr. 173, p. 175.

römischen bloßen Eigentum vergleichbaren Rechtes. Das Recht des Vasallen könnte man mit dem Nießbrauch vergleichen. Übrigens wird es wie in den vorhergehenden Jahrhunderten noch manchmal als *ususfructus*, als Nießbrauch bezeichnet. Das Eigentumsrecht splittert sich auf. Der Vasall konnte jedoch auf Grund der Tatsache, daß er der tatsächliche Inhaber des Lehens war, sein eigenes dingliches Recht am Lehen ständig ausweiten. Dementsprechend wurde das dingliche Recht des Herrn notwendig vermindert. Dieser Trend, der, wie wir sahen, im 9. Jahrhundert einsetzte, verstärkte sich im Laufe der Jahrhunderte immer mehr, als die Vasallen auf Grund ihrer Stellung gegenüber ihren Herren, die bei ihren politischen und militärischen Unternehmungen nicht auf den Dienst ihrer Vasallen verzichten konnten, in der Lage waren, auf diese einen gewissen Druck auszuüben. Daraus folgt, daß seit dem 11. Jahrhundert der Vasall schon wesentlich mehr Rechte am Lehen hat als es etwa dem römischen Nießbraucher entsprechen würde. Die mangelnde Eindeutigkeit der Terminologie für die Rechte des Herrn und des Vasallen, die sich in den Urkunden des 12. und 13. Jahrhunderts feststellen läßt, ist charakteristisch für eine Übergangsepoche: es ist die Rede vom *dominium*, vom *dominium feodale*, vom *supremum dominium*, von der *possessio* des Herrn und vom *jus hereditarium*, von der *proprietas*, von der *dominatio* des Vasallen. Unter dem Einfluß des Wiederauflebens des römischen Rechts im Abendland versuchte man, die Rechte der Parteien juristisch zu definieren. Seit dem 12. Jahrhundert bemühten sich die Romanisten, diese Rechte mit Kategorien des römischen Rechts zu erfassen. Nach vielen Ansätzen entwickelten sie im 13. Jahrhundert schließlich eine Lehre, die auf einer – übrigens ungenauen – Interpretation der römischen *superficies* aufgebaut war. Angesichts der Tatsache, daß der Vasall unmöglich ein einfaches dingliches Recht an der Sache des anderen, ein *ius in re aliena*, haben konnte, nahmen sie einfach eine Teilung des Eigentumsrechtes, des Rechtes am *dominium*, an und entwarfen die Lehre vom geteilten *dominium* (frz. *domaine divisé*): der Lehnsherr und Allodialeigner behielt das *dominium directum* (frz. *le domaine direct* oder *la directe*, von den Modernen manchmal auch *domaine éminent* genannt), und der Vasall erwarb das *dominium utile* (frz. *le domaine utile*). Diese Auffassung erscheint bereits um die Mitte des 13. Jahrhunderts in der *Glossa Ordinaria* des berühmten Bologneser Glossators Franciscus Accursius. Die französische Praxis kannte diesen Unterschied vielleicht schon im 13. Jahrhundert, noch bevor die entsprechende Lehre entwickelt wurde. Nach Deutschland gelangte diese Lehre über Niederlothringen vor dem Ende des 13. Jahrhunderts[59a].

Zweite Hypothese: der Vasall hat sein Gut von einem Herrn zu Lehen, der es selber von einem Allodialeigner in Leihe hat, er hat ein Unterlehen. Sein dingliches Recht ist infolgedessen Teil eines Rechtes, das aus der Teilung eines dinglichen Rechtes hervorging, welches selbst aus der Teilung des Eigentumsrechtes des Allodialeigners entstanden war. Nach Ausbildung der Lehre vom geteilten *dominium* wird man nicht mehr ohne weiteres dem Zwischenherrn das *dominium directum* zuschreiben. Nach einem Teil dieser Lehre wird es möglich sein, das *dominium directum* und das *dominium utile* jeweils mehreren Herren und Lehnsleuten zuzuerkennen. Die französische Praxis sprach dagegen im allgemeinen nur dem Oberlehnsherrn das *dominium directum* zu – nur in bezug auf ihn war das verliehene Gut Allod – und die unteren Lehnsherren hatten jeweils nur einen Rechtstitel auf einen Teil des *dominium utile*.

## *Verfügungsrecht über das Lehen*

Der Vasall hatte ursprünglich nur das *ius utendi et fruendi*, das Recht des Nießbrauchs am Lehen, d. h. die Erträge aus dem Lehen gehörten ihm. Er durfte das Lehen in seiner Substanz nicht verändern, er durfte es weder aufteilen noch „verschlechtern“ (frz. *abréger*), d. h. seinen Wert vermindern, oder es veräußern – mit einem Wort, ein Verfügungsrecht, ein *ius abutendi*, stand ihm nicht zu. Abgesehen vom Verbot der Lehnsverschlechterung, das im allgemeinen seine Geltung behielt, gelang es dem Vasallen im Laufe der hier behandelten Periode, sein Recht am Lehen von fast allen Beschränkungen zu befreien.

[59a] Urkunde des Abtes von Kornelimünster, a° 1280, Staatsarchiv zu Namur, Chartes des comtes de Namur, Nr. 126.

### *Erblichkeit des Lehens*

Wie wir sahen, hatte das Benefizium, die Leihe auf Lebenszeit, vor allem in Frankreich und in Italien seit der zweiten Hälfte des 9. Jahrhunderts in der Praxis allmählich den Charakter der Erblichkeit angenommen, zumindest was die Erbfolge in direkter männlicher Linie anging. In Frankreich trat dieses Phänomen im Laufe des 10. und 11. Jahrhunderts immer stärker hervor und war schließlich allgemein zu beobachten, besonders bei Lehen von einer gewissen Bedeutung. Die folgenden zwei Beispiele sollen diesen Prozeß der Verbreitung veranschaulichen. Beim ersten handelt es sich um eine Erbfolge in Seitenlinie, einen Fall, in dem der Lehnsherr zu Beginn des 11. Jahrhunderts noch einigermaßen frei entscheiden konnte. Um 1028 bittet ein Ritter Hamelin den Grafen Fulco Nerra von Anjou um die Lehnsfolge bei einem Gut, das sein Vater Gauzlin von Rennes und sein Bruder Girous von Beaupreau nacheinander vom Grafen zu Lehen hatten. Der Graf, den der Bittsteller beleidigt hatte, lehnte ab: *... postulans in honore paterno succedere, vix hoc assequi potuit a Fulcone inclito comite.* Auf die Bitte seiner Gemahlin hin, der Hamelin eine Kirche geschenkt und sie so für seine Sache gewonnen hatte, willigt der Graf schließlich ein[60]. Das zweite Beispiel betrifft ein Lehen, das ausdrücklich auf Lebenszeit verliehen worden war. Im 10. Jahrhundert nahm Herzog Hugo der Große der Abtei Saint-Germain-des-Prés das Landgut Combs-la-Ville (Seine-et-Oise) weg und investierte damit seinen Vasallen, den Grafen Hilduin, indem er *expressis verbis* diese Belehnung auf die Lebenszeit des Beliehenen beschränkte. Nach dem Tode Hilduins gab Hugo der Große das Landgut seinem eigenen Sohn Hugo Capet. Dann ging es auf dessen Sohn König Robert II. über, der es der Abtei Saint-Germain zurückgab. Im Laufe des 11. Jahrhunderts nahm König Heinrich I. auf die Bitte des Großneffen Hilduins, Manasses, der Abtei das Landgut aufs neue und gab es Manasses auf Lebenszeit zu Lehen. Danach erhielt die Abtei es wiederum von ihm zurück. Odo, der Sohn des Manasses, dachte jedoch, daß er Erb-

[60] P. Marchegay, *Cartulaire de l'abbaye du Ronceray d'Angers*, Angers 1854, Nr. 125.

rechte geltend machen könnte, und er erreichte im Jahre 1061, daß König Philipp I. der Abtei das Landgut noch einmal nahm und ihn damit belehnte, allerdings unter der Bedingung, daß es nach seinem Tode an die Abtei zurückfallen sollte. Dieser Aufforderung wurde jedoch keineswegs Folge geleistet[61]. Nach dem Ende des 11. Jahrhunderts werden Lehen auf Lebenszeit in Frankreich immer seltener. Vollständig verschwunden sind sie indessen nie. Auch müssen wir festhalten, daß Rentenlehen oft auf Lebenszeit verliehen wurden. Dies gilt auch für Lothringen.

In Deutschland ist die Entwicklung viel langsamer vorangeschritten. Seit dem 9. und 10. Jahrhundert begegnen Fälle – sogar verhältnismäßig zahlreiche – in denen Vasallen die Nachfolge ihres Vaters antreten. Zu Beginn des 11. Jahrhunderts ist dieser Brauch allerdings noch nicht so weit verbreitet wie in Frankreich, vor allem nicht bei Vasallen niederen Ranges. Erblichkeit, selbst Erbfolge in direkter Linie bildete noch nicht die Regel. In einem Brief eines Mönches vom Tegernsee in Bayern ist die Rede vom *beneficium* eines Vasallen, *paterno quidem iure ..., si dici fas est, sibi in hereditatem collatum*[62], d. h. von „einem Lehen, das dieser Vasall von seinem Vater geerbt hat, wenn der Ausdruck erlaubt ist". Konrad II. hat diese Entwicklung in der ersten Hälfte des Jahrhunderts entscheidend vorangetrieben: in Norditalien traf er eine Anordnung, die die Vererbung in direkter Linie und auf den Bruder zur Regel machte und die sowohl für die Lehen der Vavassoren, d. h. der Untervasallen der Krone, als auch für die der unmittelbaren Kronvasallen gelten sollte. In Deutschland führte er eine ähnliche Regelung ein: *Militum vero animos in hoc multum attraxit quod antiqua beneficia parentum nemini posterorum auferri sustinuit*, berichtet Wipo, der Biograph des Kaisers[63], „er versicherte sich in hohem Maße der Anhänglichkeit der Vasallen durch die Bestimmung, daß

[61] M. Prou, *Actes de Philippe Ier*, Paris 1908, Nr. 13, pp. 38—41, a° 1061.

[62] *Die Tegernseer Briefsammlung*, hg. v. K. Strecker, Nr. 116, pp. 124 u. 125.

[63] *Constitutiones* I, Nr. 45, pp. 90 u. 91, a° 1037, und Wipo, *Gesta Chuonradi*, c. 6, p. 28.

keinem Nachkommen Lehen genommen werden dürften, die bereits seine Vorfahren innehatten". In Deutschland gab es jedoch noch im 12. und sogar noch im 13. Jahrhundert nicht wenige Lehen, die nur auf Lebenszeit vergeben waren. Und bis in die zweite Hälfte des 12. Jahrhunderts hinein hielt man hier die Erbfolge in Seitenlinie für eine Gunst und nicht für ein Recht.

In England ist die Erblichkeit der Lehen kurz nach der Eroberung durch die Normannen alles andere als weit verbreitet und allgemein anerkannt. Interessanterweise ist in den beiden ältesten uns erhaltenen Belehnungsurkunden (1066–87 u. 1085) von Verleihungen auf Lebenszeit die Rede. Wir dürfen jedoch nicht übersehen, daß in diesen beiden Fällen das Lehen in der Folgezeit erblich geworden ist[64]. Im 12. Jahrhundert ist die Erblichkeit ein charakteristischer Zug des englischen Lehens.

Die Erblichkeit eines Lehen war übrigens eine Erblichkeit ganz besonderer Art. Da das Lehen den Vasallen in die Lage versetzen sollte, Dienst zu leisten, mußte die Verleihung beim Tode des Vasallen ungültig werden. Das Lehen ging also nicht unmittelbar auf den Erben über, wie es etwa beim Allod der Fall gewesen wäre; es fiel dem Herrn heim. Der Erbe mußte um Zulassung zu Treueid, Mannschaft und Investitur nachkommen. Auf diese Investitur hatte er jedoch unter der Bedingung, daß er Treueid und Mannschaft leistete, ein Anrecht; sie durfte ihm nicht verweigert werden. In Wirklichkeit war es so, daß der Erbe das vom *de cujus* hinterlassene Lehen tatsächlich in Besitz nahm und anschließend mit einer Bitte an den Lehnsherrn herantrat. Dies mußte innerhalb von bestimmten Fristen geschehen, die je nach Gegend verschieden waren. Ein Erbe, der sich nicht an diese Regel hielt, machte sich eines schweren Verstoßes schuldig, in Frankreich *defectus hominis, défaute d'homme* genannt[65]. Da beim Tode des Vasallen die Belehnung ungültig wurde, gewann der Herr das Vollrecht auf sein Lehen

[64] Douglas, *Charter of Enfeoffment*, English Historical Review, XLII, p. 247; V. H. Galbraith, *An Episcopal Landgrant of 1085*, ebda. XLIV, 1929, pp. 371–372.

[65] *Etablissements de Saint-Louis* II, 19, hg. v. P. Viollet, II, Paris 1881, p. 396; Beaumanoir, I, Nr. 78, hg. v. Salmon, p. 51.

zurück: war er Allodialeigner, so vereinigten sich in diesem Augenblick das *dominium utile* mit dem *dominium directum* in seiner Hand. Auch konnte man anfangs in den meisten Fällen nicht umhin anzuerkennen, daß in der Zeit zwischen dem Ableben des *de cujus* und der Investitur des neuen Vasallen dieser nicht im Besitz der Lehnsgewere war. Unter dem Einfluß der ständigen Verbesserung der Stellung des Vasallen – das Lehen wurde immer mehr zu seinen Gunsten patrimonialisiert – haben bestimmte Gewohnheitsrechte die Geltung dieser Regel beeinträchtigt. In Deutschland, in Italien und in England hat sich diese Entwicklung schneller und allgemeiner durchgesetzt als in Frankreich.

Unter welchen Formen die Bitte um Zulassung zu Mannschaft, Treueid und Investitur durch den Lehnserben an den Lehnsherrn herangetragen wurde, wird durch folgendes Zitat aus einem Bericht von 1237 aus Tirol deutlich. Hierin fordert Cunz Fafe von Griffenstein, mit einem Gut investiert zu werden, das sein verstorbener Vater vom Grafen von Eppan zu Lehen hatte: *peciit . . . investitura feudi unius a domino Egenoni, comiti de Epiano pro se et ab eo . . . de quoddam feudo, quod quondam dominus Morhardus . . . habebat ab eo . . . et a condam domino Ulrico comite, et porrexit ei manus suas et volebat sibi facere minuitatem*[66]; „er bittet um die Investitur mit einem Lehen des Herrn Eino, Grafen von Eppan, die dieser zu seinen Gunsten vollziehen sollte, und zwar mit einem Gut, das der verstorbene Herr Morhard von Herrn Eino und vor diesem von Herrn Ulrich zu Lehen hatte, und er reichte ihm die Hände und erklärte sich bereit, ihm Mannschaft zu leisten."

### *Die Erbgebühr (relevium)*

Als zu Beginn der hier behandelten Zeit die Lehnserbfolge noch nicht völlig ausgebildet war, konnte der Lehnsherr nach dem Heimfall des Lehens Bedingungen stellen, bevor er den Erben des Vasallen zu Mannschaft und Treueid zuließ und ihn investierte. Mit anderen Worten, er konnte sich seine Zustim-

[66] H. Loersch, R. Schroeder, L. Perels, *Urkunden zur Geschichte des deutschen Rechtes*, 3. Aufl., Bonn 1912, Nr. 122.

mung bezahlen lassen. In den Quellen wird die Summe, die der Lehnsherr hierfür verlangte, *relevium* genannt (frz. *relief*, davon abgeleitet das mittelniederl. *verlief*[67], in heutigem Niederl. *verheffingsrecht*, dtsch. Lehnware). Dieses *relevium* muß der Lehnserbe und zukünftige Vasall für die Erlaubnis zahlen, die Lehnsgewere ergreifen zu dürfen, die – symbolisch gesprochen – nach dem Tode des *de cujus* am Boden liegt. Ebenfalls begegnet *rachetum*[68] (frz. *rachat*) und in Südwestfrankreich so wie im Toulousain finden sich gleichbedeutende Wendungen (lat. *adcaptatio, reacaptatio, reiracapta, retroacaptis*, frz. *acapte, arrière-acapte*)[68a]. Eine aus Flandern stammende Urkunde aus dem 12. Jahrhundert gibt gleichzeitig den lateinischen und den mittelniederländischen Begriff: *emptionem que vulgo dicitur cop*. Mag bei diesem letzten Wort auch ein Rechtschreibefehler unterlaufen sein, jedenfalls steht es dem modernen niederländischen *koop* nahe, welches Kauf bedeutet[69]. Im 14. Jahrhundert gab Jacques d'Ableiges, der Verfasser des sehr zu Unrecht *Grand Coutumier de France* genannten Rechtsbuches, eine glänzende Erklärung des Begriffs *relevium*, die jene zweite Reihe von Bezeichnungen rechtfertigt: *Et semble encores selon la commune oppinion, que a plus proprement parler, l'en peult dire que par la mort du vassal le fief chiet et gist par telle manière, qu'il ne peult estre possédé ne par le seigneur, ne par l'heritier, fors quant il est relevé par le seigneur direct, et de ce relief que le seigneur faict a*

[67] *Leenboek van Vlaenderen*, c. 4, p. 209.

[68] Z. B. im Vertrag zwischen dem König Philipp-August v. Frankreich und Graf Balduin IX. (VI.) von Flandern und Hennegau a° 1200 zu Péronne, s. *Recueil des actes de Philippe-Auguste*, II, hg. v. Petit-Dutaillis u. Monicat, Nr. 621, p. 167—68 (auch bei Duvivier, *La Querelle des d'Avesnes et des Dampierre*, II, P. J. Nr. 1, p. 2).

[68a] Z. B. Douais, a. a. O. Nrn. 98 (a° 1113), 260 (a° 1128), 335 (o. J.), 698 (1176); Higounet, a. a. O. II, P. J., Nr. 3 (a° 1199).

[69] Urkunde des Grafen von Flandern, Dietrich von Elsaß, a° 1160, A. Pruvost, *Chronique et Cartulaire de l'abbaye de Bergues-Saint-Winnoc* I, Brügge 1875, pp. 118 u. 119. Außerdem findet sich eine Reihe weiterer Beispiele des niederländischen *Koop* im Sinne von *relevium* bei K. Stallaert, *Glossarium van verouderde rechtstermen*, I, Leiden 1890, sub v°, pp. 96—97.

*l'héritier en le prenant et laissant en sa foy, il a le droit qui est appellé relief, que l'en dit aucunes fois rachat, qui vault le revenu d'ung an . . . En tant longuement que le relief demourera a faire, le seigneur fera les fruits siens par défaulte de homme*[70]; „und darüber hinaus scheint es, daß man auf Grund der herrschenden Meinung recht eigentlich sagen kann, daß durch den Tod des Vasallen das Lehen zu Boden gefallen ist und dort liegt, so daß weder der Herr noch der Erbe es besitzen kann, außer wenn der Eigenherr *(le seigneur direct)* des Lehens dieses vergibt, und auf Grund dieses Aufhebens des Lehens, das der Lehnsherr zugunsten des Erben vornimmt, hat er Anrecht auf eine Gebühr, welche *relevium,* manchmal auch Rückkauf *(rachat)* genannt wird; sie beläuft sich auf einen Jahresertrag . . . Solange das *relevium* aussteht, zieht der Lehnsherr die Erträge des Gutes ein, weil kein Vasall da ist."

Anfangs wurde die Erbgebühr vom Lehnsherrn willkürlich bestimmt oder von den Parteien untereinander abgesprochen. Auf diese Weise verfuhr der französische König Ludwig VI. noch 1127 bei der Investitur des neuen Grafen von Flandern, Wilhelm von Normandie: die Einwohner von Brügge werfen ihm vor *mille marcas pro pretio et coemptione aperte susceperit*[71], d. h. „daß er sich ganz offen tausend Mark als Preis und Rückkaufsumme hat bezahlen lassen". Im 12. und 13. Jahrhundert wurden bei der Verleihung von sehr bedeutenden Lehen, z. B. französischen Territorialfürstentümern, bisweilen *relevia* in enormer Höhe von Erben verlangt, die nicht Erben in direkter Linie waren: im Jahre 1212 mußte Ferrand von Portugal 50000 Pfund zahlen, damit er zu Hulde und Mannschaft zwecks Erlangung der Grafschaft Flandern zugelassen wurde und die Erlaubnis erhielt, Johanna, die Erbin der Grafschaft zu heiraten[72]. Dessenungeachtet setzte sich allgemein ein bestimmter „Tarif" durch. So war es seit dem 12. Jahrhundert

[70] *Le Grand Coutumier de France,* hg. v. E. Laboulaye u. R. Dareste, Paris 1868, pp. 234 u. 235.

[71] Galbert, *Histoire du meurtre de Charles le Bon,* c. 106, p. 151.

[72] Der Anonymus von Béthune, *Chronique française des rois de France,* hg. v. L. Delisle, *Recueil des historiens des Gaules et de la France,* XXIV, p. 564.

in der französischen Krondomäne üblich, die Höhe der Erbgebühr auf einen Jahresertrag aus dem Lehngut festzusetzen. Dieser Brauch fand in Frankreich starke Verbreitung. Dies erfahren wir aus dem Bericht Giselberts von Mons über das Abkommen, das 1192 zwischen Balduin VIII. (V.) von Flandern (und Hennegau) und dem französischen König Philipp-August zu Péronne getroffen wurde: *... comes 5 milia marchas puri argenti ... pro relevio terre Flandrie domino regi pepigit, cum iuris sit ... in Francia, ut quilibet homo pro relevio feodi sui ligii tantum det domino suo, quantum ipsum feodum intra annum valeat*[73]; „der Graf zahlte an seinen königlichen Lehnsherrn fünftausend Mark reinen Silbers als *relevium* für Flandern, da in Frankreich die Erbgebühr, die der Vasall von Rechts wegen an seinen Herrn für sein ligisches Lehen zahlt, einem Jahresertrag des Lehens entspricht". Übrigens wird manchmal auch außerhalb Frankreichs die Höhe des Betrages auf gleiche Weise bestimmt, so vor allem in den lothringischen Fürstentümern, besonders in der Grafschaft Namur. In England war seit dem 13. Jahrhundert der Brauch weit verbreitet, für Ritterlehen eine Erbgebühr von hundert *Solidi* zu verlangen.

Es gab übrigens Fälle – meistens handelt es sich dabei um weniger bedeutende Lehen – in denen die Gestellung eines Pferdes oder einer mehr oder weniger vollständigen Ritterrüstung die Zahlung einer Geldsumme ersetzte. Diese Art von Erbgebühr trug im Hennegau und im Cambrésis den Namen *liget;* deutsch wurde sie „Heergewäte" oder „Heergeräte" genannt. Hierin lebt noch die ursprüngliche Sitte fort, nach der der Herr für Pferd und Kriegsausrüstung des Vasallen aufkommen mußte: beides – oder etwas Gleichwertiges – ließ der Herr sich zurückerstatten, bevor er das Lehen an den Erben des *de cujus* weitergab.

Eine Erbgebühr hat es überall gegeben, aber in Deutschland war diese Institution weniger ausgebildet als in Frankreich und England, wo sie für die Herren und vor allem für die Könige zu einer bedeutenden Einnahmequelle wurde. Große Bedeutung hatte sie in mehreren lothringischen Fürstentümern, wie in der Grafschaft Hen-

[73] GISELBERT, *Chronique*, c. 186, p. 275. Siehe auch den oben wiedergegebenen Text von Jacques d'Ableiges (Anm. 70).

negau und in der Grafschaft Namur. Übrigens hat sie sich bei Erbfolge in Seitenlinie länger erhalten als bei Erbfolge in direkter Linie.

Ursprünglich wurde die vasallitische Bindung durch den Tod des Vasallen, „Mannfall" genannt, und durch den Tod des Herrn, genannt „Herrenfall", oder wenn der König der Lehnsherr war, „Thronfall", beendet. In diesen beiden Fällen konnte der Lehnsherr eine Erbgebühr erheben. Die Erhebung einer Erbgebühr bei einem Wechsel des Lehnsherrn hat sich jedoch nicht in demselben Umfang erhalten. In Frankreich hießen Lehen, die einem solchen Wechsel des Herrn unterworfen waren, *fiefs relevant de toutes mains*, „Lehen, auf die von jeder Hand ein *relevium* erhoben wurde". Eine Abgabe, mit der wir die Erbgebühr nicht verwechseln dürfen, ist jener Betrag, der oft bei Leistung von Treueid und Mannschaft und bei der Investitur an den Kammerherrn oder Kämmerer des Lehnsherrn gezahlt wurde. Hier handelt es sich um das Kammergeld (frz. *droit de chambellage*, niederl. *camerlinggeld* oder *hoveschede*).

## *Lehnserbfolge*

Aus der Bestimmung des Lehens ergibt sich eine Reihe von Besonderheiten im Lehnserbrecht, ebenso wie bei Fragen, die mit diesem in engem Zusammenhang stehen. Teilungen — wie die von Allodialgütern — hätten z. B. eo ipso die Dienstleistungen der Vasallen gegenüber dem Herrn in Frage gestellt. Daher auch anfangs die Regel von der Unteilbarkeit des Lehens. Sie behielt in bestimmten Ländern und für bestimmte Lehen ihre Geltung oder gewann sie nach Unterbrechungen zurück, namentlich für die Herzogtümer, für die Marken, zumindest bis ins 12. Jahrhundert hinein für viele Grafschaften in Deutschland und für manche französische Territorialfürstentümer. In England wurde diese Regel Gesetz. Dabei war es erforderlich, daß man sich bei Erben, die gleiche Ansprüche geltend machen konnten — etwa bei den Söhnen — über den legitimen Nachfolger einigte. Fast überall hat sich ein bestimmter Brauch entwickelt, der der willkürlichen Wahl durch den Lehnsherrn ein Ende setzte, und zwar meistens die Primogenitur. In England wurde sie sogar zur Regel, und in der zweiten Hälfte des 12. Jahrhunderts formuliert Glanvill, der *Justiciarius* des Königreiches, oder ein anderer Verfasser des ihm allgemein zugeschriebenen Rechtsbuches diese Regel ausdrücklich: *si miles fuerit vel per militiam tenens, tunc secundum jus regni Anglie primogenitus filius patri succedit in totum*[74]; „wenn jemand Ritter ist oder ein Ritterlehen hat, tritt nach dem im Königreich England herrschenden Recht der älteste Sohn die Gesamterbfolge seines Vaters an". Die Unteilbarkeit des Lehens wurde hier zweifellos zum Vorteil des Königtums auf die Unteilbarkeit der Lehnserbfolge ausgedehnt. Anderswo herrschte der Brauch, an Stelle des Erstgeburtsrechts das *droit de juveigneur* anzuwenden, d. h. dem jüngsten Sohn die Erbfolge zuzuerkennen. Auch dieses Recht hat in England bestanden, aber nur in einigen nicht lehnrechtlichen Gewohnheitsrechten; man nannte es *borough-English.*

Die Regel von der Unteilbarkeit konnte sich jedoch letztlich nicht durchsetzen, da die Lehen in immer stärkerem Maße patrimonialisiert wurden. Je mehr ein Vasall sein Lehen als Teil seines persönlichen Eigentums ansah, umso stärker war sein Wunsch, seine Lehnsgüter möchten ebenso wie seine anderen Güter – wenn er solche besaß – allen seinen Kindern zugute kommen. Hier liegt der Ursprung einer Tendenz zur Teilung, die schließlich in den meisten Gegenden Frankreichs und Deutschlands die Oberhand gewann.

Man dachte sich verschiedene Systeme aus, die das Interesse des Herrn an der Erhaltung der spezifischen Eigenart des Lehens und das Streben des Vasallen, dasselbe aufzuteilen, miteinander versöhnen sollten. Eines davon hatte in Nord- und Westfrankreich und in mehreren lothringischen Fürstentümern großen Erfolg, und zwar das *paragium* (frz. *parage*), manchmal auch *frérage* genannt. Das Lehen wurde unter den Brüdern aufgeteilt, blieb jedoch in den Augen des Herrn ungeteilt erhalten. Die Brüder hatten vom Ältesten einen Teil der Lehnserbfolge inne, ohne daß sie ihm in jedem Falle Mannschaft leisten mußten, jedoch mit der Bedingung, ihm bei der Erfüllung seiner Vasallenpflichten zu helfen. In der Normandie konnte sich das *paragium* am vollständigsten ausbilden. Hier war die herzogliche Gewalt stark genug, um es ihren eigenen Interessen

[74] *Tractatus de legibus et consuetudinibus Anglie qui Glanvilla vocatur,* VII, 3, hg. von G. D. G. Hall, London 1965, p. 75.

dienstbar zu machen. In bestimmten Gebieten, vor allem in der Gegend um Paris, leisteten die Nachgeborenen dem Ältesten Mannschaft. Dieses System vermochte jedoch auf die Dauer der Teilung der Lehen nicht entgegenzuwirken, und nach zwei oder drei Generationen konnte die Lage so unüberschaubar werden, daß die Dienstleistungen trotz allem in Frage gestellt waren und daß dem Herrn überdies noch die Erbgebühren entgingen, die ihm einfache Teilungen eingebracht hätten. So verschwand das *paragium* de iure oder de facto im 13. Jahrhundert oder zu Beginn des 14. Jahrhunderts beinahe allenthalben.

In Deutschland versuchte man, dasselbe Ziel auf anderen Wegen zu erreichen. Um zu vermeiden, daß durch eine Teilung der Vasallendienst aufs Spiel gesetzt wurde, nahm man eine Kollektivbelehnung, eine Belehnung *una manu* vor, und zwar bei den verschiedensten Anlässen. Man nutzte diese Möglichkeit z. B. 1076, um Gräfin Richilde von Hennegau und ihren Sohn Balduin II. gemeinsam zu Vasallen der Kirche von Lüttich zu machen: sie empfingen *sub una manu et uno hominio ligio universa allodia sua et familias et feoda*[75], „alle ihre Allodialgüter, ihre Dienstleute und ihre Lehen zu einer einzigen Hand und durch eine einzige ligische Mannschaft". Wenn bei einer Erbfolge das Lehnsobjekt nicht geteilt werden durfte, mußten die Erben gemeinsam Treueid und Mannschaft leisten. Dabei legten sie zusammen ihre Hände in die Hand des Herrn. Auch die Investitur empfingen sie alle zusammen. Zu Beginn des 13. Jahrhunderts behandelt der Sachsenspiegel diese Kollektivbelehnung als „Belehnung zu gesamter Hand"[76]. Jedoch scheint diese Einrichtung schon vor der Jahrhundertwende den Höhepunkt ihrer Wirksamkeit überschritten zu haben, denn nun konnte das Lehen und sogar die ganze Lehnserbfolge selbst nach einer Belehnung dieser Art aufgeteilt werden.

[75] GISELBERT, *Chronique*, c. 8, p. 12.

[76] *Lehnrecht* 32, 1–3, hg. v. K. A. Eckhardt[2], pp. 55–56.

### *Lehnserbfolge Minderjähriger*

Für den Fall, daß ein Minderjähriger die Lehnserbfolge antrat, waren verschiedene Institute vorgesehen, um das Hauptinteresse des Herrn, nämlich die Sicherung des Vasallendienstes, und das legitime Interesse des Kindes, das unfähig war, die Vasallenpflichten zu erfüllen, zu wahren. Diese Institute werden *procuratio, ballia, ballium, custodia,* deutsch „Munt", frz. *bail* oder *garde* genannt. Derjenige, der bestimmt ist, in dem Verhältnis die aktive Rolle zu spielen, ist der *procurator,* der *bajulus,* der *custos,* frz. der *baillistre* oder *gardien,* zu deutsch „Muntwalt", „Momber", häufiger noch „Vormund". In der Regel konnten die Lehnsherren auf Grund der normannischen *garde seigneuriale,* der *garde seigneuriale* und vor allem der *garde royale,* in England und in Deutschland auf Grund analoger Institute, das Lehen vorläufig zurücknehmen und die Erträge selbst einziehen, unter der Bedingung, für Unterhalt und Erziehung des minderjährigen Sohnes ihres verstorbenen Vasallen zu sorgen. Andere Einrichtungen wie *le bail* oder die *garde noble* der Pariser Gegend – ähnliche Institute sind in Deutschland nicht unbekannt – bestimmten den nächsten Verwandten dazu, in die Vasallität des Lehnsherrn einzutreten. Dieser wurde dann mit dem Lehen investiert und mußte für Erziehung und Unterhalt des Minderjährigen aufkommen. Dieser Fall war z.B. 1206 bei dem französischen Kronlehen Flandern gegeben: Markgraf Philipp von Namur, der Onkel der noch minderjährigen Gräfin Johanna leistete dem König ligische Hulde und Mannschaft und versah das Amt des Vormunds. König Philipp-August legt in einer Urkunde nieder, daß Philipp *nobis iuravit, tanquam domino suo ligio, quod nobis serviet bona fide et sine malo ingenio et nos juvabit contra omnes homines*[77]; d. h. „uns als seinem ligischen Herrn unter Eid versprochen hat, uns aufrichtig und ohne böse Absicht zu dienen und uns gegen jedermann zu helfen". Gleich welche Regelung getroffen wurde – wenn das unter Vormundschaft stehende Kind großjährig war,

[77] *Recueil des actes de Philippe-Auguste,* II, hg. v. Petit-Dutaillis u. Monicat, Nr. 952, pp. 544—545 (= Duvivier, *Querelle* II, P. J., Nr. 2, p. 4).

konnte es verlangen, zu Treueid und Mannschaft zugelassen und nun selbst mit dem Lehen investiert zu werden.

### *Lehnserbfolge der Frau*

Wenn eine Frau das Lehen erbte, war der Dienst ebenfalls in Gefahr. So war die Frau anfangs ganz gewiß von der Lehnserbfolge völlig ausgeschlossen. Aber auch auf diesem Gebiet hat die Patrimonialisierung eine Rolle gespielt. Schon früh muß es Ausnahmen von der Regel gegeben haben. Wir wissen, daß seit dem Ende des 10. Jahrhunderts in Frankreich, vor allem im Süden, auch Frauen belehnt wurden. Was ursprünglich nur eine besondere Gunst gewesen war, wurde schließlich zur Gewohnheit und dann zum Recht. Im 12. Jahrhundert war dieser Prozeß abgeschlossen. In Deutschland faßte der Brauch sehr viel langsamer Fuß, und im 12., ja sogar im 13. Jahrhundert – in einer Zeit, in der Fälle weiblicher Erbfolge ständig zahlreicher werden – hat er hier immer noch nicht den Charakter einer Rechtsregel erlangt, sondern die Frauenerbfolge ist Privileg und wird als besondere Gunst gewährt. Ausgenommen mehrere lothringische Fürstentümer, in denen sie bereits möglich war. Übrigens ist dieser Brauch über Lothringen nach Deutschland gelangt. König Heinrich IV. bestätigt 1071 ausdrücklich die Belehnung der Gräfin Richilde mit der Grafschaft Hennegau durch den Herzog von Niederlothringen, und er trifft unter anderem besondere Verfügungen für den zukünftigen Fall einer weiblichen Lehnserbfolge[78].

Nur mit einiger Kühnheit ließe sich behaupten, daß dies das älteste deutsche Beispiel der Belehnung einer Frau sei. Es ist jedoch wahrscheinlich, daß dieser Fall zu den ersten gehörte, in denen im Reiche eine Frau eine Grafschaft zu Lehen erhielt.

Da die Vasallenpflichten erfüllt werden mußten und da die Frau *ob imbecillitatem sexus*, „wegen der Schwäche ihres Geschlechtes", nicht in der Lage war, diesen Dienst zu leisten, mußte ein anderer ihre Aufgabe übernehmen: dieser Vertreter wurde vom Lehnsherrn anerkannt und leistete ihm zuweilen Treueid und Mann-

[78] *Constitutiones* I, Nr. 441, p. 650.

schaft. War die Frau verheiratet, so wurde sie von ihrem Gemahl vertreten. Auch trachteten die Lehnsherren danach, auf die Eheschließung ihrer weiblichen Vasallen oder der Frauen, die die Stellung eines Vasallen beanspruchen konnten, einzuwirken. Als Richilde nach dem Tode ihres Gemahls, des Grafen Hermann von Hennegau, 1051 den Sohn und Erben des Grafen von Flandern, Balduin, ohne Zustimmung Kaiser Heinrichs III. heiratete, machte dieser daraus einen *casus belli.* Als 1071 die Erbfolge im Hennegau anläßlich der „Mediatisierung" dieser Grafschaft zugunsten der Kirche von Lüttich und des Herzogs von Niederlothringen geregelt wurde, erließ König Heinrich IV. die Bestimmung, daß auch ein Mädchen diese antreten könne, *si consilio episcopi voluerit uxorari*[79], „wenn sie sich bei der Wahl ihres Ehegatten nach dem Rat des Bischofs richten würde", dessen Untervasall oder – im Falle der Herzog kinderlos bleiben sollte – Vasall sie sein würde. Dieses Interventionsrecht des Herrn konnte sich unter Umständen als Zwang auswirken, meistens gab der Herr jedoch lediglich seine Zustimmung. In Frankreich und Deutschland macht man von diesem Recht Gebrauch, am meisten jedoch in England – natürlich zum Vorteil der Krone.

### *Unterbelehnungen*

Nachdem wir das Problem der Lehnsübertragungen im Todesfalle in seinen Hauptpunkten erörtert haben, müssen wir kurz die Lehnsübertragungen zwischen Lebenden berühren. Da stellt sich zunächst die Frage der Unterbelehnungen. Durfte der Vasall Unterbelehnungen vornehmen? Ursprünglich sicherlich nicht ohne Erlaubnis des Lehnsherrn; denn ein solches Vorgehen hätte man als Lehnsverschlechterung angesehen. Seit dem Ende des 11. Jahrhunderts scheinen Unterbelehnungen jedoch in Frankreich und in Deutschland in großem Umfang und meistens ohne Einschreiten des Herrn vorgenommen worden zu sein. Nur bei bestimmten Lehen und in bestimmten Gegenden blieb es erforderlich, die Zustimmung der Lehnsherrn einzuholen.

[79] *Constitutiones* I, Nr. 441, p. 650.

### *Veräußerungsrecht*

Das Recht des Vasallen, das Lehen zu veräußern, wird unsere Aufmerksamkeit ein wenig länger in Anspruch nehmen. Anfangs war der Vasall sicher nicht berechtigt, sein Lehen zu verkaufen oder zu verschenken. Der Dienst, den der Herr von einem bestimmten Vasallen erwartete, stand in engem Zusammenhang mit dessen Lehen, und die Veräußerung des Lehens hätte den Dienst in Frage gestellt. Darüber hinaus war das dem Vasallen zuerkannte Recht ursprünglich ein einfaches *ius in re aliena* und schloß kein Verfügungsrecht ein. Nun sind seit dem 10. Jahrhundert in Frankreich, seit dem 11. in Deutschland und in England seit der Eroberung Fälle bekannt, in denen Lehen von Vasallen verschenkt oder verkauft wurden. Diese Veräußerungen geschahen jedoch nicht über den Kopf des Herrn hinweg. Die Parteien mochten sich wohl mit der Zustimmung des Herrn dahingehend einigen, daß das zu verschenkende oder zu verkaufende Gut auch in den Händen des Erwerbers ein Lehen bleiben sollte. In einem solchen Fall mußte der Vasall auf sein Lehen verzichten, indem er es in die Hände des Herrn „zurücklegte". Daraufhin leistete der Erwerber dem Lehnsherrn Treueid und Mannschaft und wurde anschließend mit dem Lehen investiert. Das Gut konnte ebenfalls unter Bedingungen verschenkt oder verkauft werden, auf Grund deren es in den Händen des Erwerbers zum Allod – oder sogar zu einem gegen Grundzins überlassenen Grundstück – wurde. Der Erwerb als Allod fand meistens dann statt, wenn der Erwerber eine Kirche oder eine Abtei war. Wenn der Vasall das Lehen in die Hände des Herrn zurückgelegt hatte, mußte dieser dem Erwerber das volle Eigentumsrecht am Gut durch Schenkung, durch Verkauf oder durch Tausch gegen ein ihm voll übereignetes Gut übertragen. Er konnte es auch dem Erwerber gegen Zahlung einer Abgabe überlassen. Auf jeden Fall aber mußte er ihm die Gewere übertragen. Wenn das Gut nicht zum Allodialeigentum des unmittelbaren Lehnsherrn gehörte, mußte man eine Kette von „Rückgaben" bis hin zum Allodialherrn vornehmen, da nur dieser den Rechtsakt vollziehen konnte.

Wir wollen einige Beispiele zum besseren Verständnis der Struktur dieses Rechtsaktes anfügen. Hierfür liefern uns die Urkundensammlungen der obengenannten Länder reiches Quellenmaterial. Ein ausgezeichnetes Beispiel gibt uns eine Urkunde von 1032–34 an die Hand, in der von Grundstücken die Rede ist, die ein gewisser Archembald an den Grafen Gauzfried (Geoffroy), genannt „Martel“ von Anjou, und seine Frau zu verkaufen wünschte; diese wollten das Land bei der Errichtung der Abtei Trinité de Vendôme verwenden. Archembald hatte die Grundstücke aus dem Allodialbesitz eines gewissen Leudonius zu Lehen: *Quapropter ego Leudonius deprecante fidele meo Archembaldo alodos quos in beneficium de me hactenus tenere videbatur, illi vendere iure concessi comiti Gausfrido*, „darum habe ich, Leudonius, meinem Vasallen Archembald auf dessen Bitte hin im Einklang mit dem geltenden Recht erlaubt, diese Alloden, die er bisher von mir zu Lehen hatte, an den Grafen Gauzfried zu verkaufen“. Weiter unten erklärt Leudonius, daß er den Erwerbern diese Güter als Allod überträgt: *nunc trado in hereditatem;* dann folgt die wohlbekannte Formel für Übertragungen in Allodialbesitz: *ut a die presenti quiquid memorati possessores loci facere voluerint, liberam et firmissimam in omnibus habeant potestatem, nemine contradicente*[80], „so daß vom heutigen Tage an die oben erwähnten Besitzer des Gutes das unbestreitbare, freie und sichere Recht haben, alles zu tun, was sie wollen“. Nun ein Beispiel aus der Champagne: Oliverus von Drosnay schenkt 1157 der Abtei La Chapelle aux Planches (Marne) ein Grundstück, das er vom Grafen Heinrich von Troyes zu Lehen hatte. Dieser greift auf folgende Weise in den Vorgang ein: *hoc autem, ut ratum est, Oliverus et filius Gaucherus, cum de feodo meo erant, manum suam devestiverunt meamque investiverunt et ego manum abbati investivi*[81], „da Oliverus und sein Sohn Galcherius dieses Gut von mir zu Lehen hatten, legten sie es, wie es der Brauch verlangt, in meine Hand zurück, und ich habe den Abt damit investiert“. Es folgt nun ein Text aus Flandern aus einer Urkunde des Grafen Dietrich von Elsaß von 1159: *notum esse volo ... quia 45 mensuras terre et dimidiam quas Leonius a me et frater eius Wido ab ipso feodi iure*

[80] Métais, *Cartulaire de la Trinité de Vendôme*, I, Nr. 8.

[81] C. Lalore, *Cartulaire de la Chapelle aux Planches*, etc., Nr. 17, pp. 17 u. 18.

*tenuit, ab eodem fratre suo sibi et ab ipso michi ... redditas, ecclesie Sancti Nicolai de Furnes, perpetuo iure libere possidendas, donavi. In quarum concambium ab eadem ecclesia nonaginta unam mensuras de terra ... recipiens easdem predicto Leonio a me feodi iure possidendas tradidi et ipse nichilominus predicto fratri suo, easdem feodali iure, ab ipso possidendas tradidit*[82], „Wir wollen Folgendes bekannt geben: Leonius hatte von mir 45½ Maß Land zu Lehen, und dieser hatte es an seinen Bruder Guido weiterverliehen. Dieses Land erhielt Leonius von seinem Bruder zurück und gab es an mich zurück, und ich habe es der Kirche St. Nikolaus zu Veurne zu ewigem und freiem Besitz geschenkt. Für diese 45½ Maß Land habe ich von dieser Kirche 91 Maß erhalten, die ich dem obengenannten Leonius als Lehen aus meiner Hand übergab, und dieser belehnte mit ihnen seinen Bruder."

In allen diesen Fällen findet eine Überlagerung mindestens zweier Rechtsakte statt – die Rückgabe des betreffenden Lehens durch den Vasallen, der es veräußert, nicht eingeschlossen. Die Parteien des einen sind der veräußernde Vasall und der Erwerber; es handelt sich dabei um einen Verkauf, einen Tausch oder eine Schenkung. Nur er hat wirtschaftliche Bedeutung, aber er genügt nicht, um die von den Parteien angestrebten Rechtswirkungen herbeizuführen. Die Parteien des anderen Rechtsaktes sind der Lehnsherr und der Erwerber: hier handelt es sich meistens um eine Schenkung, eine Belehnung, um die Verleihung eines Grundstücks gegen Abgaben, aber möglicherweise auch um einen Verkauf oder Tausch. Der erste dieser Akte entspricht darum nicht notwendig dem zweiten. Der Vasall konnte dem Erwerber das Lehen verkaufen, der Lehnsherr es ihm schenken. In den meisten Urkunden erscheint sogar nur die Schenkung. Diese tritt manchmal besonders deutlich hervor, so wie in der, die wir nun untersuchen: im Jahre 1174 verkauft der Burggraf von Tournai und gräfliche Vasall Ebrardus Radoul ein bei Alveringem gelegenes Lehngut aus der Hand des Grafen von Flandern für 550 Mark an St. Nikolaus zu Veurne, *me concedente*, „mit meiner Zustimmung", wie Graf Philipp von Elsaß

[82] A. Vandeputte u. C. Carton, *Chronicon et Cartularium abbatiae S. Nicolai Furnensis*, Brügge 1846, pp. 87 u. 88. Siehe auch den oben p. 141, Anm. 59 zitierten Text von 1164.

sagt. An diesen wird das Lehen zurückgegeben, der das Gut um des Heiles seiner und seiner Eltern Seelen willen der Kirche als Allod oder vielmehr als *franche aumône* schenkt: *hereditario iure possidendam prefate ecclesie in elemosinam dedi*[83].

In Frankreich und bisweilen sogar in Deutschland läßt sich jedoch schon seit dem 12. Jahrhundert beobachten, daß in bestimmten Gegenden und bei bestimmten Lehen in der Praxis die Rückgabe an den Herrn und die Investitur des Erwerbers mit dem Lehen wegfällt oder in den Urkunden nicht erwähnt wird. Dieses Verfahren *vest-devest* oder *dessaisine-saisine*, wie man es in Frankreich nennt, wird oft durch eine ausdrückliche Billigung oder sogar durch schweigende Zustimmung von seiten des Herrn ersetzt[83a] oder impliziert. Die königliche Gerichtsbarkeit in England führt im 13. Jahrhundert neue Arten des Schutzes der Lehnsgewere ein, die dem *enfeoffment*, der Investitur des Erwerbers, viel von seinem praktischen Nutzen nehmen und es rasch außer Gebrauch kommen lassen. Das „Statute" *Quia emptores* von 1290 verbot jede Unterbelehnung; es erkannte jedoch jedem Lehnsinhaber das Recht zu, an seiner Statt einen anderen Vasallen einzusetzen[84].

Vermutlich konnte sich der Lehnsherr spätestens seit dem 12. Jahrhundert der Veräußerung eines Lehens nicht mehr widersetzen, es sei denn in Ausnahmefällen und bei bestimmten Arten von Lehen. 1150 verlangt der Graf von Flandern Dietrich von Elsaß im Einvernehmen mit dem Bischof von Térouanne, daß man bei Verschenkung von Lehen an Kirchen streng nach dem Verfahren *vest-devest* vorgehe. In Bezug auf diese *donationes* fügt er jedoch hinzu, daß *domini eas nullo modo poterunt impedire, nisi justam causam et rationabilem conditionem opponant*[85], „daß die Lehnsherren sie

[83] Vandeputte u. Carton, *Chronicon et Cartularium S. Nicolai Furnensis*, pp. 217 u. 218.

[83a] Frühes Beispiel im Poitou: P. de Monsabert, *Chartes de l'abbaye de Nouaillé*, Poitiers, 1936, Nr. 183 (Anfang 12. Jh.s).

[84] W. Stubbs, *Select Charters and other Illustrations of English Constitutional History*, 9. Aufl., hg. v. H. W. C. Davis, Oxford 1948 (Neudruck), S. 473—474.

[85] T. Duchet u. A. Giry, *Cartulaire de l'église de Térouanne*, Saint-Omer 1881, Nr. 27.

auf keine Weise verhindern können, es sei denn, sie würden einen guten Rechtsgrund geltend machen oder ihre Weigerung hinreichend begründen". Ursprünglich konnte sich der Herr wie im Falle der Erbfolge seine Zustimmung und seine Mitwirkung bezahlen lassen. Hieraus leiten sich die Rechte ab, die die Herren bei Besitzwechsel des Lehens geltend machten; oft haben sie die Form von Abgaben angenommen, die zum Wert des Lehens in einem bestimmten Verhältnis standen. Für diese Rechte finden sich in den Quellen die verschiedensten Bezeichnungen: *relevium, laudationes et ventae, investitura,* französisch *lods et ventes, quint, requint* usw., deutsch Lehnware, Weinkauf, Handlohn usw.

Seit dem 12. und vor allem im 13. Jahrhundert versuchten die Lehnsherren auf mancherlei Weise zu erreichen, daß Lehen nur mit ihrer ausdrücklichen Zustimmung und unter Beachtung des Verfahrens *vest-devest* an Kirchen verschenkt oder verkauft werden durften, andernfalls strenge Sanktionen verhängt wurden. In Frankreich entstand sogar der Brauch, der Kirche für den Erwerb des Lehens eine Abgabe *de mainmorte* an den Herrn aufzuerlegen, die diesem als Entschädigung für den Verlust der Mutationsgebühren dienen sollte. In anderen Fällen bestimmte man einen *homme vivant et mourant,* (niederl. *sterfelijk laet),* also einen Mann, bei dessen Tod die Kirche dem Lehnsherrn die Erbgebühr zu zahlen hatte.

Darüber hinaus konnte der Lehnsherr im Falle einer Veräußerung noch ein anderes Recht wahrnehmen, und zwar das Vorkaufsrecht (frz. *retrait,* niederl. *naastingsrecht*). Das Vorkaufsrecht am Lehen gab dem Lehnsherrn das Recht, an die Stelle des Käufers zu treten und diesem die Kaufsumme auszuhändigen. In vielen Gewohnheitsrechten – zumindest in Frankreich – hatte jedoch seit dem 12. Jahrhundert das *retrait lignager* den Vorrang, d. h. das Vorkaufsrecht der Familie des Verkäufers: ein neuer Beweis für die Patrimonialisierung des Lehens. In England kannte man keines dieser Institute.

Das dingliche Recht des Herrn am Lehen – wir meinen hier den Allodialherrn –, das im 11. Jahrhundert noch echte *proprietas* war, ist also auf die Erhebung von Abgaben, auf Intervention oder Einwilligung bei Besitzwechsel zwischen Lebenden und auf das Vorkaufsrecht reduziert. Der Herr kann das Lehen veräußern, aber nur innerhalb der Grenzen seines Rechtes und ohne das Recht des Vasallen zu beinträchtigen. Außer bei bestimmten Lehen – in Norddeutschland zum Beispiel bei Lehen, die von einem anderen Allodialherrn als dem König oder einer Kirche verliehen sind[86] – hat der Herr keine Möglichkeit, den Vasallen zur Aufgabe seines Lehens zu zwingen, selbst wenn er es ihm gegen ein anderes eintauschen will. Als Graf Robert II. von Flandern, bevor er zum Kreuzzug von 1096 aufbricht, St. Peter zu Lille die zwei Drittel des Zehnten *(bodium)* von Lesquin (Nord) schenken will, die Engelbert von Cisoing und Rotgarius, der Burggraf von Lille von ihm zu Lehen haben, stellt er ausdrücklich fest, daß diese, nachdem er ihre Güter gegen andere eingetauscht hat, alle ihre Rechte an ihn abgetreten haben *(accepto a me concambio, ab omni exactione liberum michi reddiderunt*[87]), wobei er besonders betont, daß die Rückgabe freiwillig erfolgte. Im Laufe der Zeit erlangte der Vasall sogar ein größeres Verfügungsrecht über das Lehen als der Herr.

[86] *Sachsenspiegel, Lehnrecht*, 71, 6, hg. v. K. A. Eckhardt[2], p. 105.
[87] F. Vercauteren, *Actes des comtes de Flandre*, Nr. 20, p. 62.

## Drittes Kapitel

## Beziehungen zwischen Vasallität und Lehen

### *Verdinglichung der Lehns- und Vasallenbindungen*

Seit dem 9. Jahrhundert machten sich die Anfänge einer Entwicklung bemerkbar, in deren Verlauf das dingliche Element der Lehns- und Vasallenbindungen die tragende Rolle innerhalb dieser Bindungen übernimmt. Dieser Prozeß trat in den folgenden Jahrhunderten immer deutlicher in Erscheinung. Der Brauch, seine Vasallen zu belehnen, setzte sich mehr und mehr durch, und das wachsende Verlangen der Vasallen nach Lehen bildete oft den wahren Grund für den Eintritt in die Vasallität. In vielen Fällen macht man sich nur zum Vasallen eines Herrn, um ein oder mehrere Lehen zu erhalten. So fand sich z. B. Markgraf Liuthar von der sächsischen Nordmark 1002 nach dem Tode des Kaisers, von dem er ein Benefizium empfangen hatte, bereit, sich zum Vasallen des deutschen Kronprätendenten Herzog Heinrichs von Bayern zu machen, *spem retinendi et augendi beneficii,* d. h. in der Hoffnung, dieses Benefizium zu behalten und neue dazuzubekommen. Erzbischof Adalbert von Hamburg-Bremen bewog seinen Feind Herzog Magnus von Sachsen 1066 durch das Versprechen eines großen Benefiziums von mehr als tausend Hufen, in seine Vasallität einzutreten: *ut qui hostis erat, miles efficeretur, offerens ei de bonis ecclesiae mille mansos in beneficium et amplius*[1]. Es bildet sich also sogar in Deutschland, das gerade zu diesem Zeitpunkt stärker als Frankreich von der karolingischen Tradition durchdrungen ist, ein Kausalzusammenhang zwischen der Verleihung von Lehen und der Vasallität.

[1] Thietmar v. Merseburg, *Chronicon* V, 3, hg. v. R. Holtzmann, p. 222; Adam v. Bremen, *Gesta Hammaburgensis ecclesiae pontificum* III, 49, hg. v. B. Schmeidler, Hannover 1917, p. 192.

### *Das Lehen als Grund der Vasallentreue und des Vasallendienstes*

Infolge dieses Kausalzusammenhangs hat man angenommen, daß die Treue des Vasallen an die Lehen gebunden sei, die er vom Herren erhalten habe, und daß der Herr in erster Linie auf Grund bestimmter verliehener Lehen die Erfüllung der Vasallenpflichten verlangen könne. Als 1039 der Burggraf Walter II. sich dem Bischof Gerardus I. von Cambrai verpflichtete, versprach er ihm: *fidelitatem, sicut tibi promisi, adteneam quamdiu tuus fuero et tua bona tenuero,* „ich werde dir die Treue wahren, wie ich dir versprochen habe, solange ich dein Vasall bin und Güter von dir zu Lehen habe". Man erinnere sich übrigens nur daran, daß Fulbert von Chartres in der ersten Hälfte des 11. Jahrhunderts erklärte, daß der Vasall dem Herrn mit Rat und Hilfe getreulich beistehen müsse, *si beneficio dignus videri velit,* „wenn er sich seines Benefiziums würdig erweisen wolle". In einer Königsurkunde von 1092 wird der Dienst, den der Erzbischof von Rouen dem französischen König Philipp I. schuldet, ausdrücklich durch den Hinweis gerechtfertigt, daß dieser im Vexin ein Gut vom König zu Lehen habe. Ein 1101 abgeschlossener Vertrag bindet den Grafen Robert II. von Flandern an den englischen König Heinrich I., der seinem neuen Vasallen ein Rentenlehen gewährt. In einem Absatz dieses Vertrages spricht der Graf von seinen Pflichten gegenüber dem König und verknüpft sie mit dem erhaltenen Lehen: *regem Henricum per fidem juvabit, sicut suum amicum et dominum de quo feodum tenet,* „er wird dem König Heinrich als seinem Freund und Herrn, von dem er sein Lehen hat, treue Hilfe leisten"[2]. Und doch stellten die Treuepflicht und die Dienstpflicht des Vasallen den Gegenstand einer Verpflichtung dar, die aus einem Vertrag hervorgegangen war, der seinem Wesen nach jeder dinglichen Grundlage entbehrte.

[2] *Gesta episcoporum Cameracensium* III, 40, MG. SS. VII, p. 481; vgl. oben pp. 86—87; PROU, *Actes de Philippe I*, Nr. 127; VERCAUTEREN, *Actes*, Nr. 30, c. 10, p. 91.

## *Verhältnis von Belehnung und Mannschaft*

Auf Grund dieser Sachlage ist es verständlich, daß sich seit dem 12. Jahrhundert zwischen der Mannschaft als dem wesentlichen Rechtsakt bei der Begründung des Vasallitätsvertrages und der Verleihung des Lehens eine Beziehung bildete. Mannschaft wurde für ein bestimmtes Lehen geleistet. Wendungen dieser Art tauchen in großer Zahl in den Urkunden und erzählenden Quellen auf. Vor allem Giselbert von Mons, der treue Berater und Kanzler des Grafen Balduin V. von Hennegau (1168–1195), ein Mann, der die Praxis des Lehnrechts in Deutschland ebenso wie in Frankreich von Grund auf kannte, bringt sehr häufig Beispiele dieser Art. Er berichtet unter anderem, daß dieser Graf 1172 den Bischof Rudolf von Zähringen in Lüttich aufsuchte und „ihm für den Hennegau Mannschaft leistete", *debitum pro Hanonia fecit hominium,* daß Ägidius von Saint-Aubert und seine Söhne 1173 *de ipso castro* (es handelt sich um die Burg Busigny; Nord) *domino comiti... fecerunt hominium ligium,* „ihrem Herrn, dem Grafen von Hennegau für diese Burg ligische Mannschaft leisteten"[3]. Dasselbe kann man überall beobachten. Zur Illustration bringen wir nun noch ein Beispiel aus Südburgund und eines aus der Gegend von Toulouse. In einer Urkunde von 1096–1124 ist von einer Belehnung durch das Kapitel von Saint-Vincent zu Mâcon die Rede. Von dem Vasallen, der das Lehen erhält, wird gesagt: *pro hoc beneficio... hominium et fidelitatem iuravit,* „für dieses Lehen leistete er Mannschaft und Treueid". Im Jahre 1128 gibt Pons Beringerius von Brugières, ein Vasall der Abtei Saint-Sernin von Toulouse, über sich selbst in einer Urkunde folgende Erklärung ab: *pro omni cetero honore qui est de ipso fevo... est homo ipsius abbatis manibus junctis,* „für diese ganze Grundherrschaft, die er zu Lehen hat, ist er durch Mannschaft Vasall des Abtes"[4]. Mehr noch, diese enge Verbindung zwischen Lehen und Mannschaft fand ihren Niederschlag sogar in der Formel für die Mannschaftsleistung. Aus

[3] Giselbert von Mons, *Chronique,* c. 68 u. 75, pp. 108 u. 115.

[4] C. Ragut, *Cartulaire de Saint-Vincent de Mâcon,* Mâcon 1864, Nr. 567; Douais, a. a. O. Nr. 261.

den Rechtsbüchern des 13. Jahrhundert sind aufschlußreiche Texte erhalten. Bei Bracton hat die Formel für die Mannschaftsleistung folgenden Wortlaut: *devenio homo vester de tenemento quod de vobis teneo,* „für das Lehen, das ich von Euch habe, werde ich Euer Mann", und weiter unten spricht derselbe Verfasser vom *tenementum per quod obligatur ad hominium,* vom „Lehen, für das man Mannschaft leisten muß"[5].

### *Verhältnis von Belehnung und Treueid*

Es gibt Quellen, die sich auf das Languedoc und das Arelat beziehen und aus denen sich anscheinend ein Zusammenhang zwischen der Verleihung oder dem Besitz eines Lehens und dem vom Vasallen geleisteten Treueid erkennen läßt. In diesen Urkunden wurde der Text des Treueides eingefügt[5a].

Ob es sich nun um Mannschaft oder Treueid handelt, wichtig ist, daß zwischen ihnen und der Tatsache, daß man für ein bestimmtes Lehen Vasall wurde oder bereits war, überhaupt eine Beziehung entstand.

### *Bindung des Vasallendienstes an das Lehen*

Die Verlagerung des Schwergewichts auf das dingliche Element der Lehns- und Vasallenbindungen wirkt sich auch noch auf einem anderen Gebiet aus. Mehr und mehr verbreitet sich die Anschauung, daß der Vasall seinem Herrn vom Lehen oder zumindest für das Lehen dienen müsse. So heißt es 1224 in einem unveröffentlichten Text aus dem Hennegau, *omne servicium in quo dictum feodum mihi tenebatur,* „der ganze Dienst, der mir auf Grund des genannten Lehens geschuldet wurde". Seit dem 12. Jahrhundert gebraucht Giselbert von Mons übrigens laufend Wendungen wie *dominus castri, qui pro quibusdam feodis continuum in Montibus debebat stagium*[6], „jener Burgherr, der auf Grund bestimmter Lehen auf der Burg von Mons ständig Burghut leisten mußte".

[5] *De legibus,* f° 80—80 b, hg. v. Woodbine II, pp. 232 u. 233.

[5a] Siehe oben, p. 84 u. Anm. 27.

[6] Didier, *Droit des fiefs,* p. 68, Anm. 36; Giselbert von Mons, *Chronique,* c. 41, p. 74.

Das Verhältnis, das sich zwischen Dienst und Lehen gebildet hatte, kann uns in gewissem Maße die aus dem Rahmen der normalen Lehns- und Vasallenbindungen fallenden Gewohnheiten verständlich machen, die in Südfrankreich und im Arelat herrschten; ganz besonders das Fehlen des Dienstes oder zumindest seine äußerste Beschränkung, manchmal auch das Fehlen der Mannschaft bei Vasallen, die im Besitze von Freilehen waren[6a].

*Das Lehen als Rechtsgrund der Verpflichtung des Vasallen*

Als die Kanonisten, die Glossatoren und die Kommentatoren den Begriff der *causa*, also des Rechtsgrundes der Verpflichtungen, des *id quod inducit ad contrahendum*, des unmittelbaren Zieles, auf das hin man sich verpflichtete, als eines der wesentlichen Elemente der Verpflichtung herausgearbeitet hatten, war ein neuer Schritt auf dem Wege zur Verdinglichung der Lehns- und Vasallenbindungen getan. Seit dem 13. Jahrhundert wurde bei gegenseitigen Verträgen der Gegenstand der Verpflichtung der einen Partei als Rechtsgrund für die Verpflichtung der anderen Partei angesehen, so daß bei Wegfall der Gegenleistungen der einen Partei die Verpflichtung der anderen gegenstandslos wurde und somit null und nichtig war. Diese Lehre wurde auf die Lehns- und Vasallenbindungen angewandt, und viele sahen nicht die Gewährung von Unterhalt und Schutz von seiten des Herrn als Rechtsgrund für die Verpflichtung des Vasallen an, sondern im Einklang mit der tatsächlichen Entwicklung die Verleihung eines Lehens und die Gewährung von Schutz.

Wenn also nach dieser Lehre beim Eingehen eines vasallitischen Verhältnisses kein Lehen als Gegenleistung gewährt wurde, wurde die Verpflichtung des Vasallen eine Verpflichtung ohne Rechtsgrund und infolgedessen ungültig. Diese Gefahr hat sicherlich in hohem Maße dazu beigetragen, daß in der Formel für die Mannschaft das Lehen regelmäßig erwähnt wurde; zur Entstehung dieser Gewohnheit hat sie jedoch wahrscheinlich nicht geführt.

Nach dem italienischen Glossator Martinus von Fano empfiehlt der berühmte französische Kommentator Guillelmus Durandus im

[6a] Siehe oben, pp. 84, 98, 128—129, 166.

13. Jahrhundert eine Erklärung, in der sehr deutlich gesagt wird, daß der Rechtsgrund der Vasallenpflichten die Verleihung eines Lehens ist: *hoc ideo promitto quia talem rem mihi et heredibus meis concessisti, donec sub tuo dominio steterimus et insuper me ac mea defendere contra omnem hominem promisisti;* „Ich verspreche dir dieses, weil du mir und meinen Erben dieses Gut verliehen hast, und zwar so lange wir unter deiner Herrschaft bleiben und außerdem, weil du versprochen hast, mich und meine Güter gegen jeden zu verteidigen“[7].

## *Weitere Phänomene der Verdinglichung*

Beim Studium der Vasallität und des Lehens konnten wir an zahlreichen Beispielen die fortschreitende Verdinglichung der Lehns- und Vasallenbindungen feststellen: an der Beschlagnahme oder an der Einziehung des Lehens – die normale Sanktion bei Nichterfüllung der Vasallenpflichten –, an der Vererblichkeit und der Veräußerbarkeit des Lehens und daran, daß ein Vasall mehreren Herren ligische Mannschaft leisten konnte. Man kann sagen, daß im 13. Jahrhundert in den Lehns- und Vasallenbindungen das dingliche Element dominiert. Charakteristisch dafür ist ebenfalls die häufige Verwendung von Ausdrücken, die den Vasallen sozusagen als Funktion seines Lehens bezeichnen: *homo feodalis* kommt seit dem 11. Jahrhundert vor[8]; an der weiten Verbreitung von Ausdrücken dieser Art (wie *feodatarius,* Lehnsmann, niederl. *leenman,* frz. *homme de fief*[9], *feudataire)* läßt sich leicht feststellen, daß im allgemeinen Bewußtsein der Zeitgenossen der Status des Vasallen jetzt im wesentlichen durch den Besitz eines Lehens bestimmt wird. Wie wir sahen, vertritt das Juristenrecht dieselbe Anschauung.

[7] *Speculi Gulielmi Durandi . . . pars tertia et quarta,* Lyon 1532, fo 119v: Liber IV, particula III, *De feudis,* 12.

[8] Ein Beispiel aus England von 1066–1087 findet sich in einer von C. Douglas herausgegebenen Urkunde, *A Charter of Enfeoffment under William the Conqueror,* English Historical Review, XLII, 1927, p. 247.

[9] Schon bei Beaumanoir, *Coutumes de Beauvaisis* I, Nr. 23, p. 27.

### *Mannschaft und Treueid als formale Voraussetzungen der Belehnung*

Unter diesen Umständen gewinnt die persönliche Bindung des Vasallen fast das Ansehen einer notwendigen formalen Voraussetzung seiner Belehnung. Sie mußte infolgedessen immer mehr an Bedeutung verlieren. Sicherlich wurde die Treupflicht im Laufe der ganzen hier behandelten Epoche vor allem von den großen Vasallen zuweilen verletzt; aber seit sie an veräußerliche Güter gebunden war und nicht mehr so wie in früheren Zeiten schwer veräußerliche Güter lediglich zu dem Zweck vergeben wurden, dem Vasallen die Erfüllung seiner Dienstpflicht zu erleichtern, läßt sich mit Recht behaupten, daß die Vasallentreue praktisch zur Handelsware wurde[10]. Sie verlor seitdem jede Zuverlässigkeit und vielleicht sogar jede Grundlage.

[10] Wie Marc Bloch in *Société féodale* I, p. 324, geistreich und sehr richtig sagt.

## Viertes Kapitel

## Die Lehns- und Vasallenbindungen und der Staat

### *Lehen und Gerichtsbarkeit*

Wenden wir uns nun der Stellung zu, die die Lehns- und Vasallenbindungen in der Struktur des Staates zwischen dem 10. und dem 13. Jahrhundert einnahmen, so erhebt sich zunächst folgende Frage: schloß die Verleihung eines Lehens notwendig die Verleihung der Gerichtsbarkeit ein? Das Problem gewinnt dadurch an Bedeutung, daß zur *justitia* außer der eigentlichen Gerichtsbarkeit noch andere wichtige Befugnisse gehörten, wie etwa Polizeirechte oder Aufgaben, die wir heute als solche der Verwaltung bezeichnen würden. Dazu gehörte manchmal das Recht, Zoll *(teloneum,* frz. *tonlieu)* zu erheben, d. h. eine Steuer auf den Warenverkehr, zuweilen auch die Gewährung von Marktrechten und die Besteuerung der Umsätze, usw.

Viele französische Rechtsgelehrte, die sich im Laufe der letzten Jahrhunderte des Ancien Régime mit diesem Problem beschäftigten, haben mit einem bemerkenswerten Verständnis für das Wesen der feudo-vasallitischen Institutionen die Frage negativ entschieden. So schreibt Antoine Loisel zu Anfang des 17. Jahrhunderts: *fief, ressort et justice n'ont rien de commun ensemble,* „Lehen, Ressort und Gerichtsbarkeit haben nichts miteinander gemein"[1], und viele andere nach ihm haben diesen Satz – mit der Zeit eine Maxime geworden – wiederholt. Dies gilt jedoch nicht nur für Frankreich.

Weder das dingliche, noch das persönliche Element der Lehns- und Vasallenbindungen gibt uns einen Anhaltspunkt dafür, daß einem mit einem Lehen investierten Vasallen die Ausübung der

[1] *Institutes coutumières,* II, II, 42, hg. v. M. Reulos, Paris 1935, Nr. 257, p. 47.

Gerichtsbarkeit innerhalb der Grenzen seines Lehngutes zusteht, noch notwendig seinem Herren die Ausübung einer ähnlichen oder einer höheren Gerichtsbarkeit. Es konnte vorkommen – es geschah sogar häufig –, daß gleichzeitig mit einem Gebiet ihrer Natur nach „öffentliche" Rechte, besonders die Gerichtsbarkeit über dieses Gebiet oder sogar über seine Grenzen hinaus verliehen wurden. In Deutschland unterschied man noch bis ins 13. Jahrhundert zwischen der Verleihung von Land und der Verleihung der *justitia*, wenigstens was die hohe Gerichtsbarkeit anging: bei Strafsachen, bei denen die schwersten Strafen verhängt wurden, und bei dem, was wir heute als Zivilsachen bezeichnen würden, Angelegenheiten, bei denen persönlicher Status und Grundbesitz auf dem Spiele standen. Noch zu Beginn des Jahrhunderts wies der Sachsenspiegel darauf hin, daß Grafen und Hochvögte eine besondere Konzession – die Bannleihe – vom König benötigten, um die hohe Gerichtsbarkeit auszuüben[2]. Noch aufschlußreicher ist die Tatsache, daß es um 1196 in Niederlothringen, also in jenem Teil des damaligen Deutschland, in dem das Lehnswesen am weitesten fortgeschritten war, in der Grafschaft Hennegau, immer noch üblich war, zwischen Lehen an Land und der verliehenen Gerichtsbarkeit zu unterscheiden. Giselbert von Mons, der zu dieser Zeit in seiner Chronik jene Ereignisse verzeichnet, die 1071 den Hennegau unter die Lehnsherrschaft der Kirche von Lüttich brachten, unterscheidet sehr deutlich zwischen ehemaligem, jetzt in Lehngut umgewandelten gräflichen Allodialbesitz und den ebenfalls zu Lehen vergebenen öffentlichen Ämtern: dem Amt des Laienabtes und der Vogtei von Sainte-Waudru zu Mons und der Gerichtsbarkeit in der Grafschaft Hennegau, *abbatiam et advocatiam Montensis ecclesie et justiciam comitatus Hanoniensis*[3]. Dieser Unterschied verschwand in Frankreich schon sehr früh und hinterließ in den Quellen kaum eine Spur. Die Gerichtsbarkeit konnte hier jedoch den Allodialherren zustehen, ebenso wie es geschah, daß ein Vasall nicht Gerichtsherr über sein Land war; nicht selten gehörte die Gerichtsbarkeit über ein be-

[2] *Landrecht* I, 59, 1, II, 12, 6, hg. v. K. A. Eckhardt², Göttingen 1955, pp. 114 u. 138.

[3] Giselbert von Mons, *Chronique*, c. 8, p. 11–12.

stimmtes Gebiet weder dem Vasallen, der es zu Lehen hatte, noch seinem Lehnsherren, sondern dem Fürsten oder einem dritten Herren. Selbst in Frankreich war die Gerichtsbarkeit als öffentliche Gewalt sicherlich weniger stark aufgeteilt als der Grundbesitz, und oft auf ganz andere Weise. Wenn in bestimmten Gebieten – wie seit dem 13. Jahrhundert im Beauvaisis – zu jedem Lehen das Recht zur Ausübung der Gerichtsbarkeit gehörte und so die später von manchen Gewohnheitsrechten aufgenommene Maxime *fief et justice c'est tout un*, „Lehen und Gerichtsbarkeit sind eins“[4], ihre Berechtigung hatte, so läßt sich dies durch besondere Umstände erklären, nämlich durch das sehr schnelle Verschwinden des Allodialeigentums und der allodialen Grundherrschaft, und durch die Tatsache, daß Lehen und grundherrliche Gerichtsbarkeit gewöhnlich zusammenfielen. Letzteres darf wohl als Folgeerscheinung des ersteren angesehen werden.

### *Die Lehnsgerichtsbarkeit*

Es gibt jedoch eine Gerichtsbarkeit, die mit den Lehns- und Vasallenbindungen in engem Zusammenhang steht. Sie wird gewöhnlich als Lehnsgerichtsbarkeit bezeichnet, d. h. als Gerichtsbarkeit, die sich mit Sachen befaßt, die den Vasallitätsvertrag und seine Wirkung oder das Lehen selbst betreffen. Normalerweise hat der Lehnsherr diese Gerichtsbarkeit inne: er übt sie über seine Vasallen und über die von ihm verliehenen Güter aus.

Zum Wesen der Lehns- und Vasallenbindungen gehören diese richterlichen Funktionen indessen nicht. Bekanntlich war während des größten Teiles der Karolingerzeit der Herr nicht gleichzeitig der Richter seines Vasallen. In den letzten Jahren des 9. und im ersten Drittel des 10. Jahrhunderts, in jener schwer zu erforschenden und von Wirren erfüllten Zeit, sollte er es jedoch werden. Vielleicht unterstanden Pflichtverletzungen oder sich aus dem Lehnsverhältnis ergebende Streitigkeiten ursprünglich der vom Herrn alleine ausgeübten Gerichtsbarkeit. Diese Sachen wurden jedoch schon sehr

[4] Beaumanoir, *Coutumes de Beauvaisis*, I, Nr. 295, pp. 146 u. 147, II, Nr. 1641, p. 340.

früh vor einem Gericht entschieden; allerdings geschah dies nicht überall in der gleichen Weise. In den meisten Gegenden Frankreichs schaffen sich die Territorialfürsten, die zu dieser Zeit dabei sind, ihre Machtstellung zu begründen, und die Grafen, die ihnen unterstehen und denen es trotz dieser Bestrebungen gelingt, eine gewisse Autonomie zu behaupten, eine *curia*, ein Hofgericht. Hier wurde entweder ein neues Organ nach Art des Königsgerichts geschaffen oder das karolingische Grafengericht, das bisher mit Schöffen *(scabini)* oder Rechtsprechern *(judices)* besetzt war, in eine *curia* umgewandelt. Dieses Hofgericht ist für sämtliche Angelegenheiten zuständig und steht unter dem Vorsitz eines Fürsten oder Grafen, dessen Vasallen als Beisitzer fungieren. Letztere haben wahrscheinlich schon sehr früh ihre gemeinsamen Bestrebungen darauf gerichtet, beim Fürsten oder Grafen zu erreichen, daß Fälle, die ihre Beziehungen zu ihm oder ihr Verhältnis untereinander angingen oder Angelegenheiten, die das von ihm verliehene Lehen betrafen, der *curia* vorgetragen wurden, d. h. dem Urteil der *pares* (frz. *pairs*), der Standesgleichen der Parteien unterworfen wurden. Die Vasallen anderer Herren, die in Nachahmung der Fürsten oder Grafen Gerichte gebildet hatten, konnten sich dieser Entwicklung nicht entziehen, und selbst die Herren, die keine andere Gerichtsbarkeit ausübten, bildeten eine mit Vasallen besetzte *curia*, die in den das Lehnsverhältnis betreffenden Angelegenheiten das Urteil sprach. Im großen und ganzen ist diese Entwicklung das Werk des 10. Jahrhunderts. Diese Gerichte sind sich durchaus nicht überall gleich. Sie unterscheiden sich in ihrer Zusammensetzung, ihrer Funktion und ihrer Stellung innerhalb der Gerichtsverfassung des Landes oder des Fürstentums. Manchmal wurden sie im Laufe der Jahrhunderte umgewandelt. Zum Beispiel erscheinen in Flandern, wo gräfliche Kastellaneigerichte die meisten landrechtlichen Angelegenheiten regeln, spätestens in den ersten Jahren des 13. Jahrhunderts in jeder Kastellanei territoriale Lehnsgerichte. Ein großer Teil der der gräflichen *curia* unterstehenden lehnrechtlichen Angelegenheiten geht auf diese Gerichte über.

In den meisten Gegenden Deutschlands haben sich die Dinge ganz anders entwickelt als in Frankreich. Nur das Königsgericht besitzt neben der Zuständigkeit für das Landrecht noch die für das Lehnrecht, letztere für die Kronvasallen und die Kronlehen. Im ganzen Reichsgebiet blieben in Fortsetzung der karolingischen Tradition öffentliche Gerichte erhalten. Die Lehnsherren bildeten Sondergerichte zur Entscheidung der sich aus dem Lehnsverhältnis ergebenden Rechtshändel. Auf diese Streitsachen wurde sogar ein besonderes Recht angewandt. So standen das Lehnrecht und das Lehnsgericht dem Landrecht und dem Landgericht gegenüber. Das Lehnsgericht setzte sich aus Vasallen zusammen, die unter dem Vorsitz ihres Lehnsherrn Recht sprachen. Im äußersten Westen Deutschlands, in gewissen lothringischen Fürstentümern, entstanden Gerichte, die denen, die sich in Frankreich gebildet hatten, nicht unähnlich waren.

In England entstehen nach der Eroberung ebenfalls Gerichte französischen Stils: die Inhaber von *honores* und zweifellos auch Herren von weniger hohem Rang haben hier ihre mit ihren Vasallen besetzte *curia* (engl. *court*), die in Streitfragen, welche sich aus den Lehns- und Vasallenbindungen ergeben, und sicherlich auch noch in anderen Angelegenheiten das Urteil sprechen. Seit der zweiten Hälfte des 12. Jahrhunderts gelang es jedoch der Politik der Plantagenets, die Zuständigkeit der königlichen Gerichtsbarkeit beträchtlich auszudehnen, und zwar auf Kosten der *feudal courts*, die dadurch stark an Bedeutung verloren.

Alle diese mit Vasallen besetzten Gerichte, die in den verschiedenen Ländern eine Lehnsgerichtsbarkeit ausüben, haben einen gemeinsamen Zug. Sie sind nicht ausschließlich für die Rechtsprechung in Strafsachen und zivilen Streitsachen zuständig, sondern üben in erster Linie eine freiwillige Gerichtsbarkeit aus, d. h. vor den Lehnsgerichten werden Treueid und Mannschaft geleistet, Investituren vorgenommen, Lehen zurück- und an andere weitergegeben. Hier ein Beispiel: 1119 oder 1120 will Dietrich der Rote (niederl. Diederik de Roste), Vasall des Grafen von Flandern, der Kirche St. Nikolaus zu Veurne (frz. Furnes) 60 „Maß" Land, die er vom Grafen zu Lehen hat, schenken. Vor dem mit seinen Mitvasallen besetzten gräflichen Hofgericht „entkleidet" Dietrich sich seines Lehens und der Graf schenkt es der Kirche als Allod. Graf Karl der Gute stellt darüber eine Urkunde aus: *sexaginta mensuras terre quas a me Theodoricus Ruphus . . . jure feodi tenuerat, coram optimatibus et princibus meis publice michi ab ipso redditas, ecclesie Furnensi Sancti Nicolai . . . manu propria donavi*[5].

## *Die Lehns- und Vasallenbindungen im Rahmen des Staates*

Nachdem wir uns mit dem Problem des Verhältnisses zwischen den Lehns- und Vasallenbindungen und der Ausübung der Gerichtsbarkeit beschäftigt haben, gilt es nun, im Rahmen dieses Kapitels zu untersuchen, in welchem Umfang und auf welche Weise die Lehns- und Vasallenbindungen den Fürsten und Königen bei der Ausübung ihrer Herrschaft dienen konnten. Wir untersuchen dieses Problem nacheinander am Beispiel Frankreichs, Deutschlands und Englands. Das Lehnrecht hat bei der Ausübung der Staatsgewalt in diesen drei Ländern eine wesentliche Rolle gespielt, wenn auch in sehr unterschiedlicher Weise.

### *Frankreich*

In Frankreich gab es bis spät ins 12. Jahrhundert hinein neben dem Lehnrecht kein anderes Rechtssystem, auf das der König bei der Ausübung seiner Gewalt außerhalb seiner Krongüter sich tatsächlich hätte stützen können. Sicherlich haben die Kapetinger nie darauf verzichtet, als Könige angesehen zu werden und nie den Anspruch aufgegeben, als Könige eine oberste, nicht ableitbare Gewalt auszuüben. Dieser Anspruch blieb jedoch lange Zeit ein rein theoretischer. Als 1126 Ludwig VI. einen Feldzug gegen den Grafen von Auvergne, der dem Bischof von Clermont seinen Besitz streitig machte, unternahm, griff Herzog Wilhelm VIII. von Aquitanien, Vasall des Königs und Lehnsherr der Grafschaft, in den Streit ein. Er forderte, daß man den Grafen von Auvergne vor das Königsgericht rufen solle und er versprach, daß er seinen Vasallen am festgesetzten Tag erscheinen lassen und ihm Beistand leisten werde. Der König mußte den Feldzug beenden und sich mit dem zufriedengeben, was im Rahmen des

[5] VERCAUTEREN, *Actes*, Nr. 98, pp. 223—225.

Lehnrechts erlaubt war[6]. Als er im folgenden Jahr nach der Ermordung des Grafen Karl des Guten in Flandern eingriff, machte er sich die Erfahrungen dieses Abenteuers zunutze. Ob er nun den Sohn Robert Kurzstiefels, Wilhelms Clito, zum neuen Grafen bestimmen ließ, ob er die militärischen Unternehmungen gegen die Mörder und ihre Anhänger leitete, ob er eine Reihe politischer Maßnahmen ergriff — stets bemühte er sich, in keinem Punkt gegen das Lehnrecht zu verstoßen.

Bis zu Philipp-August — und vielleicht sogar noch länger — konnten nur sehr wenige Gelehrte, die außerdem fast alle dem Klerus angehörten, den Begriff der von jeder lehnrechtlichen Grundlage unabhängigen königlichen Gewalt sowohl theoretisch als auch in seiner praktischen Auswirkung voll erfassen. Das gleiche gilt für die Territorialfürstentümer. Die meisten Fürsten vermögen nur in ihrer Eigenschaft als Lehnsherren ihrer Vasallen in weiten Teilen ihrer Gebiete ihre Herrschaft auszuüben. In besonderem Maße trifft dies für die Herzöge von Aquitanien und Burgund oder für den Grafen von Toulouse zu, da bedeutende Teile ihrer Territorien weitgehend autonomen Grafen und Vizegrafen unterstanden. Es trifft ebenfalls, wenn auch gewiß nicht in demselben Umfang, für Territorialfürstentümer mit starker Zentralgewalt wie die Normandie oder Flandern zu. So konnte der Graf von Flandern im 11. und 12. Jahrhundert lediglich auf Grund seiner Eigenschaft als Lehnsherr seiner unmittelbaren Vasallen seine Gewalt etwa gegenüber den Grafen von Boulogne, von Guines, von Saint-Pol, von Hesdin geltend machen. Der König und viele Fürsten — und nicht einmal die schwächsten, z. B. auch der Graf von Anjou — konnten sogar innerhalb der ihnen direkt unterstehenden Gebiete mit Erfolg nur unter Berufung auf den Lehns- und Vasallenvertrag von mittleren oder kleinen Herren, die meistens eine oder mehrere Burgen besaßen, Gehorsam verlangen.

Die französischen Könige haben nie aufgehört, von den ihnen aus dem Lehns- und Vasallenvertrag erwachsenden Rechten Gebrauch zu machen; während des 10., 11. und des größten Teiles des 12. Jahr-

[6] SUGER, *Vie de Louis VI le Gros,* c. 29, hg. v. H. Waquet, Paris 1929, pp. 238 u. 240.

hunderts zunächst nur in bescheidenem Maße und immer nur dann, wenn ihnen die Gelegenheit – zu Recht oder zu Unrecht – günstig schien. Auch begnügten sie sich damit, daß mehrere Territorialfürsten sich durch Leistung von Hulde und Mannschaft zu ihren Vasallen erklärten und nach Ausbildung der Ligesse zu ihren ligischen Vasallen. Von dem Augenblick an, in dem ihre Machtstellung sich zu festigen begann, gingen sie beherzter vor. Mit größerem Nachdruck machten sie jetzt jene Ansprüche selbst gegenüber den mächtigsten Fürsten geltend. Der berühmteste Fall ist der des englischen Königs Johann Ohneland, der 1202 wegen Nichterfüllung seiner Vasallenpflichten all seiner französischer Lehen für verlustig erklärt wurde. *Tandem vero curia regis Franciae adunata adjudicavit regem Angliae tota terra sua privandum quam hactenus de regibus Franciae ipse et progenitores sui tenuerant, eo quod fere omnia servitia eisdem terris debita per longum tempus facere contempserant nec domino suo in aliquibus obtemperare volebant*[7]; „als das Gericht des Königs von Frankreich zusammengetreten war, verurteilte es den König von England zum Verlust des ganzen Gebietes, das er und seine Vorgänger bis dahin von den französischen Königen zu Lehen hatten, weil sie schon seit langer Zeit beinahe all ihre von diesem Gebiet geschuldeten Dienste absichtlich vernachlässigten und in nichts ihrem Lehnsherrn gehorchen wollten". Als sich im 13. Jahrhundert unter den Nachfolgern Philipp-Augusts eine Monarchie mit stark ausgebildeter Verwaltung, relativ regelmäßigen Einkünften und einem besoldeten Beamtenstab entwickelte, bestanden die Könige mehr als je auf ihren „feudalen" Rechten. Ihr Ziel war, alle Lehnsverhältnisse in Frankreich in ein großes System zu bringen und sich selbst an die Spitze dieses Systems zu stellen. Sie strebten danach, *le souverain fieffeux du royaume*, der oberste Lehnsherr des Reiches zu werden, wie die Feudisten, die Lehnrechtstheoretiker des Ancien Régime sagen werden. In steigendem Maße und systematisch nutzten die Könige jede Gelegenheit, die das Lehnrecht ihnen bot, aus, um gegen die mächtigen Territorialfürsten vorzugehen und in der *curia regis* Urteile gegen sie zu erwirken, denn

[7] Radulphus von Coggeshall, *Chronicon Anglicanum*, hg. v. J. Stevenson, London 1875, p. 136.

es galt, ihre Autonomie zu zerstören. Die Geschichte des Verhältnisses zwischen der Grafschaft Flandern und der Krone im 13. Jahrhundert zeichnet sich durch eine Reihe von Interventionen dieser Art aus. Jetzt hatte das Lehnrecht auch in der Praxis aufgehört, die wesentliche Grundlage der königlichen Gewalt zu sein; was ihm blieb und was es in steigendem Maße gewann, war seine Bedeutung als Mittel königlicher Politik und Instrument der Herrschaftsausübung.

### *Deutschland*

In Deutschland ist die Geschichte des Verhältnisses von Lehnswesen und Staat in völlig anderen Bahnen verlaufen. Bekanntlich haben die Lehns- und Vasallenbindungen im 10., im 11. und zu Beginn des 12. Jahrhunderts unter den sächsischen und salischen Kaisern im Staat eine Rolle gespielt: die Herzöge, die meisten Bischöfe und der größte Teil der Markgrafen, die Pfalzgrafen und eine Anzahl von Grafen waren durch das Band der Vasallität an die Krone gebunden. Die Macht des Königs stützte sich jedoch nicht allein auf dieses Lehnsband. Sie ruhte auf zwei Pfeilern: erstens auf den noch vorhandenen Elementen der karolingischen Reichsorganisation und zweitens auf der Reichskirche. Als jedoch der Investiturstreit die Gewalt des Königs über die Bischöfe in einzigartiger Weise geschwächt und die Reichskirche bis in ihre Grundfesten erschüttert hatte, als sich die Markgrafen und Grafen unter Ausnutzung dieses Streites eine weitgehende Unabhängigkeit errungen und sehr wenig von ihrer Eigenschaft als öffentliche Beamte bewahrt hatten, mußten neue Wege gefunden werden. Friedrich Barbarossa zog in der zweiten Hälfte des 12. Jahrhunderts die Konsequenzen aus diesem Zustand. Er versuchte, den Staat auf lehnrechtlicher Grundlage zu reorganisieren. Gelegenheit dazu bot ihm im Jahre 1180 die Verurteilung des Welfen Heinrichs des Löwen, des Herzogs von Sachsen und Bayern zum Verlust seiner Reichslehen, weil er durch sein Nichterscheinen vor dem Lehnsgericht des Königs schwer gegen seine Vasallenpflichten verstoßen hatte. Die Fürsten, die dem König in dieser Sache Beistand geleistet hatten, mußten belohnt werden. So stellte die neue Organisation des Reiches eine Art Kompromiß zwischen den Zielen des Herrschers und den Interessen der Fürsten dar. Von nun an stützte sich die königliche Gewalt auf einen neuen „Reichsfürstenstand", dem nur die Inhaber von Kronlehen angehörten, welche selbst mindestens zwei Grafschaften besaßen, die entweder ihrer eigenen Herrschaft unterstellt waren oder die von ihnen zu Lehen gehalten wurden. Zu diesem neuen Reichsfürstenstand zählten normalerweise an weltlichen Fürsten lediglich Herzöge und Markgrafen. Mit dem „Heerschild" errichtete man eine strenge Lehnshierarchie, die vom König bis zu den Ministerialen und unfreien Rittern reichte. Auch hier genossen die Reichsfürsten eine Vorrangstellung, und kein Angehöriger eines bestimmten Vasallenstandes durfte ein Lehen von einem Herren haben, der nicht einem höheren Stand angehörte, andernfalls er aus seinem Stand ausgestoßen wurde. Einen „Leihezwang", d.h. eine richtige Verpflichtung, die heimgefallenen Reichslehen nach Jahr und Tag wieder auszugeben, gab es für den König nicht. Trotzdem sind diese Lehen immer seltener in seiner Hand geblieben. Das war das Ergebnis der immer stärker zur Geltung kommenden Ansprüche zur Lehnserbfolge in Seitenlinie, der im Rahmen mancher Geschlechter geschlossenen erbrechtlichen Verträge, mitunter vom König unter Druck bestätigt, und anderer Faktoren. Auf dieser Weise hat sich die Wiederausgabe der Reichslehen zu einem sehr allgemeinen Brauch entwickelt. Dem Herrscher wurde es wenn überhaupt, dann nur unter großen Schwierigkeiten möglich, ein bedeutendes Krongut oder eine größere Hausmacht zu schaffen oder den vorhandenen Besitz zu erweitern. Deutschland wurde vollständig feudalisiert. Bekanntlich verlor das Königtum unter den Hohenstaufen und ihren Nachfolgern die so umgewandelten öffentlichen Institutionen aus dem Griff. Es waren Territorialfürstentümer, aus denen die deutschen Länder der Neuzeit und Gegenwart hervorgingen, vor allem die größten unter ihnen: Österreich, Preußen, Bayern, usw.

## *England*

Eine Sonderstellung nimmt die Geschichte des Verhältnisses zwischen Staat und Lehnswesen in England ein. Sie ist völlig verschieden von der Entwicklung in Deutschland, und trotz einiger Berührungspunkte mit der Entwicklung in Frankreich sind deutliche Unterschiede erkennbar.

Die englische Gesellschaft des 9., 10. und 11. Jahrhunderts hatte persönliche, der Vasallität vergleichbare Abhängigkeitsverhältnisse gekannt: das *thegnage*. Der *thegn*, der vom König abhängig ist, weil er sich verpflichtet hat, ihm zu dienen, entspricht in etwa dem Vasallen. Während man jedoch im 11. Jahrhundert auf dem Kontinent bereits zwischen den Vasallen und anderen Freien, die sich einem Herrn zu Dienst verpflichtet haben, recht deutlich unterscheidet, gehören im England des 11. Jahrhunderts freie, einer Kirche oder einem weltlichen Herren völlig unterstellte Dienstleute ebenso wie die mächtigen *thegns* des Königs zur Gruppe der *thegns*. Andererseits erhält der *thegn*, der vom König Land geschenkt bekommt, dieses Land zu eigen und nicht als Leihe. Hier gibt es also keine Parallele zum Lehen. Wahrscheinlich hat das Bestehen des *thegnage* die Einführung des Lehnswesens in England in gewissem Grade erleichtert, eine Kontinuität zwischen beiden läßt sich jedoch nicht nachweisen. Ebenso haben die Leihen, die England vor 1066 gekannt hat, nichts mit dem Lehen zu tun.

Das englische Lehnswesen entstand infolge der Eroberung von 1066. Wilhelm der Eroberer hat die Lehns- und Vasallenbindungen in der Form, wie sie im Herzogtum Normandie bestanden, in England eingeführt – später wird sich das englische Lehnswesen jedoch in bedeutenden Punkten vom normannischen unterscheiden. Die Nachfolger Wilhelms I. haben die Lehns- und Vasallenbindungen zu einem System ausgebaut, das in seiner Vollkommenheit nirgendwo seinesgleichen hatte und stets im Dienste des Königtums stand. Vollkommener als anderswo war es insofern, als sich die Krone alles Land zu eigen machte und Allodialbesitz, also volles Eigentum, völlig ausgeschlossen war; selbst die *libera et franca elemosyna* (frz. *franche aumône*, engl. *frankalmoin*), in anderen Ländern ein privilegiertes kirchliches Allod, wird in England als „Leihe gegen Gebete“ angesehen. Alles Land war Leihe, die direkt oder indirekt aus der Hand des Königs stammte. Es gab kein Lehen im französischen Sinn (Ritterlehen oder *feodum militis, vavassoria, sergenteria*), das sich nicht direkt oder indirekt vom König hergeleitet hätte. Um die Gefahr einer Verwendung der Untervasallen gegen das Königtum auszuschließen, nahm Wilhelm der Eroberer 1086 zu Salisbury allen bedeutenden Vasallen seiner Kronvasallen

Mannschaft und Treueid ab. Weitere Treueide *(oaths of allegeance)* wurden 1086 Wilhelm dem Roten und 1100 Heinrich I. geleistet. Die reale Bedeutung dieser Eide verschmolz in der Folgezeit mit der Ligesse, so daß man schließlich alle Untertanen, die einen solchen Eid geleistet hatten, als „ligische Kronvasallen" bezeichnete. Seit der Regierungszeit Heinrichs I. machte das Königtum den Treuvorbehalt zugunsten des Königs in den Vasalleneiden zur allgemeinen Rechtsregel. Der Waffendienst der Vasallen richtete sich, besonders was die Zahl der zu stellenden Ritter anging, nach den Bedürfnissen des königlichen Heeres. Abgesehen von der Lehnsgerichtsbarkeit und der niederen Gerichtsbarkeit erhielt oder behielt kein Lehnsinhaber ausgedehnte richterliche Befugnisse; ausgenommen die Barone, die einen *honor* (engl. *„honour"*) zu Lehen hatten, und in noch größerem Umfang die Herren einiger „Pfalzgrafschaften" an der schottischen und walisischen Grenze oder an den Küsten des Ärmelkanals, so z. B. im Norden der Bischof und „Pfalzgraf" von Durham zwischen Tees und Tyne. Unter den Plantagenets und besonders während der zweiten Hälfte des 12. Jahrhunderts unter der Regierung Heinrichs II. gelang es der königlichen Politik, sowohl die Bedeutung der Lehns- und Vasallenbindungen innerhalb des Staates einzuschränken, als auch neue Formen ihrer Verwendung für die Verwaltung des Reichs zu entwickeln. Die königliche Gerichtsbarkeit wurde so ausgebaut, daß den Inhabern von *honores* die richterlichen Befugnisse weitgehend entzogen wurden und die Lehnsgerichtsbarkeit ebenfalls stark an Bedeutung verlor. Die Entwicklung des *scutagium* als regelmäßig erhobene Steuer anstelle des Waffendienstes der Vasallen förderte die Unabhängigkeit der Krone von ihren Vasallen; sie war jetzt in der Lage, ein besoldetes Heer zu unterhalten. Die Reaktion der Vasallenschaft, die in den Verschwörungen der Barone unter Johann Ohneland und in der Konzession der Magna Charta, die diesem Herrscher 1215 abgerungen wurde, zum Ausdruck kommt, konnte diese Entwicklung nicht aufhalten.

## *Schluß*

Dieser kurze Abriß der Geschichte des Verhältnisses von Staat und Lehnswesen in den drei großen westeuropäischen Ländern zwischen dem 10. und 11. Jahrhundert berechtigt uns zu einer Schlußfolgerung: die feudo-vasallitischen Institutionen mußten nicht notwendig zur Auflösung des Staates führen. Mit Recht hat man gesagt *vassalité et royauté ne sont pas des institutions antinomiques*[8], „Vasallität und Königtum sind keine Institutionen, die sich gegenseitig ausschließen". Es gab im Lehnrecht Elemente, die die Entwicklung der königlichen Gewalt zuließen. Dem englischen und französischen Königtum ist es gelungen, das Lehnrecht seinen Zwecken dienstbar zu machen. In Deutschland führten dagegen politische Umstände zu einer anomalen Entwicklung der Vasallenrechte, die sich zum Nachteil des Königtums auswirkte. Diese historischen Tatsachen – also die geschichtliche Kontingenz – haben die Richtung bestimmt, in der dieses System von Institutionen in dem jeweiligen Land und in der jeweiligen Gesellschaft seine Wirkung entfaltete.

[8] Olivier-Martin, *Les liens de vasallité dans la France médiévale,* in Société Jean Bodin, I. *Les liens de vasallité et les immunités*[2], Brüssel 1958, p. 217; vgl. auch H. Mitteis, *Lehnrecht und Staatsgewalt,* pp. 4 u. 5.

# SCHLUSSABSCHNITT

## *Die feudo-vasallitischen Institutionen nach dem 13. Jahrhundert*

Die feudo-vasallitischen Institutionen haben bis zum Ende des Ancien Régime bestanden, und selbst im 19. und 20. Jahrhundert könnte man zumindest in einigen Ländern gewisse Überreste nachweisen. Mit demselben Recht kann man aber auch sagen, daß diese Institutionen seit dem Ende des 13. Jahrhunderts aufgehört haben, ein wesentliches Charakteristikum, d. h. spezifisch für das politische System und die Sozialstruktur der verschiedenen Länder Westeuropas zu sein.

Auch Lehen bestanden weiterhin. Privatrechtlich gesehen waren sie nur noch Grundstücke, deren Besitzwechsel durch besondere Rechtsakte und unter Erhebung von Mutationsgebühren vollzogen wurde und deren Inhaber – seit Waffendienst von den Vasallen nicht mehr oder nur noch selten verlangt wurde – unter bestimmten Umständen zu Leistungen verschiedener Art angehalten werden konnten. Das persönliche Element der Lehns- und Vasallenbindungen spielte nur noch eine beiläufige Rolle: Mannschaft und Treueid waren kaum mehr als Formalitäten, denen man sich innerhalb bestimmter Fristen unterziehen mußte, wenn man rechtmäßig in den Besitz des Lehens gelangen wollte. Mehr noch, die Mannschaft wurde letzten Endes als Dienst angesehen! Die Rechte, auf Grund derer man Nutzen aus einem Lehen ziehen – z. B. Abgaben erheben – konnte, veranlaßten die Herren zur Ausstellung von Schriftstücken über die das Lehen betreffenden Vorgänge: Anerkennungschreiben, Aufzählungen, Eintragungen in die Lehnsbücher oder Vasallenregister. Durch die Rechtsakte, die bei Besitzwechsel vollzogen werden mußten, durch die Prozesse, die aus den Streitigkeiten um bestimmte Rechte an den Lehen hervorgingen, wurden die für diese Angelegenheiten zuständigen Gerichte, die mit Lehnsleuten besetzten Lehnsgerichte, stark in Anspruch genommen, so daß sie eine immer größere Bedeutung erlangten.

Gleichzeitig hat sich der Stand der Personen, welche im Besitz von Lehen waren, geändert. Seit dem 13. Jahrhundert und sicherlich auch schon früher, aber vor allem in den folgenden Jahrhunderten, haben außer den Adeligen auch Bürgerliche Lehen erworben, sogar in so großer Zahl, daß in Frankreich auf diesen Erwerb eine ziemlich hohe Mutationsgebühr, das sogenannte *droit de franc-fief*, erhoben wurde. Der Erwerb eines Lehens war für die bürgerliche Schicht ein Mittel zu sozialem Aufstieg. Und dies umso mehr, als ein Lehen sehr häufig und in einigen Gebieten sogar immer eine Grundherrschaft bildete, deren Erwerber gleichzeitig auch das Recht zur Ausübung der Gerichtsbarkeit, zur Erhebung einer Reihe von Abgaben und einige ehrenvolle Vorrechte erhielt.

In öffentlich-rechtlicher Hinsicht bewahrten die feudo-vasallitischen Institutionen noch lange Zeit eine gewisse Bedeutung. Bis zum Ende des Mittelalters haben Länder, die ein bestimmtes Gebiet erwerben wollten, mit ihrer Hilfe Beziehungen zu diesem Gebiet angeknüpft. Umgekehrt konnten die feudo-vasallitischen Institutionen auch dazu dienen, die Beziehungen zwischen einem Land und einem Gebiet, das sich von diesem Land loszulösen drohte, aufrechtzuerhalten. Man denke nur an das Verhältnis von Flandern und dem Artois zur französischen Krone von Philipp dem Guten bis zu Karl V. In Deutschland spielten Fragen des Lehnswesens am Ende des Mittelalters und in der Neuzeit eine wichtige Rolle bei der Bestimmung der öffentlich-rechtlichen Beziehung vieler kleiner Fürsten und sogar Ritter – etwa der Reichsritter – zum Reich, einem politischen Gebilde, das immer mehr an Substanz verlor. Der Status der Reichsunmittelbarkeit bewahrte sie davor, von den größeren deutschen Territorien, wie z. B. dem der Luxemburger, der Habsburger, der Wittelsbacher oder der Hohenzollern einverleibt zu werden. Streitsachen dieser Art führten vom 16. bis zum 18. Jahrhundert zu endlosen Prozessen vor dem Reichskammergericht. Übrigens lieferte das Vorhandensein von feudovasallitischen Verhältnissen den großen europäischen Mächten mehr als einmal einen willkommenen Vorwand für Eroberungskriege.

Die Reunionskammern machten zum Vorteil Ludwigs XIV. reichlich davon Gebrauch.

Die Pflicht des Vasallen, seinem Herrn *consilium* zu leisten, hat nicht nur, wie wir sahen, zur Bildung der mit Vasallen besetzten Gerichte beigetragen, aus denen dann in vielen Ländern die obersten Gerichte wie das *Parlement de Paris* und andere französische Parlamente, der *Raad van Vlaanderen* usw. entstanden. Dieselbe Pflicht und der Brauch, nach dem der Lehnsherr sich mit seinen Vasallen beraten muß, bevor er eine schwerwiegende Entscheidung fällt, werden im Laufe der letzten drei Jahrhunderte des Mittelalters wesentlich zur Bildung der Stände und anderer repräsentativer Körperschaften beitragen. Die Ursprünge des britischen Parlaments gehen direkt darauf zurück. Zum Thema des Weiterlebens lehnrechtlicher Vorstellungen muß noch gesagt werden, daß auf den anglo-normannischen Inseln die Kronvasallen auch heute noch Treueid und Mannschaft leisten.

## *Das Erbe des Lehnswesens*

Vielleicht lebt auch heute noch ein gewisses Erbe jener Zeiten in uns weiter. Die Institutionen bestehen nicht mehr, wohl aber bestimmte Arten zu leben, zu denken, zu fühlen und sich auszudrücken. Wir sind uns dieses Erbes kaum bewußt und dennoch hat es Realität. Kommt uns manchmal, wenn wir einer Dame huldigen, der Gedanke, daß wir uns zu ihrem Vasallen erklären? Wenn sich jemand verpflichtet, eine Sache „mit Rat und Tat" zu unterstützen, denkt er dann daran, daß er sich wie ein mittelalterlicher Vasall zu *consilium et auxilium* verpflichtet? Läßt sich das Prestige, das das Waffenhandwerk heute noch genießt, nicht im Grunde auf das Lehnswesen zurückführen? Gehen auf das Lehnswesen nicht auch unsere Hochschätzung freiwillig eingegangener Bindungen zurück und die Vorstellung, daß man einem Zwang nur solange zu gehorchen hat, wie es mit der Würde eines freien Menschen zu vereinbaren ist? Steht die gegenseitige Treue, zu der sich Herr und Vasall verpflichten, nicht in engster Beziehung zu dem unschätzbaren Wert, der heute noch zuweilen der Tugend der Treue beigemessen wird?

# BIBLIOGRAPHIE

Mit dem nachfolgenden Literaturverzeichnis wollen wir dem Leser einen Wegweiser für weitere Studien an die Hand geben.

### *I. Das Lehnswesen in der vergleichenden Verfassungs- und Rechtsgeschichte*


O. Hintze, *Wesen und Verbreitung des Feudalismus*, Sitzungsberichte der Preußischen Akademie der Wissenschaften (Berlin), Phil.-Hist. Klasse, 1929; kurzer Abriß, bedeutend durch Weite des Wissens und gedankliche Schärfe.

*Les liens de vassalité et les immunités*, 2. Aufl., Brüssel 1958 *(Recueils de la Société Jean Bodin*, I, 2. Aufl.). (J. Pirenne, Ägypten; G. Cardascia, Babylonien; H. Maspero, China; A. Gonthier, Japan; P. Wittek, Islamische Welt; F. L. Ganshof, Fränkisches Reich; Fr. Olivier-Martin, Frankreich; L. G. de Valdeavellano, Spanien; A. Eck u. M. Szeftel, Rußland).

*Feudalism* (Marc Bloch, Europa; A. H. Lybyer, Sarazenische und Ottomanische Welt; O. Franke, China; K. Asakawa, Japan); in *Encyclopedia of the Social Sciences*, hg. v. E. R. Seligman und A. Johnson, VI, London, o. J. (1932).

Rushton Coulborn, *Feudalism in History*, Princeton (N. J.), 1956 (A. L. Kroeber, Einleitung; J. R. Strayer, Westeuropa; E. O. Reischauer, Japan; D. Bodde, China; B. C. Brundage, Mesopotamien und Iran; W. F. Edgerton, Ägypten; D. Thorner, Indien; E. H. Kantorowicz, Byzanz; M. Szeftel, Rußland; Rushton Coulborn, Schlußwort).

F. Joüon des Longrais, *L'Est et l'Ouest. Institutions du Japon et de l'Occident comparées*, Tokio und Paris 1958.

*Studien zum mittelalterlichen Lehnswesen*, Lindau u. Konstanz 1960; *Vorträge und Forschungen*, hg. v. Theodor Mayer, V (F. L. Ganshof, Fränkisches Reich; W. Ebel, K. Bosl, E. Klebel, Deutschland; L. Buisson, Normannische Welt; F. Dölger, Byzanz; W. Weiszäcker, Sudetenländer; M. Hellmann, Rußland).

### *II. Das Lehnswesen im allgemeinen*

J. Calmette, *La société féodale,* 4. Aufl., Paris 1938 (Collection Armand Colin); eine kluge und treffende Zusammenfassung.

H. Mitteis, *Lehnrecht u. Staatsgewalt,* Weimar 1933; das bedeutendste Werk über die feudo-vasallitischen Institutionen in West- und Mitteleuropa. Siehe auch die Ergänzungen von W. Kienast, *Lehnrecht und Staatsgewalt im Mittelalter,* Historische Zeitschrift, CLVIII, 1938.

Marc Bloch, *La société féodale.* I. *La formation des liens de dépendance.* II. *Les classes et le gouvernement des hommes;* Paris 1939—40, 2 Bde. („L'Évolution de l'humanité"); eines der Meisterwerke der zeitgenössischen Geschichtsschreibung: der Verfasser untersucht das Lehnswesen vor allem als soziales Phänomen im Rahmen der Gesellschaft jener Zeit und stützt sich dabei auf ein reichhaltiges und ausgedehntes Quellenmaterial.

Carl Stephenson, *Medieval Feudalism,* Ithaka 1942; bestimmt für eine breite Leserschaft in Amerika.

*IXe Congrès international des Sciences historiques.* Paris 1950. *I. Rapports* (der Teil, der sich auf die Institutionen des Mittelalters bezieht, wurde verfaßt von R. Boutruche, C. Cahen, P. Dollinger und Y. Dollinger-Leonard, pp. 417—471, vor allem die pp. 440—447 über das Lehnswesen im Lichte der jüngsten Arbeiten).

R. Boutruche, *Seigneurie et féodalité.* I. *Le premier âge des liens d'homme à homme,* Paris 1959. Sehr genau unterrichtet.

J. R. Strayer, *Feudalism,* Princeton 1965; gute Zusammenfassung mit einer Auswahl von Quellen in englischer Übersetzung.

### *III. Ursprünge und fränkische Zeit*

A. Dopsch, *Beneficialwesen und Feudalität,* Mitteilungen des Österreichischen Instituts für Geschichtsforschung, XLVI, 1932.

F. Lot, *Les transformations de la société franque. Avènement du régime vassalique,* in F. Lot, C. Pfister, F. L. Ganshof, *Les destinées de l'Empire en Occident de 395 à 888,* 2. Aufl., Paris 1940—41 („Histoire Générale", hg. unter der Leitung von G. Glotz, Histoire du moyen âge, I).

H. A. Cronne, *The Origins of Feudalism,* History, XXIV, 1939—40; kritischer Abriß.

Carl Stephenson, *The Origin and Significance of Feudalism,* American

Historical Review, XLVI, 1940—41 und im Sammelband *Mediaeval Institutions. Selected Essays,* Ithaca 1954.

Claudio Sanchez-Albornoz, *En torno a los origenes del feudalismo,* Mendoza (Argent.) 1942, 3 Bde.

Claudio Sanchez-Albornoz, *El Stipendium hispano-godo y los origenes del beneficio prefeudal,* Buenos Aires 1947.

Claudio Sanchez-Albornoz, *España y el feudalismo Carolingio,* in *I problemi della civiltà Carolingia,* Spoleto 1954 (Settimane di Studi del Centro Italiano di Studi sull' Alto Medioevo, I, 1953).

P. Merea, *Precarium e Stipendium,* Boletim da Faculdade de Direito Coimbra XXXV, 1960.

P. S. Leicht, *Gasindi e Vassali,* Reale Academia Nazionale dei Lincei. Rendiconti della Classe di Scienze morali, storiche e filologiche, 1927.

P. S. Leicht, *L'introduzione del feudo nell'età Italia franca e normanna,* Rivista di Storia del diritto italiano, XII, 1939.

P. S. Leicht, *Il feudo in Italia nell'età Carolingia,* in *I problemi della civiltà Carolingia,* Spoleto 1954 (Settimane di Studi del Centro Italiano di Studi sull'Alto Medioevo, I, 1953).

E. Lesne, *Histoire de la propriété ecclésiastique en France,* Paris und Lille, 1910—1943, 6 Bde. in 8 Teilen, die Bde. I u. II, 1, 2 u. 3, wichtig für die Geschichte des Verhältnisses zwischen den Lehns- und Vasallenbindungen und den Kirchengütern im fränkischen Reich.

J. Schur, *Königtum und Kirche im ostfränkischen Reiche vom Tode Ludwigs des Deutschen bis Konrad I.,* Paderborn 1931.

F. Lot, *Origine et nature du bénéfice,* Anuario de historia del derecho Español, X, 1933.

H. Krawinkel, *Untersuchungen zum fränkischen Benefizialrecht,* Weimar 1936.

F. L. Ganshof, *Note sur les origines de l'union du bénéfice avec la vassalité,* in *Etudes d'histoire dédiées à la mémoire de Henri Pirenne,* Brüssel 1937.

F. L. Ganshof, *Benefice and vassalage in the age of Charlemagne,* Cambridge Historical Journal VI, 1939.

F. L. Ganshof, *L'origine des rapports féodo-vassaliques. Les rapports féodo-vassaliques dans la monarchie franque au Nord des Alpes à l'époque carolingienne,* in *I problemi della civiltà Carolingia,* Spoleto 1954 (Settimane di Studi del Centro Italiano di Studi sull'Alto Medioevo, I, 1953).

F. L. Ganshof, *Les liens de vassalité et les immunités dans la monarchie franque;* in *Les liens de vassalité et les immunités* (s. o., unter I, p. 186).

F. L. GANSHOF, *Das Lehnswesen im fränkischen Reich. Lehnswesen und Reichsgewalt in karolingischer Zeit;* in *Studien zum mittelalterlichen Lehnswesen* (s. o., unter I, p. 186).

F. L. GANSHOF, *Charlemagne et le serment,* in *Mélanges d'histoire du Moyen Age dédiés à la mémoire de Louis Halphen,* Paris 1951.

F. L. GANSHOF, *La juridiction du seigneur sur son vassal à l'époque carolingienne,* Revue de l'Université de Bruxelles 1922.

F. LOT, *Le serment de fidélité à l'époque franque,* Revue belge de Philologie et d'Histoire, XII, 1931.

Charles E. ODEGAARD, *Carolingian oaths of fidelity,* Speculum, 1941.

Charles E. ODEGAARD, *Vassi and fideles in the Carolingian Empire,* Cambridge (Mass.) 1945.

A. DUPONT, *L'aprision et le régime aprisionnaire dans le midi de la France,* Le Moyen Age, 71, 1965.

## *IV. Das Lehnswesen in verschiedenen Ländern*[1]

### A. Belgien:

Noël DIDIER, *Le droit des fiefs dans la coutume de Hainaut au moyen âge,* Paris 1945; diese Monographie wird mit Recht für beispielhaft gehalten. Siehe auch die wichtige Rezension von R. LATOUCHE, Revue du moyen âge latin, I, 1945.

L. GÉNICOT, *L'économie rurale namuroise au bas moyen âge (1199—1429).* I, Namur 1943. II, Löwen 1960.

### B. Deutschland:

G. WAITZ, *Deutsche Verfassungsgeschichte,* II, 1, 3. Aufl., Kiel 1882, IV, 2. Aufl., Berlin 1885, VI, 2. Aufl., bearbeitet von G. SEELIGER, Berlin 1896; wertvoll vor allem durch die Fülle von Quellenangaben in den Fußnoten.

---

[1] Da das Lehnswesen der Kreuzfahrerstaaten dem Gegenstand dieses Buches fremd ist, haben wir ihm in dieser Bibliographie keinen besonderen Abschnitt gewidmet. Es gibt jedoch eine ausgezeichnete Stellungnahme von J. PRAWER, *Les premiers temps de la féodalité dans le Royaume Latin de Jérusalem,* Tijdschrift voor Rechtsgeschiedenis, Revue d'histoire du droit, XXII, 1954 und *La noblesse et le régime féodal du Royaume Latin de Jérusalem,* Le Moyen Age, 1959. Der Verfasser behandelt das Problem in bezug auf das westeuropäische Lehnswesen.

H. BRUNNER, *Deutsche Rechtsgeschichte,* II, zweite von C. Freiherr VON SCHWERIN bearbeitete Aufl., München und Leipzig 1928; ausgezeichnete Darstellung der feudovasallitischen Institutionen der fränkischen Zeit.

R. HÜBNER, *Grundzüge des deutschen Privatrechts,* 5. Aufl., Leipzig 1930.

R. SCHROEDER, *Lehrbuch der deutschen Rechtsgeschichte,* 7. von E. Freiherr VON KÜNSZBERG bearbeitete Aufl., Berlin und Leipzig 1932; wichtig besonders für das deutsche Lehnswesen der Rechtsbücherzeit.

W. EBEL, *Über den Leihegedanken in der deutschen Rechtsgeschichte;* in *Studien zum mittelalterlichen Lehnswesen* (s. o. unter I, p. 186).

K. BOSL, *Dienstrecht und Lehnrecht im deutschen Mittelalter,* im selben Band wie der Aufsatz von Ebel.

E. KLEBEL, *Territorialstaat und Lehen,* im selben Band wie die Aufsätze von Ebel und Bosl.

*Studien und Vorarbeiten zur Geschichte des großfränkischen und frühdeutschen Adels,* hg. unter der Leitung von G. TELLENBACH, Freiburg i. Br. 1957.

C. England:

C. PETIT-DUTAILLIS, *La monarchie féodale en France et en Angleterre, Xe-XIIIe siècle,* Paris 1933 („L'Evolution de l'humanité"); besonders wichtig als Beitrag zur Frage der feudo-vasallitischen Institutionen in England.

F. POLLOCK u. F. MAITLAND, *The History of English Law before the Time of Edward I,* 2. Aufl., Cambridge 1898; die feudo-vasallitischen Institutionen erscheinen hier in einem bereits stark ausgeprägten Stadium.

T. F. T. PLUCKNETT, *A Concise History of the Common Law,* 5. Aufl., London 1956.

J. E. A. JOLLIFFE, *The Constitutional History of Medieval England from the English Settlement to 1485,* 2. Aufl., London 1947. Siehe auch die wichtige Rezension der 1. Aufl. von H. M. CAM, English Historical Review, 1939.

J. H. ROUND, *Feudal England,* London 1895; bahnbrechend für die neue Auffassung vom englischen Lehnswesen.

F. M. STENTON, *The First Century of English Feudalism,* 2. Aufl., Oxford 1961; sehr eigenständige, neue Wege eröffnende Darstellung, grundlegend für die Kenntnis des englischen Lehnswesens.

F. M. STENTON, *Anglo-Saxon England,* 2. Aufl., Oxford 1947, („The Oxford

History of England“); wesentlich für den Übergang der angelsächsischen Gesellschaft zur Organisation der Lehns- und Vasallenbindungen der anglo-normannischen Zeit.

D. M. STENTON, *English Society in the early Middle Ages*, 2. Aufl., Harmondsworth 1952 (The Pelican History of England).

Carl STEPHENSON, *Feudalism and its Antecedents in England*, American Historical Review, XLVIII, 1943—44 und jetzt in C. STEPHENSON, *Mediaeval Institutions. Selected Essays*, Ithaca 1954.

F. JOÜON DES LONGRAIS, *La conception anglaise de la saisine du XIIe au XIVe siècle*, Paris 1925.

F. JOÜON DES LONGRAIS, *La tenure en Angleterre au moyen âge*, in *Société Jean Bodin*. III. *La tenure;* Brüssel 1938.

D. C. DOUGLAS, *The Norman Conquest and English Feudalism*, Economic History Review, IX, 1939.

C. WARREN HOLLISTER, *The Norman Conquest and the Genesis of English Feudalism*, American Historical Review, LXVI, 1961.

T. F. T. PLUCKNETT, *The Legislation of Edward I*, Oxford 1949.

H. G. RICHARDSON u. G. O. SAYLES, *The governance of mediaeval England from the Conquest to Magna Carta*, Edinburgh, 1963. Siehe auch die wichtige Rezension von R. C. VAN CAENEGEM, Le Moyen Age, 1966.

D. Frankreich:

P. GUILHIERMOZ, *Essai sur les origines de la noblesse en France au moyen âge*, Paris 1902; etwas eigenwillig, aber scharfsinnig und auf breiter Quellenbasis.

A. LUCHAIRE, *Manuel des institutions françaises. Période des Capétiens directs*, Paris 1892.

A. ESMEIN, *Cours élémentaire d'histoire du droit français*, 15. Aufl., bearbeitet von R. GENESTAL, Paris 1925.

J. DECLAREUIL, *Histoire générale du droit français des origines à 1789*, Paris 1925.

E. CHÉNON, *Histoire du droit français public et privé des origines à 1815;* I; II, 1 hg. v. OLIVIER-MARTIN, Paris 1926—1929.

FRANÇOIS OLIVIER-MARTIN, *Histoire du droit français des origines à la Révolution*, Paris 1948.

FRANÇOIS OLIVIER-MARTIN, *Histoire de la coutume de la prévôté et vicomté de Paris*, 1922—1930, 2 Bde. in 3 Teilen; zuverlässige und klar durchdachte Darstellung der feudovasallitischen Institutionen, deren geschichtliche Entwicklung innerhalb eines bestimmten Gebietes untersucht wird.

François Olivier-Martin, *Les liens de vassalité dans la France médiévale*, in *Société Jean Bodin*. I. *Les liens de vassalité et les immunités* (siehe oben unter I. p. 186).

H. Lagouelle, *Essai sur la conception féodale de la propriété foncière*, Caen 1902; betrifft die Normandie.

R. Carabie, *La propriété foncière dans le très ancien droit normand*. I. *La propriété domaniale*, Caen 1943.

H. Navel, *Recherches sur les institutions féodales en Normandie*, Bulletin de la Société des Antiquaires de Normandie, LI, 1948—1951.

G. Duby, *La société aux XIe et XIIe siècles dans la région mâconnaise*, Paris 1953.

G. Chevrier, *Conjectures sur l'originalité du droit féodal dans les deux Bourgognes*, Annales de Bourgogne, 1951.

P. Portejoie, *Le régime des fiefs d'après la coutume de Poitou*, Mémoires de la Société des Antiquaires de l'Ouest, 4e Série, III, 1959.

E. Italien:

P. S. Leicht, *Storia del diritto pubblico italiano, Lezioni;* Mailand 1938.

C. Cahen, *Le régime féodal de l'Italie normande*, Paris 1940.

C. G. Mor, *L'età feudale*, Mailand 1952, 2 Bde. (Storia Politica d'Italia).

G. Fasoli, *La feudalità siciliana nell' età di Federico II*, Rivista di Storia del Diritto Italiano, XXIV, 1951.

G. Fasoli, *Lineamenti di politica e di legislazione feudale veneziana in terraferma*, a. a. O., XXV, 1952.

P. B. Busdraghi, *La formazione storica del feudo lombardo come diritto reale*, Milano 1965.

H. Spanien:

L. G. de Valdeavellano, *Las instituciones feudales en España*, in F. L. Ganshof, *El Feudalismo*, Barcelona 1963.

F. Niederlande:

A. S. de Blécourt, *Kort begrip van het oud-vaderlandsch burgerlijk recht*, 5. Aufl., Groningen 1939.

G. Schottland:

G. W. S. Barrow, *The Beginnings of Feudalism in Scotland*, The Bulletin of the Institute of Historical Research, XXIX, 1956.

### *V. Spezialarbeiten:*

A. Terminologie:

K. J. HOLLYMAN, *Le développement du vocabulaire féodal en France pendant le haut moyen âge,* Genf 1957.

E. RODON BINUÉ, *El lenguaje tecnico del feudalismo en el siglo X en Cataluña,* Barcelona 1957.

J. F. NIERMEYER, *De Semantiek van „honor" en de oorsprong van het heerlijk gezag,* in *Dancwerc. Opstellen aangeboden aan Prof. Dr. D. Th. Enklaar,* Groningen 1959.

E. MAGNOU, *Note sur le sens du mot „fevum" en Septimanie et dans la marche d' Espagne à la fin du X^e^ et au début du XI^e^ siècle,* Annales du Midi, 1964.

B. Vasallität und Lehen:

H. KRAWINKEL, *Feodum,* Weimar 1938.

F. L. GANSHOF, *Les relations féodo-vassaliques aux temps post-carolingiens,* in *I Problemi communi dell'Europa postcarolingia,* Spoleto 1955 (Settimane di Studi del Centro Italiano di Studi sull'Alto Medioevo, II, 1954).

F. L. GANSHOF, *Note sur l'apparition du nom de l'hommage particulièrement en France,* in *Aus Mittelalter und Neuzeit, Festschrift für Gerhard Kallen,* Bonn 1957.

W. KIENAST, *Rechtsnatur und Anwendung der Mannschaft (homagium) in Deutschland während des Mittelalters,* in *Deutsche Landesreferate zum IX. Internationalen Kongreß für Rechtsvergleichung in Paris 1954,* hg. v. E. Wolff, Düsseldorf 1955.

M. DAVID, *Le serment du sacre du IXe au XVe siècle,* Straßburg 1951.

MARC BLOCH, *Les formes de rupture de l'hommage dans l'ancien droit féodal,* Nouvelle Revue historique de droit français et étranger, 1912.

MARC BLOCH, *Un problème d'histoire comparée: la ministérialité en France et en Allemagne,* Revue historique de droit français et étranger, 1928.

P. PETOT, *L'hommage servile,* Revue historique de droit français et étranger, 1927.

J. F. LEMARIGNIER, *Recherches sur l'hommage en marche et les frontières féodales,* Lille 1945.

E. CHÉNON, *Le rôle juridique de l'osculum dans l'ancien droit français,* Mémoires de la Société nationale des Antiquaires de France, 8e série, VI, 1919—1923.

A. Esmein, *Nouvelle théorie sur les origines féodales*, Nouvelle Revue historique de droit français et étranger, 1894.

E. Meynial, *Notes sur la formation de la théorie du domaine divisé du XIIe au XIVe siècle chez les romanistes*, in *Mélanges Fitting*, II. Montpellier 1908.

M. Dillay, *Le „service" annuel en deniers des fiefs de la région angevine*, in *Mélanges Paul Fournier*, Paris 1929.

H. Richardot, *Le fief roturier à Toulouse aux XIIe et XIIIe siècles.* Revue historique de droit français et étranger, 1935.

H. Richardot, *Francs fiefs. Essai sur l'exemption totale ou partielle des services de fief*, a. a. O. 1949.

H. Richardot, *Quelques textes sur la reprise de censive en fief*, a. a. O. 1950.

H. Richardot, *A propos des personnes et des terres féodales. Conversions, dissociations, interférences*, in *Etudes d'histoire du droit privé offertes à Pierre Petot*, Paris 1959.

H. Richardot, *L'Hommage. Sa nature et ses applications dans l'ancien droit français*, in *Etudes de droit contemporain. Contributions françaises aux IIIe et IVe Congrès internationaux de droit comparé*, Paris 1959.

C. Kammerlehen:

M. Sczaniecki, *Essai sur les fiefs-rentes*, Paris 1946 (mit der Rezension von F. L. Ganshof, in Revue belge de Philologie et d'Histoire, XXVII, 1949).

B. D. Lyon, *The Money Fief under the English Kings, 1066—1485*, English Historical Review, LXVI, 1951.

B. D. Lyon, *Le fief-rente aux Pays-Bas: sa terminologie et son aspect financier*, Revue du Nord, XXXV, 1953.

B. D. Lyon, *The Fief-Rente in the Low Countries. An Evaluation*, Revue belge de Philologie et d'Histoire, XXXII, 1954.

B. D. Lyon, *From Fief to Indenture*, Cambridge (Mass.), 1957.

N. Didier, *Les rentes inféodées dans le comté de Hainaut du XIIe au XVe siècle*, Revue du Nord, XVII, 1931.

D. Mehrfache Bindungen und Ligesse:

F. L. Ganshof, *Depuis quand a-t-on pu en France être vassal de plusieurs seigneurs?* in *Mélanges Paul Fournier*, Paris 1929.

D. Zeglin, *Der „homo ligius" und die französische Ministerialität*, Leipzig 1917.

E. Erbfolge und Minderjährigkeit:

R. Génestal, *Le parage normand*, Caen 1911.

H. Legoherel, *Le parage en Touraine-Anjou au moyen âge*, Revue historique de droit français et étranger, 1965.

F. L. Ganshof, *Armatura*, Archivum latinitatis medii aevi, XV, 1941.

N. Didier, *Le droit de liget dans la coutume de Hainaut*, Revue historique de droit français et étranger, 1936.

H. Mitteis, *Zur Geschichte der Lehnsvormundschaft*, in *Festschrift Alfred Schultze*, Weimar 1934, u. jetzt in H. Mitteis, *Die Rechtsidee in der Geschichte*, Weimar 1957.

L. Falletti, *Le retrait lignager en droit coutumier français*, Paris 1923.

W. Goez, *Der Leihezwang. Eine Untersuchung zur Geschichte des deutschen Lehnrechtes*, Tübingen 1962 (sehr wichtig).

F. Studien über einzelne Erscheinungen des Lehnswesens:

F. L. Ganshof, *Note sur le rattachement féodal du comté de Hainaut à l'Église de Liège*, in *Miscellanea Gessleriana*, Antwerpen 1948.

F. L. Ganshof, *Robert le Frison et Alexis Comnène*, Byzantion, XXXI, 1961.

F. L. Ganshof, *Recherches sur le lien juridique qui unissait les chefs de la Première Croisade à l'empire byzantin*, in *Mélanges offerts à M. Paul — E. Martin*, Genf 1961.

J. H. Hill und L. L. Hill, *The convention of Alexius Comnenus and Raymond of Saint-Gilles*, The American Historical Review, LVIII, 1953.

F. L. Ganshof, R. van Caenegem, A. Verhulst, *Note sur le premier traité anglo-flamand de Douvres*, Revue du Nord, XL, 1958 (dieser Band ist auch erschienen als *Mélanges dédiés à la mémoire de Raymond Monier*, Paris u. Lille 1958).

F. L. Ganshof, *Le roi de France en Flandre en 1127 et 1128*, Revue historique de droit français et étranger, 1949.

H. Mitteis, *Politische Prozesse des frühen Mittelalters in Deutschland und Frankreich*, Sitzungsberichte der Heidelberger Akademie der Wissenschaften, Phil.-Hist. Klasse, XVII, 3, 1927.

G. Lehnswesen und Staat:

L. Halphen, *La place de la royauté dans le système féodal*, Anuario de historia del derecho Español, X, 1933.

F. L. GANSHOF, *Contribution à l'étude des origines des cours féodales en France,* Revue historique de droit français et étranger, 1928.

B. C. KEENEY, *Judgment by Peers,* Cambridge (Mass.), 1949.

F. LOT, *Fidèles ou vassaux,* Paris 1904.

A. DUMAS, *Encore la question „Fidèles ou Vassaux?"*, Nouvelle Revue historique de droit français et étranger, 1920.

J. DHONDT, *Etude sur la naissance des principautés territoriales en France,* Brügge 1948.

H. MITTEIS, *Der Staat des hohen Mittelalters,* 4. Aufl., Weimar 1953.

E. LOUSSE, *La société d'Ancien Régime,* I, Louvain, 1943.

B. MEYER, *Das Lehen in Recht und Staat des Mittelalters.* Zeitschrift für Schweizerische Geschichte, XXVI, 1946.

W. KIENAST, *Die deutschen Fürsten im Dienste der Westmächte bis zum Tode Philipps des Schönen von Frankreich,* I u. II, 1 Utrecht und Leipzig, 1924—1931.

W. KIENAST, *Untertaneneid und Treuvorbehalt,* Zeitschrift der Savigny-Stiftung für Rechtsgeschichte, Germanistische Abteilung, 1948.

W. KIENAST, *Untertaneneid und Treuvorbehalt in Frankreich und England,* Weimar 1952.

E. E. STENGEL, *Land- und lehnrechtliche Grundlagen des Reichsfürstenstandes,* Zeitschrift der Savigny-Stiftung für Rechtsgeschichte, Germanistische Abteilung, 1948.

Th. MAYER, *Fürsten und Staat,* Weimar 1950.

J. F. LEMARIGNIER, *Les fidèles du roi de France,* in *Recueil de travaux offerts à M. C. Brunel,* Paris 1955.

J. F. LEMARIGNIER, *Le gouvernement royal aux premiers temps capétiens,* Paris 1965.

## ABKÜRZUNGEN

| | |
|---|---|
| MG. | = Monumenta Germaniae historica. |
| SS. | = Scriptores (in 2°). |
| SS. rer. Merov. | = Scriptores rerum Merovingiorum (in 4°). |
| LL. nat. Germ. | = Leges nationum Germanicarum (in 4°). |
| Epp. | = Epistolae (in 4°). |

# SACHWÖRTERVERZEICHNIS

Der vorliegende Index enthält lediglich Fachausdrücke, die direkt zur Geschichte der feudo-vasallitischen Institutionen gehören. Wörter, die zu häufig vorkommen, wie Benefizium, Lehen, Mannschaft, Belehnung, Investitur, Herr, Treueid, Vasall werden nicht aufgeführt, es sei denn, sie würden im Werk selbst an einer bestimmten Stelle terminologisch erläutert oder sie würden in Zusammensetzungen gebraucht. So wird z. B. das Wort Lehen unter Hinweis auf die Seiten, auf denen das Wort begrifflich erläutert wird, und auf die Seiten, auf denen von Rentenlehen, ligischen Lehen oder aufgetragenen Lehen die Rede ist, aufgeführt. Die Wörter, die im Lateinischen oder in anderen Sprachen ein und denselben Begriff bezeichnen, werden gesondert aufgeführt. Wenn jedoch dieselbe Institution im Lateinischen oder in einer anderen Sprache durch mehrere sehr verwandte Wörter oder durch ein einziges in verschiedenen Formen erscheinendes Wort bezeichnet wird, so werden diese Wörter oder diese Formen gemeinsam unter einem Stichwort behandelt, z. B. *hominium, homagium, hominaticum, hom(m)agium* oder *fief, fieffe, fiez.* Wenn das lateinische, das französische oder das deutsche Wort dieselbe Institution bezeichnen und einander sehr ähnlich oder sogar gleich sind und wenn sie nur wenige Bezugstellen haben, stehen sie unter einem Stichwort, z. B. *ballia, bail* oder *antrustio, Antrustio.* Um dem Leser die Suche zu erleichtern, wird am Ende der Stichwörter auf die Begriffe verwiesen, die sich auf dieselbe Institution beziehen. Für die Aufstellung dieses Index sind wir den Übersetzern sehr verbunden. Vom Index, den Dr. R. van Caenegem, Professor an der Universität Gent, für die 3. französische Ausgabe zusammengestellt hat, wurde reichlich Gebrauch gemacht.

# SACHWÖRTERVERZEICHNIS

## ADDENDA 1970

### *A. Text*

**S. 46,** Z. 14 nach *perticas: LXXVIIII,* „neunundsiebzig . . .

**S. 46,** Anm. 47, Z. 1 nach (817): der Flächeninhalt ist den Chartularen C und D im Stiftsarchiv von Tournai entnommen.

**S. 70,** Anm. 1, Z. 2 nach p. 133.: Zwei französische Beispiele (nebst manchen anderen) in Königsurkunden: Robert II., bei R. Poupardin, *Chartes de Saint-Germain-des-Prés,* I, Paris 1909, Nr. 51 (1030); Philipp I., bei M. Prou, *Actes de Philippe Ier,* Paris 1908, Nr. 106 (1082).

**S. 71,** Z. 11 nach gebraucht: Mit *militia* wird bisweilen die Gesamtheit der Vasallen eines Herrn angedeutet.[2a]

**S. 71,** neue Anm. 2[a]: In diesem Sinne erwähnt der Herzog von Normandie, Robert I., seine *militia nostra,* M. Fauroux, *Recueil des actes des ducs de Normandie 911—1066,* Caen 1961, Nr. 70 (ca. 1031—1034).

**S. 75,** Z. 25 nach Wendungen wie: *homines alicuius manibus effecti,* „durch die Hände jemandes Lehnsleute geworden" oder

**S. 75,** Anm. 11, Z. 5 nach p. 39;: B. Guérard, *Cartulaire de l'abbaye de Saint-Bertin,* Paris 1840, II, Nr. 28, pp. 202—203 (a° 1087).

**S. 77,** Z. 16 nach belegt: Man begegnet ihm während des späten 11. Jh. im Cambrésis *(tam per fidem quam per sacramentum).*

**S. 78,** Anm. 17, Z. 1 nach Anm. 3.: *Gesta episcoporum Cameracensium. Continuatio.* Gesta Gerardi II, c. 1, Ausg. L. Bethmann, MG., SS. VII, p. 498.

**S. 82,** Z. 4 nach König ist.: 22[a].

**S. 82,** neue Anm. 22[a]: Suger, *Liber de rebus in administratione sua gestis,* c. 4, hg. v. Lecoy de la Marche, Paris 1867, pp. 161—162.

**S. 91,** Z. 1 nach *facere.:* Diese Pflichten sind ein *servitium*[40a];

**S. 91,** neue Anm. 40[a]: Brief Fulberts an Rainald von Vendôme (s. o. p. 89, Anm. 35): Dessen Vasallen sollen ihm *servitium reddere.* Brief des

Grafen Odo II. von Blois an König Robert II., *Recueil des historiens des Gaules et de la France*, X, pp. 501—502 (1022/1023): *Servitii meritum*, der Wert seines vasallitischen Dienstes. Guillaume de Jumièges, *Gesta Normannorum ducum*, VI, VIII, hg. v. J. Marx, Rouen 1914, p. 108: ... *a ducis servitio se surripere*, der Graf von Bretagne versucht sich dem Dienste, den er dem Herzog von Normandie schuldet, zu entziehen (2. Hälfte des 11. Jh.).

**S. 104,** Z. 15 nach herausfordern.: Als im Jahre 1101 Bouchard von Montmorency die Mannschaft kündigte, die er der Abtei von Saint-Denis geleistet hatte, brach der Krieg zwischen ihnen los.[65a]

**S. 104,** neue Anm. 65[a]: Suger, *Vita Ludovici grossi*, c. 2, hg. v. H. Waquet, Paris 1929, p. 16.

**S. 113,** Z. 4 nach Benefizium.“: Vasallen, die ein Benefizium erhalten haben, sind *beneficiati*[2].

**S. 113,** Anm. 2 nach p. 33.: Berthold, *Annales*, a° 1077, MG., SS. V, p. 295.

**S. 114,** Z. 2 nach Touraine[8].: Vom Adjektiv *beneficialis* kann man das gleiche sagen.[8a]

**S. 114,** neue Anm. 8[a]: Z. B. G. Chevrier u. M. Chaume, *Chartes et documents de Saint-Bénigne de Dijon*, II, Dijon 1943, Nr. 233, pp. 28—30 (*beneficiali dono*).

**S. 119,** Z. 19 nach als „Lehnsland“[23]: Man hat sehr oft das Partizip *feodatus* oder *fevatus* gebraucht, um einen Vasallen anzudeuten, der ein Lehen (*feodum* oder *fevum*) hielt[23a].

**S. 119,** neue Anm. 23[a]: In Frankreich früher als in Deutschland. Einige Beispiele: Prou, *Actes de Philippe Ier*, Nr. 50 (1069—1070); Suger, *Vita Ludovici grossi*, c. 26 u. 28, hg. v. H. Waquet, p. 184 u. 220; Marquis d'Albon, *Cartulaire général de l'ordre du Temple*, Paris 1913, Nr. 141 (1119—1150).

**S. 119,** Anm. 24, Z. 2 nach Anm. 30.: Ein gutes Beispiel aus Burgund: Chevrier u. Chaume, *Chartes et documents de Saint-Bénigne de Dijon*, II, Nr. 367 (1088).

**S. 160,** Anm. 83[a] lautet jetzt: Zwei frühe französische Beispiele (nebst manchen anderen): Prou, *Actes de Philippe Ier*, a[is] 1069—1070, Nr. 50; P. de Monsabert, *Chartes de l'abbaye de Nouaillé*, Paris 1936, Nr. 183 (Anfang d. 12. Jh.).

*B. Bibliographie*

**S. 187,** II unter Z. 25: G. Fourquin, *Seigneurie et féodalité au moyen âge*, Paris 1970.

**S. 190,** IV. B unter Z. 17: D. von Gladiss, *Die Schenkungen der deutschen Könige zum privaten Eigen*, Deutsches Archiv für Erforschung des Mittelalters I, 1937.

**S. 191,** IV C unter Z. 20: J. C. Holt, *Feudalism revisited*, Economic History Review, 2nd series, 14, 1961—62.

**S. 192,** IV D unter Z. 15: *Les structures sociales de l'Aquitaine, du Languedoc et de l'Espagne au premier âge féodal*, Paris 1969.

**S. 192,** IV D unter Z. 15: J. Yver, *Les premières institutions du duché de Normandie*, Spoleto 1969 (Settimana di Studi del Centro italiano di Studi sull'Alto Medioevo, XVI, 1968).

**S. 193,** V A unter Z. 12: M. François, *Auxilium et consilium dans la langue et la pensée médiévales*, Bulletin de la Société Nationale des antiquaires de France, 1967, pp. 111—120.

**S. 193,** V A unter Z. 12: J. Devisse, *Essai sur l'histoire d'une expression qui a fait fortune: consilium et auxilium au IXe siècle*, Le Moyen Age, 1968.

**S. 193,** V A unter Z. 12: J. M. van Winter, *Uxorem de militari ordine sibi imparem*, Miscellanea Medievalia in memoriam J. F. Niermeyer, Groningen 1967.

**S. 195,** V F unter Z. 34: J. Goronwy Edwards, *The Principality of Wales 1267—1967. A Study in Constitutional History*, Caernavonshire Historical Society, 1969.

**S. 196,** V G unter Z. 27: F. L. Ganshof, *L'Entourage des premiers Capétiens. A propos d'un livre récent* (J. F. Lemarignier, Le gouvernement royal aux premiers temps capétiens, Paris 1965), Revue historique de droit français et étranger, 1968.

# ADDENDA 1974

**S. 186,** I.: F. L. GANSHOF u. R. C. VAN CAENEGEM, *Les institutions féodo-vassaliques*, Bruxelles 1972 (Introduction bibliographique à l'histoire du droit et à l'ethnologie juridique, publiée sous la direction de J. Gilissen B/8); eine bibliographische Orientierung.

**S. 186,** I.: A. R. LEWIS, *Midi français, Irak Buwayhide et Japon. Etude comparée des féodalités. 946—1055 (Les Structures sociales de l'Aquitaine, du Languedoc et de l'Espagne au premier âge féodal*, Paris 1969).

**S. 187,** II.: BRYCE D. LYON, *The feudalism of Marc Bloch*, Tijdschrift voor geschiedenis, 1963.

**S. 187,** II.: BOUTRUCHE. Statt „1959" soll es jetzt heißen: „2. Aufl. Paris 1968".

**S. 187,** II. (im Paragraphen über Boutruche, zwischen „Paris 1959" und „sehr genau unterrichtet" bitte einschalten: II. L'apogée. XI$^{e}$—XIII$^{e}$ siècles, ibid., 1970.

**S. 189,** III.: F. L. GANSHOF, *Note sur la concession d'alleux à des vassaux sous le règne de Louis le Pieux*, Storiografia e Storia. Studi in onore di E. Dupré Theseider, Rome 1974.

**S. 189,** III., in fine: D. R. KELLEY, *De origine feudorum. The beginnings of an historical problem*, Speculum, 39, 1964.

**S. 189,** III.: P. W. A. IMMINK, *The Western Empire*, in: P. W. A. IMMINK und H. J. SCHELTEMA, *At the roots of medieval society*, Oslo 1958 (Instituttet for samenlingnende Kulturforsking. A. Lectures. XXIV).

**S. 189,** IV. A. Belgien: E. WARLOP, *De Vlaamse adel voor 1300*, Handzame 1968, 2 Bände in 3.

**S. 190,** IV. B. Deutschland: G. DROEGE, *Pfalzgrafschaft, Grafschaften und allodiale Herrschaften zwischen Maas und Rhein in Salisch-Staufischer Zeit*, Rheinische Vierteljahrsblätter, 1926, Nr. 1—2, 1961.

**S. 190,** IV. B. Deutschland: G. THEUERKAUF, *Das Lehnswesen in Westfalen*, Westfälische Forschungen, 17, 1964.

**S. 190,** IV. B. Deutschland: W. Goez, *Lehnrecht und Staatsgewalt im deutschen Hochmittelalter,* Göttingen 1969 (Historische Texte, Mittelalter II).

**S. 190—191,** IV. C. England: Unter den englischen Historikern gibt es eine Auseinandersetzung zwischen Anhängern und Gegnern der Ansichten Sir Frank Stentons über die Ursprünge der feudo-vassalistischen Einrichtungen in England.

Unter den Gegnern müssen H. G. Richardson und G. U. Sayles genannt werden, die bereits in der Bibliographie dieses Bandes (S. 191) erwähnt werden, und die Autoren der drei hier folgenden Werke.

**S. 191,** IV. C. England: E. John, *Land tenure in early England. A discussion on some problems,* Leicester 1960. — Siehe eine kurze Besprechung von F. T. in: Deutsches Archiv für Erforschung des Mittelalters, 20, 1964, p. 273—274.

**S. 191,** IV. C. England: E. John, *English feudalism and the Structure of Anglo-Saxon society,* in: Bulletin of the John Rylands Library, 46, 1963—64 (Neudruck im Sammelband *Orbis Britanniae and other Studies,* Leicester 1966, p. 128—153).

**S. 191,** IV. C. England: F. Barlow, *The effects of the Norman Conquest* (in dem Sammelwerk: *The Norman Conquest. Its Setting and Impact,* London 1966, p. 125—161).

**S. 191,** IV. C. England: Wir nennen einige Werke von englischen Historikern, die die Ansichten von Sir Frank Stenton unterstützen: den Aufsatz von J. C. Holt, bereits in der Bibliographie des Bandes zitiert (Addenda, B, S. 209) und die beiden Werke, die hier folgen.

**S. 191,** IV. C. England: J. O. Prestwich, *Anglo-Norman feudalism and the problem of continuity,* in: Past and Present, 26 nov. 1963, p. 39—57.

**S. 191,** IV. C. England: R. A. Brown, *The Norman Conquest,* in: Transactions of the Royal Historical Society, 5th Series, 17, 1967, p. 109—130.

**S. 191,** IV. C. England: Im Rahmen des Möglichen hüten sich vor Polemik die beiden folgenden genannten Arbeiten:

**S. 191,** IV. C. England: C. W. Hollister, *Military obligation in late Saxon and Norman England* (in: *Ordinamenti Militari in Occidente nell'Alto Medioevo,* Spoleto 1968. Settimane di Studio del Centro Italiano di Studi sull'Alto Medioevo, XV, 1).

S. 191, IV. C. England und Westfrankreich: J. BOUSSARD, *La diversité et les traits particuliers du régime féodal dans l'Empire Plantagenet* (in: Annali della Fondazione Italiana per la Storia amministrativa, I, 1964).

S. 191, IV. D. Frankreich: J. F. LEMARIGNIER, *La France médiévale. Institutions et société*, Paris 1970 (Collection U).

S. 191, IV. D. Frankreich [und Königreich Burgund]: G. CHEVRIER, *L'originalité du droit franc-comtois*, Tijdschrift voor Rechtsgeschiedenis, Revue d'histoire du droit, 27, 1959.

S. 192, IV. D. Frankreich: W. MENDEL NEWMAN, *Les seigneurs de Nesle en Picardie*, XII<sup>e</sup>—XIII<sup>e</sup> siècles, Paris 1971, 2 Bände.

S. 192, IV. D. Frankreich: M. GARAUD, *Les châtelains de Poitou et l'avènement du régime féodal. XIe—XIIIe siècles* (Mémoires de la Société des Antiquaires du Poitou, 4e Série, tome VIII et en un volume à part. Poitiers 1967).

S. 192, IV. D. Frankreich: A. R. LEWIS, *La féodalité dans le Toulousain et la France méridionale*, Annales du Midi, 76, 1964.

S. 192, IV. D. Frankreich: A. R. LEWIS, *The development of Southern France and Catalan Society. 718—1050*, Austin (Texas) 1965.

S. 192, IV. D. Frankreich: E. MAGNOU-NORTIER, *La société laïque et l'Eglise dans la province ecclésiastique de Narbonne de la fin du VIIIe à la fin du XIe siècle*, Toulouse 1972.

S. 192, IV. E. Italien: E. BESTA, *Storia del diritto italiano. Diritto pubblico*. II., Milano 1949.

S. 192, IV. E. Italien: E. HLAWITSCHKA, *Franken, Alemannen, Bayern und Burgunder in Oberitalien, 774—962*, Freiburg i. Breisgau 1960.

S. 192, IV. E. Italien: M. CARAVALE, *Il Regno Normanno di Sicilia*, Milano 1966.

S. 192, IV. E. Italien: A. BOSCOLO, *Il feudalismo in Sardegna*, Cagliari 1967.

S. 192, IV. E. Italien: G. DE VERGOTTINI, *Studi sulla legislazione imperiale di Federigo II in Italia*, Milano 1952.

S. 192, IV. E. Italien: G. TABACCO, *Fief et seigneurie dans l'Italie communale. L'évolution d'un thème historique*, Le Moyen Age, 75, 1969.

S. 192, IV. E. Italien: G. TABACCO, *L'allodialità del potere nel medioevo*, Studi Medievali, XI, n° 2, 1970.

**S. 192,** IV. H. Spanien: H. GRASSOTTI, *Las instituciones feudovasalláticas en Léon y Castilla.* I. El vasallaje. II. La recompensa vasallática; Spoleto, 1969, 2 vol. (Centro, italiano di Studi sull'Alto Medioevo, 4). Sehr wichtig.

**S. 192,** IV. H. Spanien: H. GRASSOTTI, *La durée des concessions bénéficiaires en Léon et en Castille: Les cessions ad tempus* (Die Sozialstrukturen in Aquitanien usw., siehe weiter oben, S. 186, I.).

**S. 192,** IV. F. Niederlande: E. J. J. VAN DER HEYDEN, *Aantekeningen bij de geschiedenis van het oude vaderlandsch recht.* Neu herausgegeben von B. H. D. Hermesdorf, Nijmegen, 2 Bde., 1950.

**S. 193,** V. A. Terminologie: P. VAN LUYN, *Les milites dans la France du XI$^{e}$ siècle,* Le Moyen Age, 77, n$^{\circ}$s 1 u 2, 1971.

**S. 194,** V. B. Vasallität und Lehen: H. VIDAL, *Le feudum honoratum dans les cartulaires d'Agde et de Béziers,* in: Hommage à André Dupont. Études médiévales et Languedociennes, Montpellier 1974.

**S. 195,** V. F. Studien über einzelne Erscheinungen des Lehnswesens: W. ULLMANN, *Cardinal Roland und Besançon,* in: Miscellanea Historiae Pontificiae, XVIII, 1954.

**S. 195,** V. F. Studien über einzelne Erscheinungen des Lehnswesens: F. L. GANSHOF, *Observations sur deux chartes intéressant l'histoire de la comtesse de Flandre et de sa Cour au début du XIII$^{e}$ siècle,* in: Mélanges Edmond-René Labande, Poitiers 1975.

**S. 196,** V. G. Lehnswesen und Staat: W. ULLMANN, *The Constitutional relationship* "Lecture II" des Werkes "*The individual in Society in the Middle Ages*" vom selben Verfasser, Baltimore 1966.

# ADDENDA 1983

**S. 186,** I.: J. S. CRITCHLEY, *Feudalism*, London 1978.

**S. 187,** II.: J. P. POLY u. E. BOURNAZEL, *La mutation féodale*, Paris 1980 (Nouvelle Clio).

**S. 187,** II.: C. VAN DE KIEFT, *De feodale maatschappij der middeleeuwen*, Bijdragen en Mededelingen betreffende de geschiedenis der Nederlanden, 89, 1974, p. 193–211.

**S. 189,** IV. A. Belgien: E. WARLOP, *The Flemish nobility before 1300*, Kortrijk 1975.

**S. 190,** IV. B. Deutschland: G. KOEBLER, *Lehnsrechtbücher*, in: *Handwörterbuch zur deutschen Rechtsgeschichte*, II, Berlin 1978.

**S. 190,** IV. B. Deutschland: V. ROEDEL, *Lehnsadel, Lehnsgebräuche, Lehnsretrakt, Lehnschulden, Lehnstaxe, Lehnsvormundschaft*, in: *Handwörterbuch zur deutschen Rechtsgeschichte*, II, Berlin 1978.

**S. 190,** IV. B. Deutschland: K. H. SPIESS, *Lehrbuch, Lehnregister, Lehnsanwartschaft, Lehnsaufgebot, Lehnsauftrag, Lehnsbrief, Lehnsdienst, Lehnseid, Lehnserneuerung, Lehnsfähigkeit, Lehnsgericht, Lehnsgesetze, Lehnskuß, Lehnspflichten, Lehnrecht, Lehnswesen, Lehnsrevers, Lehnsträger, Lehnsvertrag*, in: *Handwörterbuch zur deutschen Rechtsgeschichte*, II, Berlin 1978.

**S. 190,** IV. B. Deutschland: B. DIESTELKAMP, *Das Lehnrecht der Grafschaft Katzenelnbogen*, Aalen 1969.

**S. 191,** IV. C. England: R. C. VAN CAENEGEM, *De feodaliteit in Engeland van Willem de Veroveraar tot Magna Carta*, Bijdragen en Mededelingen betreffende de geschiedenis der Nederlanden, 89, 1974.

**S. 191,** IV. C. England: J. F. C. MILSOM, *The legal framework of English feudalism*, Cambridge 1976.

**S. 191,** IV. C. England: R. A. Brown, *Origins of English feudalism,* New York 1973.

**S. 192,** IV. D. Frankreich: G. Beech, *A feudal document of early eleventh century Poitou,* Mélanges René Crozet, Poitiers 1966.

**S. 192,** IV. D. Frankreich: G. Giordanengo, *Documents sur l'hommage en Dauphiné et en Provence (1157–1270),* Mélanges de l'École française de Rome (Moyen Age, Temps modernes), 92, 1980.

**S. 192,** IV. D. Frankreich: M. Gramain, *„Castrum", structures féodales et peuplement en Biterrois au XI^e siècle,* Structures féodales et féodalisme dans l'Occident méditerranéen (Colloque C.N.R.S., Rome 1978), Paris 1980.

**S. 192,** IV. H. Spanien: P. Bonnassié, *Les conventions féodales dans la Catalogne du XI^e siècle,* Les structures sociales de l'Aquitaine, du Languedoc et de l'Espagne au premier âge féodal, Paris 1969.

**S. 192,** IV. H. Spanien: Th. N. Bisson, *Feudalism in twelfth century Catalonia,* Structures féodales et féodalisme dans l'Occident méditerranéen (Colloque C.N.R.S., Rome 1978), Paris 1980.

**S. 192,** IV. F. Niederlande: P. Gerbenzon u. N. E. Algra, *Voortgangh des Rechtes,* 5. Aufl., Alphen aan den Rijn 1979.

**S. 193,** V. A. Terminologie: J.-P. Poly, *Vocabulaire „féodo-vassalique" et aires de culture durant le haut Moyen Age,* La lexicographie du latin médiéval et ses rapports avec les recherches actuelles sur la civilisation du Moyen Age (Colloque C.N.R.S., Paris 1978), Paris 1981.

**S. 193,** V. A. Terminologie: G. Giordanengo, *Vocabulaire et formulaire féodaux* en Provence et en Dauphiné, XII^e–XIII^e siècle, Structures féodales et féodalisme dans l'Occident méditerranéen (Colloque C.N.R.S., Rome 1978).

**S. 193,** V. A. Terminologie: E. Magnou, *Note sur le sens du mot fevum en Septimanie et dans la Marche d'Espagne à la fin du X^e et au début du XI^e siècle,* Annales du Midi, 1964.

**S. 194,** V. B. Vasallität und Lehen: P. Petot, *La mariage des vassales,* Revue historique de droit français et étranger, 56, 1978.

**S. 194,** V. B. Vasallität und Lehen: E. MAGNOU-NORTIER, *Fidélité et féodalité méridionales d'après les serments de fidélité (X[e] – début XIIe siècle)*, Les structures sociales de l'Aquitaine, du Languedoc et de l'Espagne au premier âge féodal (Colloque C.N.R.S., Toulouse 1968), Paris 1969.

**S. 195,** V. F. Studien über einzelne Erscheinungen des Lehnswesens: H. THOMAS. *Die lehnrechtlichen Beziehungen des Herzogtums Lothringen zum Reich von der Mitte des 13. bis zum Ende des 14. Jahrhunderts*, Rheinische Vierteljahrsblätter, 38, 1974.

**S. 196,** V. G. Lehnswesen und Staat: H. KAMMLER, *Die Feudalmonarchien. Politische und wirtschaftlich-soziale Faktoren ihrer Entwicklung und Funktionsweise*, Köln–Wien 1974.

**S. 196,** V. G. Lehnswesen und Staat: Th. N. BISSON, *The problem of feudal monarchy: Aragon, Catalonia, and France*, Speculum, 1978.